国家林业和草原局普通高等教育"十三五"规划实践教材

旅游管理专业综合实习指导书

（第 2 版）

王忠君　石　玲
陈丽丽　谷晓萍　编著

中国林业出版社
China Forestry Publishing House

内 容 简 介

本教材以北京林业大学旅游管理专业的综合实习课程教学内容为蓝本编写而成，为旅游管理专业综合实习指导教材。首先，介绍了旅游管理专业综合实习的目的与要求及实习教学组织安排情况；其次，详细说明了实习地点背景情况与实习内容，对各类旅游业态的考察学习要点，并指出学习讨论要求，提出关注的热点问题启发学生思考；最后，介绍了实习作业要求及考核要点，启发学生系统思考和解决旅游业的发展问题。希望学生通过综合实习能举一反三，加深对行业的了解，并提高发现问题、分析问题和解决问题的能力，以便尽快适应毕业后的实际工作。

本教材可作为普通高等院校以风景旅游、森林旅游、生态旅游、森林康养、自然研学为专业特色的旅游管理专业的综合实习指导书，也可供行业相关人员参考。

图书在版编目(CIP)数据

旅游管理专业综合实习指导书 / 王忠君等编著. —2版. —北京：中国林业出版社，2022.9
国家林业和草原局普通高等教育"十三五"规划实践教材
ISBN 978-7-5219-1737-6

Ⅰ.①旅… Ⅱ.①王… Ⅲ.①旅游经济-经济管理-高等学校-教学参考资料 Ⅳ.①F590

中国版本图书馆 CIP 数据核字(2022)第 161922 号

中国林业出版社·教育分社

策划编辑：康红梅 许 玮　　责任编辑：田 娟 许 玮　　责任校对：苏 梅
电　　话：(010)83143634　　传　　真：83143516

出版发行　中国林业出版社(100009　北京市西城区刘海胡同7号)
　　　　　E-mail：jiaocaipublic@163.com
　　　　　http://www.forestry.gov.cn/lycb.html
印　　刷　北京中科印刷有限公司
版　　次　2011年6月第1版(共印1次)
　　　　　2022年9月第2版
印　　次　2022年9月第1次印刷
开　　本　787mm×1092mm　1/16
印　　张　10.75
字　　数　255千字
定　　价　46.00元

未经许可，不得以任何方式复制或抄袭本书之部分或全部内容。

版权所有　侵权必究

第 2 版前言

开展旅游综合实习教学的目的在于提高学生旅游实践认知能力和主观能动性,培养旅游管理专业学生对综合型旅游目的地发展现状的认知能力,以及对国家相关政策的理解,促使学生通过实地体验深化课堂教学内容,形成对社会环境的准确认知,并在实践过程中发现自己的兴趣点及特长,培养学生发现、分析、解决问题的能力。而教师在实习教学过程中实现了由教学者到引导者的角色转变,将教材变为社会资源环境,这对教师提出了更高的要求,需要指导教师具有丰富的知识储备及实践操作能力。《旅游管理专业综合实习指导书》将旅游管理调研的方法论贯穿于实践教学过程中,通过教师引导教学、分阶段导入问题,让学生逐个击破问题寻求答案,对于培养学生认知社会、系统分析、理性思维的能力具有很大的帮助。在综合实习过程中,现实的自然环境激发了学生对旅游专业的认同感,对培养社会应用型人才、弥补课堂教学不足具有重要的价值。

湘西、黔东地区是湖南、贵州两省经济基础薄弱的地区,但却是旅游业发展的高地,这片旅游地地处武陵、雪峰两大山脉和云贵高原环绕的广大地区,是沅水、澧水中上游及其支流汇聚之地,该地区山同脉、水同源,民俗相近,旅游资源各有特点,相互补充。此外,该地区位于全国生态旅游走廊,北接长江三峡风景区和神农架风景区,南接桂林、柳州风景区,西邻梵净山、黄果树—织金洞风景区,东靠岳阳楼—君山、长沙岳麓山、南岳衡山风景区,旅游区位优势明显。作为世界知名的旅游目的地,湘西、黔东旅游业在旅游资源保护、利用竞合双赢、产业结构优化、市场开拓一体化等方面取得了骄人的成绩。对这片旅游热土的旅游现象进行综合调查研究,对于把握中国旅游经济发展的大趋势、区域旅游网络格局构建具有典型意义。对于即将走上工作岗位或进一步进行学习研究的旅游管理专业本科生来说,在湘西、黔东地区进行综合性旅游实习是体验实践、验证所学的好机会。

北京林业大学旅游管理专业自 1999 年起一直选择湘西、黔东地区进行专业综合实习,通过讲座、参观、调查等实习环节,使学生对旅游目的地旅游业体系有全面、直观的认识和理解,探讨地区旅游业在区域、景区、旅游企业各个层面上存在的问题,并就旅游流、旅游活动对文化、生态的影响,以及旅游者行为等诸多专题进行深入分析和研究,以此培养学生综合运用所学来分析、解决现实问题的能力。旅游管理综合实习是旅游管理专业的必修课,本教材旨在帮助旅游管理专业高年级学生尽快熟悉实习目的地整体情况,提升对当代旅游业整体认识,学会运用所学举一反三,对旅游业发展中的各类现象能够认真剖析,培养和提高学生学习能力和旅游从业素养。

本教材由北京林业大学王忠君副教授、石玲副教授,华南农业大学陈丽丽副教授和沈

阳农业大学谷晓萍老师共同编写。王忠君负责教材提纲修订、编写统筹安排和编写1~3、7~10章，石玲负责编写4~6章，陈丽丽负责编写11~13章，谷晓萍负责编写14~16章。教材编写过程中，张茵、赵雅敏两位老师参与了提纲讨论，盛朋利、杨文静、钱皓月三位硕士研究生参与了文字校对工作，在此致以衷心的感谢。

编著者

2022年5月

第 1 版前言

旅游管理是一门应用性极强的人文社会科学，对于旅游管理应用型人才培养来说，主要以获得旅游管理相关职业能力为目标，这就要求在旅游管理教育教学体系中必须充分重视实习教学环节。旅游管理专业的综合实习教学作为教学工作的重要组成部分，相对于课堂理论教学更具有直观性、综合性、实践性，在强化旅游管理专业学生的素质教育和培养创新能力方面有着不可替代的重要作用。事实上，随着近年来我国旅游管理教育界对实习教学的逐步探索和改革，各方对于实习教学的重要地位已取得了共识，但在实习教学指导方面因各校的办学差异一直缺少统一的教材。

本教材以北京林业大学旅游管理专业的湘西综合实习为对象，详细地解释了在典型旅游目的地研究旅游业的综合实习过程及相关要求，以求对学生在综合实习时把握实习要点、顺利开展相关学习与研究提供必要的、适时的指导。合理、科学的实习，是旅游管理专业整体教学体系的重要环节，希望本教材对促进旅游管理专业综合实习教学形成良好的教学机制，促进旅游管理专业建设与发展，提高旅游管理教育人才培养质量有所帮助。

北京林业大学旅游管理专业学科带头人蔡君教授为这本教材的编写制定了框架，张玉钧教授、乌恩副教授、张茵副教授、马宝建副教授、李丽娟讲师、赵雅敏讲师都从各自研究方向对该教材进行了不同程度的补充和完善，这本教材凝结了北京林业大学旅游管理教研组全体教师的心血，是大家共同努力的成果。在此对各位同仁表示衷心的感谢！

编著者
2010 年 12 月

目 录

第2版前言
第1版前言

第一章 综合实习目的与意义 1
　一、课程介绍 1
　二、选址缘由 1
　三、实习目的 2
　四、实习意义 2
　思考题 3

第二章 综合实习内容与总体安排 4
　一、实习内容 4
　二、实习日程安排 13
　思考题 15

第三章 实习教学组织 16
　一、综合实习教学设计 16
　二、以学生参与为主体 16
　三、实习调研实践的教学组织 16

第四章 实习作业内容与要求 18
　一、实习作业内容 18
　二、实习作业要求 18

第五章 实习调查问卷设计与调查报告撰写 19
　一、旅游调查问卷设计步骤 19
　二、综合实习调查问卷样卷分析 20
　三、实习报告的撰写格式 24
　四、调查报告撰写实例 26
　思考题 42

第六章　综合实习考核办法 ·· 43
一、综合实习教学考核办法的指导思想和基本原则 ······································ 43
二、旅游管理专业综合实习教学考核办法的制订说明 ································· 44
思考题 ··· 45

第七章　湘西、黔东地区人文风土 ··· 46
一、学习目的 ··· 46
二、学习要求 ··· 46
三、学习内容 ··· 46
四、学习思考与研讨 ··· 60
思考题 ··· 61

第八章　世界自然遗产——武陵源 ··· 62
一、实习目的 ··· 62
二、实习要求 ··· 62
三、实习地点与内容 ··· 62
四、实习思考与研讨——武陵源世界遗产的保护 ·· 75
思考题 ··· 77

第九章　瀑布水乡——芙蓉镇(王村) ·· 78
一、实习目的 ··· 78
二、实习要求 ··· 78
三、实习地点与内容 ··· 78
四、实习思考与研讨 ··· 80

第十章　漂流旅游产品体验地——猛洞河 ··· 83
一、实习目的 ··· 83
二、实习要求 ··· 83
三、实习地点与内容 ··· 83
四、实习思考与研讨 ··· 84

第十一章　工业遗产更新与活化利用示范——朱砂古镇 ····························· 86
一、实习目的 ··· 86
二、实习要求 ··· 86
三、实习地点与内容 ··· 86
四、实习思考与研讨 ··· 89

第十二章　湘西明珠——凤凰古城 ... 91
　　一、实习目的 ... 91
　　二、实习要求 ... 91
　　三、实习地点与内容 ... 91
　　思考题 ... 106

第十三章　世界自然遗产——梵净山 ... 107
　　一、实习目的 ... 107
　　二、实习内容 ... 107
　　三、实习地点与内容 ... 107
　　四、实习思考与研讨 ... 113

第十四章　传统村落——云舍古村 ... 116
　　一、实习目的 ... 116
　　二、实习内容 ... 116
　　三、实习地点与内容 ... 116
　　四、实习思考与研讨——乡村振兴背景下传统村落发展乡村旅游的机遇 ... 120

第十五章　沉浸式场景体验地——洪江古商城 ... 123
　　一、实习目的 ... 123
　　二、实习内容 ... 123
　　三、实习地点与内容 ... 124
　　四、实习思考与研讨——沉浸式旅游体验产品设计 ... 139

第十六章　活态古城文化博物馆——黔阳古城 ... 143
　　一、实习目的 ... 143
　　二、实习要求 ... 143
　　三、实习地点与内容 ... 143

参考文献 ... 147

附录　《旅游类专业学生景区实习规范》(LB/T 033—2014) ... 149

第一章　综合实习目的与意义

一、课程介绍

旅游管理专业综合实习是高等院校本科旅游管理专业的必修课程。北京林业大学旅游管理专业的旅游管理专业综合实习课程以湘西和黔东地区为实习目的地，通过讲座、参观、调查等实习环节，使学生对旅游业体系构成有全面、直观的认识和理解，同时探讨湘西、黔东地区旅游业在区域、景区、旅游企业各个层面上存在的问题，并对旅游流、旅游活动对文化、生态的影响，旅游者行为等诸多专题进行深入分析和研究，以此培养学生综合运用所学的知识分析、解决现实问题的能力。

"旅游管理专业综合实习"是对旅游业的综合认知和研究能力提升的一次综合学习，通过实习，要求学生能够综合运用本科阶段所学理论知识，分析旅游现象产生的根源，能够总结规律并提出有建设性意见的措施，辨识我国旅游业整体发展水平与形势，培养旅游从业素养，为成为旅游业合格从业者奠定基础。

旅游管理专业综合实习是旅游管理专业多元化旅游人才培养模式的要求，是"以教学为基础，以实习实训为推动，以研究为导向"的大旅游教育观的教学实践，相对于以"四个中心"（以教师为中心、以课本为中心、以课堂为中心、以知识传授为中心）为主要特征的传统旅游教学模式，旅游管理专业综合实习强调通过实践锻炼创新能力，适应新时代人才培养要求，突出理论与实践并重，以学生学习能力和社会服务能力培养为主线，以保证学生达到理论与实践双强的人才培养标准，培养出的旅游管理专业人才具有创新意识、自主学习能力和实践从业能力，能适应时代发展需要。

二、选址缘由

旅游管理专业综合实习不仅是培养学生应用所学理论知识和技能解决旅游现实问题的能力，同时也是检验学生所学理论知识是否具有价值的重要教学环节。旅游管理专业综合实习以学生深入旅游业中调查、认知、熟悉为主要形式。实习时，学生深入旅游业内部开展各种实践教学活动，有效实现实践教学与职业认知之间的对接。学生在教师的指导下，综合运用大学四年所学理论知识和对旅游业的深刻认识，在真实情境中进行职业素养训练，以便为将来走上工作岗位做好充分的心理和能力准备，全面提高从事旅游业相关工作的适应力。

目前，全国高等院校旅游管理专业本科教育的实习环节问题颇多，实习内容单一，主要以课程实习实践为主，服务类实习内容远远多于经营管理类实习内容，而且实习时间也难以保证，旅游管理专业本科生的课程实习时间一般只有1~7天。此外，由于条件限制，学校对学生的实习活动缺乏必要的指导与监控，很多学校采用的是学生自主实习的模式，学生实习的积极性不高，实习教学的内容和要求难以落实，实习成绩也无法科学评定，导致旅游管理专业实习往往达不到预期效果。为了提高学生综合实习的效率，北京林业大学根据湘西、黔东地区旅游行业发展的特征，结合本校旅游管理专业自身的特点，设计出切实可行的实习方案，实地进行湘西、黔东地区旅游业综合考察，集中2周左右的时间对湘西、黔东地区的旅游业发展进行全面调查、评估，通过剖析问题、总结经验、提出建议，使学生在集中的时间内迅速提升对旅游业的整体感知能力和综合分析问题能力。湘西、黔东地区是一个民族杂居、文化多样、自然景观独特的地区，特别是武陵源和梵净山先后被列入"世界自然遗产名录"，旅游业逐渐成为该地区的主要和主导产业，湘西、黔东地区从而成为中国旅游业发展的典型地区，其单纯的旅游业发展个性特征使其成为综合研究旅游目的地的典型案例。对其进行认知、解剖、分析，可窥一斑而知全豹，了解中国旅游业发展中存在的现状和问题。对于即将走上工作岗位或进一步进行学习研究的旅游管理专业本科生来说，在湘西、黔东地区进行综合性实习是体验实践、验证所学的良好机会。

三、实习目的

以湘西、黔东地区为实习目的地，通过讲座、参观、调查等实习环节，使学生对旅游系统有全面、直观的认识和理解，探讨湘西、黔东地区旅游业在区域、景区、旅游企业各个层面上存在的问题，并就旅游流、旅游活动对文化和生态的影响、旅游者行为、旅游地社区参与、旅游利益相关者协调机制构建、旅游景区区域竞合关系、旅游环境解说、旅游承载力等诸多专题进行深入分析和研究，以此培养学生综合运用所学分析、解决现实问题的能力。本课程是旅游管理专业修习完成旅游专业课程计划规定的主体课程之后的综合实习、实践课程，侧重和主要考核学生学习能力和专业实践创新能力的培养与提高。

通过学习本门课程，需要培养和锻炼的主要能力有：

（1）对旅游业整体认知和感知能力

作为专业人员，能够认真剖析旅游业发展中出现的现象，能够分析业态趋势，把握旅游业的主要发展动向。

（2）运用所学解决实际问题能力

通过参观、调查、访谈，翔实地了解旅游业组成的各个方面，能运用所学知识分析、判断存在的现实问题并提出合理的解决方案。

（3）沟通与合作能力

本课程的实习调查以小组调查为主，小组成员要通力合作，学会与人沟通，保证研究任务的顺利完成。

（4）实践创新与开拓能力

旅游目的地综合考察实习形成多维观察视角，可以从多角度、整体性了解和判读旅游现象，激发学生延伸学术视野，强化专业知识和技能在实践中的应用。

四、实习意义

针对旅游管理专业本科生的教育背景，本教材通过创新实践教学形式和内容，进行集中实践教学，旨在加深学生对旅游业的全面理解与认识，探索多元化旅游人才培养模式，从而全面培养具有社会责任感、富有创新精神和实践能力的复合型旅游管理专业人才。

(1) 重视学生实践能力的培养

旅游管理专业综合实习借鉴了以往人才培养模式的优点，也弥补了其不足，以实现学生从业能力为导向，在培养学生旅游认知能力的同时，更关注对学生实践能力的培养。具体包括：获取和主动形成新知识的能力、适应旅游岗位要求的旅游业务能力、应用旅游理论知识解决实际问题的综合应用能力。可以概括为会学、会用，会学体现的是学生思维能力的培养；会用考察的是在掌握旅游管理专业理论基础上的灵活应用能力。学生通过综合实习，对典型旅游目的地的旅游业有直观的了解，加深对即将从事职业的认识，同时，实习也锻炼学生专业技能，培养独立工作能力，为将来的就业打下基础。

(2) 关注学生旅游情结的培养

旅游管理专业综合实习有助于培养学生良好的敬业和团队合作精神，增强社会责任感。学生在实习期间学习建立良好的人际关系，碰到问题时要树立顾全大局的观念，为其将来就业奠定基础。旅游管理专业本科生就业难的原因除了实践技能差之外，旅游职业意识淡薄也是很多旅游企业不愿录用本科生的重要原因。缺乏旅游情结和职业意识，很难让从业者对旅游工作产生热情和动力，工作质量自然会大打折扣，而旅游业本身是一个服务性行业，没有感情的服务就等同失去生存的土壤。因此，对旅游管理专业本科生进行职业道德建设，以形成旅游情结(学生从事旅游的热情、灵感、理想和事业心)是提高其职业竞争能力的重要一环。旅游管理专业综合实习在这方面能起到事半功倍的效果。

(3) 促进学生旅游思维意识的培养

旅游管理专业综合实习通过对典型旅游目的地的各种旅游现象进行调查、分析，有助于培养学生的旅游专业思维习惯。旅游管理专业的知识体系庞大，涉及经济、管理、历史、文化等多个学科，具备了旅游专业思维意识就等于在浩如烟海的知识中找到航行方向，这种思维会引导学生用旅游专业的独特眼光去观察社会发展和时代变化，以专业的思维习惯去发现问题、分析问题并最终找到解决问题的办法。教会学生积极适应时代审美取向，努力创新，自主地将产品更新、管理理念更新作为永葆旅游业持续发展的基础，最终在广度与深度两方面形成学生的专业素质。

思考题

1. 你准备以什么样的态度投入综合实习中？
2. 为了综合实习，你做了哪些准备工作(物质、心理等方面)？
3. 旅游管理专业的毕业生就业前除了具备专业知识储备以外，还应该具备什么样的旅游从业素养？

第二章 综合实习内容与总体安排

一、实习内容

综合实习考察的区域涉及湖南省张家界市、湘西土家族苗族自治州(以下简称湘西州)、吉首市凤凰县、怀化市洪江市和洪江区,贵州省铜仁市万山区和江口县。在该区域产业结构中,旅游业占据重要地位,是国内著名的旅游目的地,旅游资源类型丰富且品位高,资源类型组合、资源空间组合条件好,自然、文化都保持着较高的原生性和独特性。受社会经济发展水平制约,该区域旅游业也存在着很多问题,要求学生带着问题进行考察旅行,综合运用所学理论知识从专业视角仔细剖析问题。

(一) 旅游目的地管理与规划

1. 区域研究

(1) 区域旅游系统构成

一个地区(区域)的旅游系统大致包括目的地系统、市场系统、出行系统和支持系统。任何成功旅游地的发展必定经历起步、发展、相对成熟和优化4个阶段,旅游系统的各大组分在不同发展阶段具有不同组合,表现出十分丰富的形态和特征。

根据区域旅游系统结构理论及区域旅游系统不同发展阶段的特征,认真分析湘西、黔东地区旅游业体系中存在的结构发展不平衡、旅游客流与交通"瓶颈"矛盾、旅游服务体系不完善等问题,进而提出优化旅游系统结构的目标、措施和模式。

湘西、黔东地区是我国旅游业发展较早、开发建设相对成熟的旅游目的地,在湘西和黔东地区已经形成了区域旅游一体化板块,旅游业已经具备一定产业集群的发展基础。要求学生在实习中尝试站在区域产业集群角度,分析提升湘西、黔东地区区域旅游一体化和旅游业核心竞争力的措施。

构建有竞争实力的区域旅游产业集群系统,必须不断优化集群内部的旅游产品结构,增强集群内旅游企业的良性竞争与合作,构建区域合作的信息平台和交通通道,不断培育这种集群机制氛围和集群文化,加强区域旅游品牌建设等,提高整个旅游区域的效率,促使区域旅游集群在合作中构筑产业集群系统。通过调查系统,梳理湘西、黔东地区旅游产业集群中核心吸引层、要素供应层以及辅助供应层,分析湘西、黔东地区旅游产业集群发展的必要性及优势条件,提出湘西、黔东地区旅游产业集群化发展的对策和建议。

调查重点:采用文献法分析湘西、黔东地区旅游体系结构和旅游产业集群的构成。

(2) 区域旅游规划与管理

旅游业是一个复杂的动态系统,旅游业发展规划的实质是协调该系统内旅游者、旅游资源、旅游环境、经济与社会等要素的相互作用,从而实现旅游发展目标。要求学生学习和运用旅游规划原理,从旅游活动主体和核心、旅游发展物质基础、区域旅游发展的依托以及旅游发展目的等方面对旅游系统的要素进行分析，在对区域旅游系统进行研究的基础上，将旅游业的发展步骤落实到一定的空间和时间。为达到这一实习目标，要重点调查、研究以下内容：

①地区旅游政策；
②地区可进入性和区内交通及服务设施网络；
③旅游景点类型和位置；
④旅游开发区(包括度假区)的位置；
⑤住宿及其他旅游服务设施总量、类型和位置；
⑥地区级环境、社会和文化、经济影响分析；
⑦地区级教育水平和培训计划；
⑧营销战略和促销计划；
⑨组织结构、法规和投资政策；
⑩规划实施方式(包括项目策划、区划管理等)；
⑪旅游设施的开发设计标准。

(3) 旅游业发展整体水平

对旅游目的地旅游业发展整体水平的考察应关注以下内容：

①目的地及其周边地区区域概况；
②区域旅游资源构成及其特色；
③区域旅游市场构成、旅游流特征、旅游消费特点(主要包括热点景区、热点区域游线，游客消费行为层次结构、消费能力结构等)；
④旅游市场营销现状及问题(主要包括湖南及大湘西地区的区域联合促销，湘西州政府的旅游营销，各个景区的旅游市场营销，尤其是温冷景区点、新开发景区点的营销等)；
⑤旅游业的空间布局及区域旅游线路组织；
⑥旅游产品现状及问题；
⑦旅游宾馆饭店业、旅行社业状况；
⑧旅游商品构成及其存在问题；
⑨旅游环境问题与保护措施；
⑩旅游交通(对外交通、区域内部交通、景区内部交通)；
⑪地方政府的旅游政策、管理体制与机构；
⑫旅游人力资源状况(包括旅游行政管理人员、企业管理人员、普通职工、科研人员)。

2. 旅游景区

(1) 主要考察对象

综合实习主要考察张家界国家森林公园(武陵源风景名胜区)、黄龙洞溶洞旅游景区、宝峰湖旅游景区、猛洞河漂流景区、芙蓉镇景区和铜仁市朱砂古镇、梵净山世界自然遗产地等。考察对象景区的核心资源类型品位高、景区特色明显，并且有很高的知名度，旅游活动内容涵盖领域广泛，学生可以在较短时间内接触到丰富的旅游景区经营管理内容。

(2) 主要考察内容

在一个旅游景区里，旅游资源中的吸引物体系决定了旅游景区特色和吸引力强弱，游览线路体系将旅游项目及相关服务设施通过适当的方式联系起来，旅游服务设施体系是旅游产品的必要支撑，也是旅游消费结构中的主体。旅游景区管理包括旅游资源管理、旅游产品质量管理等内容。主要从以下 8 个方面反映旅游景区规划与管理水平的高低。

①功能定位　包括目标市场定位、接待功能定位、旅游产品档次定位和旅游景区特色定位等。

②旅游区形象　是在特色定位条件下的营销口号策划、风格选择及视觉体系。形象应反映主题，唯我独有的内容和形象、鲜明独特的个性和服务风格是提高旅游景区吸引力、保持旅游地生命力的关键因素。

③旅游项目　包括对旅游项目的活动方式及其组合进行具体安排，规划与管理是在对旅游景区自然资源进行整合、对人文资源进行挖掘的基础上，通过对空间组织和活动秩序的编排为游客创造特殊的旅游经历。一般情况下，旅游项目越丰富多彩，旅游景区的产品竞争优势越明显。

④旅游服务设施体系　是为旅游者的游憩、观光以外的活动提供服务所需的物质条件，不仅由直接提供旅游服务的设施组成，还包括用地规模、建筑面积、空间布局、立面风格等要素与周边环境的关系。旅游服务设施体系应配合游览线路组织、土地开发和生态环境保护的要求，因地制宜，坚持特色原则及和谐统一原则，并努力达到对环境影响最小的目标，尽量应用环保技术、洁净能源技术、废弃物的资源化技术、本土化材料技术、生态建筑技术，将建筑工程设施与自然环境有机结合。

⑤游览线路与道路交通系统　决定着旅游者进入旅游区的方式，在旅游景区内，游览线路发挥着纽带功能，将各旅游项目、娱乐设施和服务点连接成一个整体。每条游览线路应有效地组织第一印象场域、最后印象场域、光环效应场域、主题场域等，并根据旅游项目和环境的不同特点、功能和空间关系，组织旅游序列。游览线路的组织应能让游客在有限的时空条件下，得到最高的旅游效率，避免重复。

⑥资源保护培育情况　在旅游景区规划与管理中，都必须优先识别保护因子，确定保护目标，采取必要的技术措施。其内容包括自然与文化遗产保护、植物群落培育及种植管理等。

⑦旅游解说系统　应系统地考虑以下类型的解说设施：表示界限的标识、指导方向的标识、阐述有关规定的标识、介绍情况的标识、提示警告的标识、表达信息的标识及其他自导式解说设施的设计等。

⑧旅游基础设施　包括给水工程、排水工程、水利与防洪工程、供电工程、电信工程、供热工程、燃气工程、环境卫生设施等。

根据上述要求，对湘西、黔东地区旅游景区的考察主要侧重于以下方面的内容：

——景区的区位、交通；

——景区资源类型、特点；

——景区空间结构(土地利用)及游道(游线)布局；

——景区目标市场；

——景区旅游产品体系构成；

——景区管理机构、规章、人员；

——景区规划的制订、实施实况；
——景区解说系统；
——景区营销管理；
——景区环境保护措施；
——景区游客管理及游客满意度；
——景区安全管理；
——景区旅游承载力控制与游人行为管控措施；
——景区旅游中的环境教育内容。

3. 旅游镇、旅游村落

(1) 主要考察对象

综合实习主要考察王村古镇(芙蓉镇)、凤凰古城及凤凰县城周边苗寨、黔阳古城、洪江古商城、贵州江口县云舍古村。旅游业对社会经济发展和对外开放具有先导作用和关联作用，将民族文化资源转化为现实的旅游资源，对于传统民俗的继承与发扬、少数民族地区经济发展与振兴、民族政策的贯彻执行、民族安定团结局面的维护、西部大开发战略的顺利实施等都有着重要的现实意义和长远意义。旅游村镇的开发，应遵循市场导向、文化真实、主客参与互动、保护与开发并重、区域联合等原则，因地制宜地选择立体开发、滚动式开发、系统开发等发展模式。

综合实习选择古城、古镇和古村这"三古"地区作为研究地，分析其发展旅游的资源优势和面临的问题，研究城镇、村镇的旅游开发模式，将现有的较为成熟的模型与湘西、黔东地区的城镇、村镇进行对照定位，形成真实型和模型化的对比。要求学生从专业规划的角度，从村、镇旅游开发模式、开发步骤、设施建设等方面，提出系统性的构架及开发思路，包括村、镇、城分区建设的构想，旅游接待设施硬件建设方案，以及健全组织机构、完善村规民约、社区参与等一系列系统化的规划措施。

(2) 主要考察内容

对于"三古"文化遗产旅游和旅游社区主要考察以下方面的内容：

①聚落的自然环境特征与历史沿革；
②旅游资源特色；
③旅游开发经营的历史；
④聚落空间结构；
⑤游客行为特征(来向与去向、住宿选择、活动内容及其空间分布等)；
⑥旅游市场构成及其消费特征；
⑦旅游形象及市场营销状况；
⑧当地社区及居民受益情况；
⑨旅游发展与传统社区保护的关系；
⑩旅游管理现状(包括政策、机构、人力资源水平、社区参与管理的组织与形式等)。

4. 城市服务区、度假区、主题公园

"旅游城市—交通线路—旅游景区"组成点、线、面的旅游地空间结构，在这个系统中旅游城市完成重要的旅游集散、旅游接待服务等功能，城市服务区、度假区和主题公园是旅游地城市社会经济水平、城市旅游发展现状与城市旅游服务水平最直观的表征。

(1) 主要考察对象

旅游接待城市服务区——张家界市区(永定区)、武陵源区(索溪峪)、铜仁市(万山区和江口县)和怀化市区。

旅游度假区——湘西、黔东地区已经有很多旅游度假区，综合实习虽不用走访具体的旅游度假区，但要从区位关系、资源整合、产业竞争力等角度来研究度假区、主题公园等类型的旅游场所对城市整体旅游业的影响。

(2) 主要考察内容

①指定饭店、零售点、娱乐设施、公园、游客服务中心、公路交通系统、步行街及其他设施的位置；

②基础设施的设置水平；

③城镇改造、景观美化规划等；

④旅游服务业发展状况(住宿、餐饮、娱乐、旅行社业等)；

⑤社会风气、治安；

⑥社区参与状况；

⑦政府的旅游管理水平。

5. 景点旅游设施区

在旅游景区的规划和建设中，旅游设施是重要的物质因素，为游客提供各种服务，满足游客的旅游需求。伴随着旅游业的蓬勃发展，有些旅游设施成为旅游景区规划的败笔，不仅影响旅游景区原有的自然景观，而且破坏旅游景区原有的生态环境。旅游设施大致分为旅游基础设施、旅游服务设施和游憩设施。实习中不仅要考察设施本身，更要从环境特性、经济特性、社会特性和人本特性4个方面评价旅游设施建设的科学程度。

(1) 主要景点(或景区内游线)及其考察内容

①主要景点(或景区内游线)

武陵源景区内：大氧吧广场、金鞭溪、黄石寨、天子山、贺龙公园、十里画廊、水绕四门等。

梵净山景区内：门区索道站至金顶一线。

②主要考察内容　景观特色、选址(选线)考虑的因素、建筑及设施状况及其对环境和风景的影响、场地管理状况、游客管理状况、服务内容及问题等。

(2) 主要接待设施区及其考察内容

①主要接待设施区　包括主要的游客休憩点、购物点、饮食服务点等。

②主要考察内容　选址考虑的因素、接待服务区的服务业状况、服务业管理水平等。

6. 重点旅游设施

对于景区旅游设施，选址是否合理是重点。建设项目的选址应尽量避开视觉敏感的地方，为旅游者提供最便捷的服务。综合实习应重点考察旅游景区内接待设施、休闲场所、餐饮点、小卖点、索道、电梯建设等内容，分析景区主要旅游设施所产生的旅游影响，针对其存在的负面影响提出相应的对策。

对于重点旅游设施的考察，主要关注以下几个方面：

(1)张家界和怀化市的宾馆、酒店

包括选址、建筑格局特点、酒店内外环境等。

(2)景区的入口集散区和游客中心

包括选址、建筑风格、与周围环境的协调性、功能满足性等。

(3)武陵源索道、武陵源观光电梯、梵净山索道、景区内部环保车及线路等

包括选址、功能、对环境的正负面影响、对景观的影响、旅游者态度等。

(二)分组调查与专题研究

1. 结合问卷调查进行的分组调查

为深入研究湘西、黔东地区旅游业发展的各种现象，综合实习除完成个人作业以外，还要有分组调查实践，遵循兴趣结合、自由组合、分工协作的原则划分小组，要求每组自行设计调查问卷与访谈提纲，凝聚集体智慧，发扬团队精神，深入做好各项专题研究。

(1)地区旅游流的运动与行为特征调查

①调查目的和意义　通过对旅游流的研究，掌握客源市场的基本特征，既是旅游基础研究的重要内容，也是旅游景区管理的基本要求。

②调查内容

——主要客源地—旅游目的地客源市场的圈层模式；

——检验距离市场规律；

——研究不同尺度的旅游流特征(大尺度)；

——游客停留时间(一日游游客与过夜游客的比例，平均停留时间)。

③调查方法　问卷调查法。

(2)旅游体验质量衡量

①调查目的和意义　通过对旅游体验质量的衡量，了解游客对旅游景区产品和服务的认知，可为产品和服务的进一步优化及更有效的营销打下基础。

②调查内容

——研究旅游期望与旅游体验的关系：

$$期望理论为行为激发力量 = 目标价值 \times 期望实现概率$$

——衡量旅游体验质量：主观指标有满足感、淡漠感、失望感、获得感、满意度等；

——定量指标：愿意停留时间。

③调查方法　问卷调查法。

(3)旅游解说系统调查

①调查目的和意义　解说系统是实现旅游景区教育性与便利性的必要手段，因此是景区规划与管理的重要内容，调查和研究游客对现存解说系统的认知，有利于解说系统的进一步优化。

②调查内容

——现有解说系统的调查；

——游客对现有解说系统的认知(结构、要素)；

——分析与建议。

③调查方法　观察法、问卷调查法。
(4)旅游形象调查
①调查目的和意义　旅游形象是旅游目的地对外宣传的重要手段,因而必须对旅游形象与目的地的适合性加以研究。
②调查内容
——游客对目的地现有宣传口号的态度与评价;
——游客对目的地旅游形象的认知;
——旅游形象的分析与建议。
③调查方法　问卷调查法、访谈调查法。
(5)凤凰古镇游客特征调查
①调查内容　游客的居住地、社会人口学特征、获得凤凰古镇信息的途径、出游形式(包价旅游、自助游、自驾游等)、对凤凰古镇的期望与体验评价、与国内同类目的地的比较、对凤凰古镇的建议等。
②调查方法　问卷调查法、访谈调查法。
③调查作业　在综合分析问卷结果的基础上撰写小组调研报告,要求进行科学分析、准确总结、合理表述,报告图文并茂、逻辑清晰、观点鲜明。
(6)旅游商品调查
①调查内容　包括商品的主要类型及其特色、价格分布、产地社区化程度、售卖区位对销售的影响、问题及其建议。
②调查方法　问卷调查法、观察法。
③调查作业　在综合分析问卷结果的基础上撰写小组调研报告,要求进行科学分析、准确总结、合理表述,报告图文并茂、逻辑清晰、观点鲜明。
(7)外国游客特征调查
①调查内容　游客的国籍、社会人口学特征、获得凤凰古镇信息的途径、出游形式(包价旅游、自助游)、对凤凰古镇的期望与体验评价、与国内外同类目的地的比较、对凤凰古镇的建议等。
②调查方法　问卷调查法,注意抽样的科学性。
③调查作业　在综合分析问卷结果的基础上撰写小组调研报告,要求进行科学分析、准确总结、合理表述,报告图文并茂、逻辑清晰、观点鲜明。
(8)酒店业经营管理现状调查
①调查目的　收集张家界旅游住宿业的规模、类型、结构特征等背景资料,通过现场调查了解张家界不同类型旅游宾馆饭店的经营模式、组织结构、企业文化、员工培训管理、目标市场选择等方面的具体特征,比较假日、锦江、香格里拉等现代旅游酒店的经营理念,结合现代旅游酒店的管理理论,提出张家界不同类型旅游住宿业在市场营销战略、企业文化塑造等方面的合理化建议。
②调查内容　主要针对张家界不同类型、级别的旅游住宿业在客源流向、旅游季节、组织结构、经营模式、员工组成等方面进行调研。
③调查方法　问卷调查法、访谈调查法。

(9) 旅行社业调查

①调查目的　收集张家界旅游业发展的背景资料，通过现场调查了解旅行社的机构设置、组织结构特征、国内旅行社与国际旅行社的操作特点，分析张家界不同类型旅行社的市场营销特点、产品开发状况，结合现代旅行社的经营和市场营销理论，提出张家界不同类型、规模的旅行社在组织设置、市场营销战略选择、旅游产品开发方面的优化建议。

②调查内容　主要针对张家界旅行社的市场定位、营销策略、产品开发、组织结构等方面进行调研。

③调查方法　问卷调查法、访谈调查法。

(10) 张家界餐饮服务设施经营状况调查

①调查目的　了解张家界餐饮服务设施的经营情况，与张家界市的麦当劳或肯德基、德克士等快餐店的选址及经营状况进行对比分析，分析张家界餐饮服务中存在的问题，提出有针对性的解决办法。

②调查内容　主要针对张家界不同类型的餐馆的特色餐饮开发、服务对象定位、环境设计及餐馆选址等方面进行调研。

③调查方法　问卷调查法、观察法、访谈调查法。

④调查作业　在张家界市旅游交通图上标注具有一定经营规模的主要旅游餐馆的位置，分析其区位特征与整体分布特征。

(11) 游客及原住民对社区参与态度的调查

①调查目的和意义　熟悉调查问卷的设计、发放、回收和整理分析的过程与方法，以及访谈的技巧和方法，拓宽对世界遗产地和国家森林公园认识的视野，并加深对其开发和利用的认识，为毕业论文积累和准备素材，进行相关学术研究。

②调查要求　网上查阅有关"观光电梯"的争论文章；设计调查问卷。

③调查内容　赞同或不赞同及理由；与世界遗产的关系；功能问题；与环境的关系；与景观的关系；与经济收入的关系；游客的偏好(态度)；"观光电梯"的未来(去路)。

④调查方法　问卷调查法、访谈调查法。

(12) 旅游对地方文化生态的影响

①调查目的和意义　熟悉调查问卷的设计、发放、回收和整理分析的过程与方法，以及访谈的技巧和方法；增进对旅游人类学这一新兴学科的了解和认识，掌握其基本的概念、方法和视角；进行相关学术研究。

②调查要求　阅读沈从文小说《边城》和散文集《湘西散记》。

③调查内容

——观念方面：对本地环境认知的影响(自然观)，对外部世界认知的影响，对金钱观念的影响，对贫穷观、富裕观的影响；

——生态环境方面：对地方环境/生态的影响(认知意义上)；

——社会关系方面：对邻里/社区关系的影响；

——经济方面：对经济收入的影响，对生产/谋生方式的影响；

——宗教方面：对宗教信仰的影响；

——文化方面(狭义)：对服饰的影响，对地方语言的影响(背后是对思维的影响)，对节事活动的影响，对婚姻(仪式)的影响；

——其他方面：原住民对游客的看法及游客对原住民的看法(愚昧/聪明、先进/落后、贫穷/富裕……)。

④调查方法　问卷调查法、访谈法。

2. 专题研究

以下专题研究是综合实习过程中的讨论题目，要求学生在实习期间充分利用晚间闲暇时间、下大雨时休闲时间、个人与小组调查完成之余，在班长、小组长的组织下，按照实习指导教师的安排进行6次集中讨论学习，每次一个专题。讨论时应充分发挥所学理论，采用头脑风暴法，总结调查、观察出的问题，并提出可行的优化方案。小组长负责总结研讨报告。

(1) 旅游资源经营权转让的形式及其利弊分析

旅游资源经营权是指对旅游资源一定时期的占有、使用和收益的权利，是一种法律上的财产权利。广义的旅游资源经营权表现为两种形式：一是对已进行一定程度开发或投入的旅游景区的占有、使用和收益，可称为旅游景区经营权；另一种是对未进行开发或投入的自然状态的旅游资源的占有、使用和收益。

旅游业是一项经济产业，旅游资源的开发同属经济活动范畴，经济效益是进行旅游资源开发的主要目的之一。旅游资源经营权转让就是旅游资源所有者为实现有效保护并合理利用珍贵的旅游资源，提高旅游资源开发的层次和管理水平，实现旅游资源永续利用的目标而转让旅游资源经营权，公司以租赁、承包、买断等方式投资景点景区，对旅游地和景区进行经营管理，实行企业化运作。旅游资源经营权转让，可能大大改变旅游开发投入不足的问题，有利于旅游资源的优化配置和旅游业的发展，但是，如果转让制度环境、经营监管不力，也会出现很多问题。

黄龙洞景区、凤凰古城、芙蓉镇等都是进行经营权转让的目的地，要求学生在观察、访问的基础上，对此问题进行讨论和分析。

(2) 旅游发达地区新开发目的地的介入机会分析

旅游业发达地区也有不同类型，如北京与湘西就有很大的不同。可以结合各地区的特点，分析如何利用介入机会，在新开发目的地巨大的已经达到相对饱和的客源市场中获得发展的机会。

(3) 名人故里旅游开发研究——以沈从文与湘西旅游业为例

湘西旅游业的发展，除去当地的自然地理特色、聚落建筑特征、民俗风土人情之美以外，大作家沈从文的影响也不容轻视，甚至可能是一个很大的因素。结合湘西考察，以沈从文与湘西旅游业为例，谈谈名人故里旅游开发的一些问题。

(4) 世界遗产景区(武陵源/梵净山)旅游解说系统调查

根据提供信息服务方式的不同，旅游解说系统可分为自导式和向导式两类；在空间上可分为交通导引解说、接待设施解说、景区解说、游客服务中心与外部旅游协作解说等系统；按服务目的不同可分为导览解说、安全解说、说明型解说和管理解说系统。结合世界自然遗产地解说体系实际构成，分析其存在问题与提升方法。

(5) 乡村旅游中的社区居民参与形式与途径

乡村居民作为乡村旅游资源的重要载体和乡村旅游开发的核心利益主体，其参与旅游发展的态度、参与程度不仅关系到乡村居民自身利益，对于提高旅游者体验质量，开拓乡村旅游市场，促进乡村旅游地可持续发展等都有着重要的现实意义。在文献研究和实地调研的基础上，以王村(芙蓉镇)或凤凰少数民族村寨的旅游发展模式为研究个案，对乡村居民参与旅游发展的实践进行分析，进一步探索和揭示乡村社区居民参与旅游发展的意义，并对社区居民参与旅游发展中的潜在问题提出完善建议。

(6)漂流河段资源质量评价与开发管理研究

针对猛洞河漂流旅游项目发展情况，通过查阅文献资料和专家访谈等研究方法，以实际调查为基础，从政府支持、基础设施建设、转变服务观念、提高服务管理水平、市场开拓、建立企业文化等方面提出管理对策。

(7)地方演艺产品研究(吸引力、游客满意度等)

针对武陵源等地的地方演艺产品进行案例分析，探讨乡土文化弘扬对旅游地形象及旅游产品丰富度的影响。

(8)湘西、黔东地区自驾游发展状况调查

采用文本分析的方法调查主要旅游网络平台上自驾游的相关信息，分析湘西、黔东地区自驾游的发展潜力及存在问题。

(9)湘西、黔东地区核心景区旅游商品及游客满意度调查

调查旅游商品的经营现状及市场满意度，提出地方性旅游商品发展思路。

(10)少数民族地区在旅游开发过程中民族文化的利用与变迁调查(湘西土家、苗家，铜仁侗族、土家族等)

采用查阅民族志的研究方法，分析民族文化的三十年改变历程及其与旅游业发展的关联性。

(11)地方文化对景区认知及旅游形象的影响

调查乡土文化对旅游地形象传播与游客感知的影响，了解乡村文化保护的重要意义。

(12)凤凰/王村/云舍/黔阳古城社区参与水平及形式

调查"三古"地区旅游业发展社区参与方式与程度，分析现存问题，提出合理的利益协调机制。

(13)工业遗产旅游产品的开发方式与发展潜力、方向(以万山矾矿矿山公园为例)

分析工业遗产旅游对资源枯竭型地区产业转型发展的重要作用。

二、实习日程安排

旅游管理专业综合实习日程、场所与实习内容具体安排如下：

时 间	地 点	学习参观活动安排	学习任务	住宿地点
第一天	北京—张家界市	提前订北京—张家界车票，或订北京—怀化—张家界的其他车次票，但要保证第二天下午1：00前赶到张家界市区与班级会合		
第二天	张家界市	下午1：30，参观土家风情园	了解民风、民俗等非遗资源在旅游体验中的作用，晚上小组分头讨论考察体会	宿张家界市(统一住宿，午、晚餐自理)

(续)

时 间	地 点	学习参观活动安排	学习任务	住宿地点
第三天	张家界市、武陵源区	上午游览天门山，午餐后乘车集体从张家界市区赴武陵源区，下午参观黄龙洞景区	了解溶洞等传统旅游资源和空中玻璃栈道等新兴旅游资源的开发利用形式，复习旅游市场营销的理论与策略；小组讨论并分头整理发布微信信息	宿武陵源区（索溪峪镇）（统一午餐，统一住宿，晚餐自理）
第四天	武陵源世界自然遗产	入景区（标志门门票站），游十里画廊（可选乘小火车，往返52元/人，或步行登山）、天子山、贺龙公园、点将台等景点及沿途考察	晚餐后集中上课，听教师讲解世界自然遗产武陵源的旅游业发展历程与主要变化，了解当前的旅游市场拓展与产品完善的措施；晚间小组学习讨论	宿山上农家乐（统一住宿，旅店提供早晚餐，午餐自带简餐）
第五天	武陵源世界自然遗产	游杨家界、乌龙寨、一步登天、大观台等景点及沿途考察	武陵源可进入性和区内交通及服务设施网络的考察、武陵源游客旅游行为的观察记录，晚上讨论	宿山上农家乐（统一住宿，旅店提供早晚餐，午餐自带简餐）
第六天	武陵源世界自然遗产	上午游袁家界（哈利路亚山），下午游金鞭溪、黄石寨（3h），出景区（张家界森林公园门票站）；取行李，赴王村（芙蓉镇）（大巴）	旅游市场与产品体验质量的专题调查	宿王村（统一住宿，统一晚餐，午餐自带简餐）
第七天	芙蓉镇、猛洞河	上午芙蓉镇调研，中午猛洞河漂流	王村社区参与水平及形式的专题调查	宿王村（统一住宿，午餐自理，统一晚餐）
第八天	凤凰古城	王村—凤凰古城（大巴）；凤凰古城调研	凤凰社区参与水平及形式的专题调查；"夜凤凰"旅游产品调查	宿凤凰古城（自行安排食宿，提前联系住宿地点）
第九天	凤凰古城	凤凰古城调研	凤凰古城旅游市场构成与景点认知及形象的影响的专题调查；晚上集体活动	宿凤凰古城（自行安排食宿）
第十天	贵州铜仁	凤凰古城—铜仁（大巴），上午参观朱砂古镇（万山矾矿矿山公园），下午参观云舍古村（住建部首批中国传统村落）	非优型旅游资源的特色发展策略，晚上集中听教师讲解梵净山申遗与旅游发展历程	宿江口县云舍村（统一住宿，统一晚餐）
第十一天	梵净山	参观世界自然遗产梵净山、登金顶	旅游解说系统考察，晚上小组讨论	江口县（统一住宿，统一晚餐）
第十二天	怀化洪江市、洪江区	江口—洪江市（大巴），上午洪江市参观黔阳古城，下午考察参观洪江区洪江古商城	考察参与式社区与沉浸式解说特色	宿怀化市（自行安排住宿，统一午餐，晚餐自理）
第十三天	怀化—北京	怀化南—北京有高铁，怀化—北京其他车次也较多，自行提前订票，保留好往返交通票据，遗失不予报销单次车费，不直接返京的同学务必提前告知班长与带队老师		
第十四—第二十天	北京	整理调查资料，撰写调查报告		

思考题

1. 旅游业研究涉及面很广,除了食、宿、行、游、购、娱六大环节外,还有管(旅游行业管理与企业经营)、客(游客体验与需求等)、主(服务业提供方与社区参与者)、商(旅游产业的延伸——会展业、康乐业等)、保(环境保护与持续发展)、教(环境教育与旅游认知)等方面,请根据实习内容的要求,列出小组与个人的考察提纲。

2. 湘西、黔东地区的旅游业经过二十余年的发展,旅游开发已相对成熟,旅游业到了提升管理水平与产品质量阶段,作为旅游专业人士,你认为成熟的、可持续的旅游业应具备什么标准?对比这个标准观察湘西、黔东地区旅游业发展与理想目标的差距,并提出实现目标的途径。

第三章 实习教学组织

一、综合实习教学设计

实习指导教师制订完整的实习教学计划和实习课程设计框架。教学设计是综合实习课程的核心环节，影响着课程的顺利实施。因此，应将综合实习环节细化，确定每个环节的执行目标，让学生的综合实习活动能够按照目标导向有序地进行。

旅游管理专业综合实习一般将实践环节拆分为三个阶段：先导学习阶段——实地考察阶段——拓展延伸阶段。先导学习阶段培养学生的问题意识，让学生带着疑问和拟定的结论参与调研；实地考察阶段，通过调研并结合前期学习的理论，分析自己的疑惑，提出相应的解决方案；拓展延伸阶段，将解决方案付诸实践，并进行验证。

二、以学生参与为主体

变被动接受为主动学习，强调学生在综合实习活动中的主导地位，引导学生进行自主探索和实践。同时，应激发学生的特长，因材引导，最大限度地调动学生自主学习的积极性。引导学生通过调研、自学和讨论，能够发现问题、分析问题、解决问题，提高解决旅游实践问题的能力。教师在整个教学过程中负责引导及解答技术问题。

三、实习调研实践的教学组织

综合实习调研湖南、贵州最典型的两处自然遗产地、两座古城、两座古镇、一座古村落，学生通过梳理总结调研资料，最终提交调研报告，并组织学术研讨。整个综合实习课程以个人和教学小组的设计过程为研究对象，采用问题引导、逐个击破的方法，引导学生形成发现问题、分析问题、解决问题的思维能力。实习采用分阶段引入式教学，每个阶段结合实习地点的主要问题与产业发展矛盾导入若干问题，引导学生自主思考。最终研究报告要求解决旅游业发展中的问题应对策略立性问题，能有针对性地解决研究对象当地旅游业发展中实际存在的社会问题。

（一）第一阶段——先导学习阶段

进行调研前，首先通过自学与讨论，促进学生提升对旅游目的地的认知，鼓励学生通过文献分析了解当地旅游业目前存在的问题及发展趋势，组织学生进行讨论。其次，让学生制订调研提纲、提出调研问题、分解调研细节、制订调研工作计划。在调研过程中不断完善调研内容，将新问题融入原有提纲进行重组、提炼，通过组内交流提升每个学生的认知根源，培养学生对当地旅游资源与旅游业态的认知及分析解决具体问题的能力。

（二）第二阶段——实地考察阶段

实地考察阶段的教学主要以学生对当地旅游资源及旅游业态的考察和社区、市场调查为主，教师引导学生从学科的角度，收集相关资料，分别从旅游业发展环境、旅游产业构成与发展水平、社会文化环境影响等方面进行总结。

(三) 第三阶段——拓展延伸阶段

拓展延伸阶段的教学以调研结果为基础展开，引导学生梳理收集的资料，总结其发展规律。通过实地考察调研，让学生不仅直观地了解国内旅游业的发展现状，还与从业者近距离交流，亲自参与到相关旅游业发展问题解决方案的制订中，对旅游业有更深刻的认识。每个实习教学环节的问题契合实际，通过解决各个问题厘清调研学习目的及专业成长收获，拓宽学生的专业视野与思路，达到理论与实践学习双强的效果。

第四章　实习作业内容与要求

一、实习作业内容

1. 分组调查结果分析报告

根据对分组调查信息、数据的整理和分析，撰写两份小组调查报告书。要求调查研究目的明确、问卷设计合理，并且保证问卷调查质量精度，报告书图文并茂、逻辑层次清晰、观点鲜明、分析深入。

组长需在文末注明小组成员的具体分工及对调查的具体贡献。

2. 个人调查研究报告

(1) 湘西（或黔东）地区旅游业发展综合调查报告

通过整理资料和实地实习调查，根据区域旅游管理与规划的工作内容和模式，撰写一份《湘西（或黔东）地区旅游业发展综合调查报告》，在阐述实习区域旅游业发展现状的基础上，分析其存在的问题，提出今后改进的措施。

(2) ××景区（或其他旅游地）管理优化建议

根据实地实习调查和查阅资料，从景区或旅游地尺度视角分析管理、经营现状，以自身的见解设计，撰写一份《管理优化建议书》。要求提纲挈领，层次分明，观点鲜明。

二、实习作业要求

1. 独立完成

实习作业一共4项，包含2项个人作业、2项小组作业。

2. 观点鲜明

除满足字数要求外，内容上一定要有自己的想法和观点，不要人云亦云，更不能将材料进行堆积，拼凑字数。

3. 表述清楚、流畅

实习作业行文要体现旅游管理专业应用文写作的基本功底，体现研究的科学性和严谨性，表述清晰、流畅。不要将过多的感情词汇写进实习报告，切忌写成散文和游记。

4. 针对性强

作业内容是调查研究的成果反映，调查数据要求真实、可靠，统计结果达到信度与效度要求，调查结论有说服力，并具有针对性，不能写成放之四海皆准的大道理。

第五章 实习调查问卷设计与调查报告撰写

一、旅游调查问卷设计步骤

旅游调查问卷是按照调查主题的需要由一组问句及其说明所构成的一个系统。因此,旅游调查问卷设计是一项系统性工程,要运用旅游学、调查统计学和社会心理学等多学科专业知识,进行系统考虑和安排。一份好的旅游调查问卷,要经过多次反复修改才能完成,为了有利于问卷设计工作顺利进行,提高旅游调查问卷质量和设计工作效率,需要遵循一定的设计程序。在正常情况下,旅游调查问卷设计要经过以下几个步骤:

1. 把握好旅游调查主题

在问卷设计之前,要先熟悉、了解一些有关的基本情况,以便对问卷中各种问题的提法和可能的回答有一个初步的总体考虑。问卷设计的探索性工作的常见方式,是进行初步的非结构式访问。设计一份完美的旅游调查问卷,首先要深入了解调查目的,把握调查主题,以便明确通过问卷搜集第一手资料。主题的把握可以从调查的功能与费用两方面来考察,采用逐步深入提问、解答问题的方法,使调查目的明确具体,提高旅游调查工作的价值。旅游调查需要提问和准确回答4个方面的问题:①为什么进行这项调查;②想要知道什么;③知道了以后有什么用处;④能否用其他更经济的方法去完成。当这4个问题都得到肯定明确的回答时,即已把握了调查主题,转入下一步工作。

2. 摸底探测性调查

问卷设计人员带着旅游调查主题,亲自去进行摸底探测性调查,可以以自由访问方式深入询问一些与调查主题有关的问题,注意观察记录被调查者即兴发言的内容,从中受到启发,为设计旅游调查问卷打开思路。特别是当设计者尚未确定哪些现象特征与调查主题有关,迫切需要详尽描述潜在的有关特征来设计问句时,摸底调查是一个不可省略的步骤。不顾外面旅游市场的风云变幻,独自关在屋里苦思冥想、闭门造车或随心所欲,是设计不出合格的旅游调查问卷的。

3. 设计旅游调查问卷的初稿

拟订旅游调查问卷初稿,作初步可行性分析,在摸底调查的基础上,旅游调查问卷设计人员可把调查主题分解为某些假设,以至更细小的单元,用适当的口吻写成问句,并按一般人思考事物的顺序,以及各个问句之间的理论关系进行排列,拟成问卷。旅游调查问卷文稿拟成后,则进行可行性分析。分析时可采用逻辑分析和经验判断等方法。逻辑分析,是对文稿的问句从逻辑上检验是否可行;经验判断,则是请有旅游调查设计和调查实践经验的专家来判断问卷设计的可行性。在实际工作中,有两种具体设计方法,即卡片设计法和框图设计法。卡片设计法和框图设计法的区别在于:前者从具体问题着手,然后归纳同类性质的问题,最后形成问卷整体;后者先着眼于整体结构,然后考虑各个部分，再形成每一个具体问题。两种设计方法各有其优缺点，设计者可将两种方法结合使用。

4. 作试点调查，全面评价问卷文稿

任何一份好的问卷，不可能一次设计成功，必须经过试用和多次修改，才能用于正式调查。问卷初稿试用修改的方法有主观评价法和客观检验法两种。主观评价法，就是将设计好的问卷分别送给有关专家、研究人员、有代表性的被调查者审问、分析，并根据他们的主观评价，针对指出的问题和提出的改进意见着手修改。客观检验法的具体做法是，在正式样本总体中随机或不随机抽取一个小样本，然后用问卷初稿问他们调查，对所获资料进行检查和分析。试点调查是将旅游调查问卷文稿在少数有代表性的被调查者中进行试填，数量控制在30份左右。小范围的试填并非把搜集调查资料作为主要目的，而是为了对问卷进行全面检验，以便于再次修正。如检验旅游调查问卷设计是否合乎旅游者思考事物的顺序；有关概念是否清楚，问句的措辞是否简洁易懂；被调查者对哪些问句理解有误，对哪些问句有特殊反应（高兴、反感、拒答等）；调查问句能否满足课题要求，是否增减问句；完成一份旅游调查问卷平均需要多长时间，回答内容的可信度等。特别是进行大规模的旅游市场调查时，大样本调查是必不可少的，在确定大样本之前进行试点调查十分关键。因此可以在大范围调查之前，根据小样本提供的有价值信息，将旅游调查问卷修改得更加符合实际，形成一份优秀的旅游市场调查问卷。

5. 正式定稿

在问卷的问题和答案经试用修改定稿后，再在问卷的前后加上封面信和结束语，就形成了一份完整的定稿问卷。

二、综合实习调查问卷样卷分析

为了方便读者实习时进行调查问卷设计，在此设计两份小组的调查问卷，仅供参考，希望读者能够举一反三，认真完成好调查问卷的设计。

(一)凤凰古城背包客特征调查

您好，我们是北京林业大学旅游管理专业的学生，目前正在针对凤凰古城背包客(背包客，又称驴友，是指三五成群或者单枪匹马四处游逛的人，也就是背着背包做长途自助旅行的人)旅游行为的特征调查。我们将对您的信息进行保密，希望您抽出宝贵的三分钟时间来填写这一份问卷，谢谢！

1. 你获取凤凰古城旅游信息的途径[单选题]
   ○社交平台　　　　　○旅游网站　　　　　○报刊杂志
   ○广播电视媒体　　　○亲朋好友推荐

2. 您来到凤凰古城的主要交通方式[单选题]
   ○铁路交通　　　　　○公路交通
   ○飞机　　　　　　　○骑行/徒步

3. 您选择的结伴方式[单选题]
   ○独自一人　　　　　○情侣　　　　　　　○同学/同事/朋友

○家人　　　　　　　　○散客拼团

4. 您计划在凤凰古城停留的时间[单选题]

○1天　　　　　　　　○2~3天

○4~7天　　　　　　　○1周以上

5. 您选择来凤凰古城的原因(对比其他类似古城)[多选题]

□交通便利　　　　　　□游乐资源集中

□餐饮住宿较好　　　　□边城风光优美

6. 您在旅行活动中各方面的消费意愿[矩阵量表题]

消费项目	1	2	3	4	5
餐　饮	○	○	○	○	○
住　宿	○	○	○	○	○
交　通	○	○	○	○	○
游览观光	○	○	○	○	○
购　物	○	○	○	○	○
休闲娱乐	○	○	○	○	○

7. 请对凤凰古城的旅行途中各项项目的体验进行打分(分值越高体验越好)[矩阵量表题]

项目体验	1	2	3	4	5
自然风光	○	○	○	○	○
游乐活动	○	○	○	○	○
餐饮住宿	○	○	○	○	○
传统古建	○	○	○	○	○
特色商品	○	○	○	○	○
民俗文化	○	○	○	○	○

8. 下列因素对您游览体验的影响程度[矩阵量表题]

游览影响因素	1	2	3	4	5
基础设施完善度	○	○	○	○	○
游览活动丰富度	○	○	○	○	○
自然风光的秀美程度	○	○	○	○	○
古城氛围的浓厚度	○	○	○	○	○
当地民风的淳朴度	○	○	○	○	○
旅行中的知识获取度	○	○	○	○	○

9. 是否达到自己的预期[单选题]*
○是　　　　　　　　○否

10. 您的性别[单选题]
○男　　　　　　　　○女

11. 您的年龄[单选题]
○22 岁及以下　　　　○22~35 岁
○36~55 岁　　　　　○56 岁以上

12. 您的职业[单选题]
○学生　　　　　　○国家公务员　　　　○企事业管理人员
○私营业主　　　　○公司职员　　　　　○自由职业者
○工人　　　　　　○农民　　　　　　　○专业/文教技术人员
○退休人员　　　　○军人/警察　　　　○其他

13. 您的月(可支配)收入[单选题]
○3000 元以下　　　○3001~5000 元　　○5001~10000 元
○10001~20000 元　○20000 元以上

14. 您来自哪里(具体至地级市)[单选题]
○湖南本地　　　　　○湖南周边(湖北、贵州、重庆、江西等)
○国内其他城市　　　○港澳台及国外

15. 您对我们还有什么建议[填空题]

问卷点评：该问卷以凤凰古城的背包客对调查对象，调查了背包客对凤凰古城的印象、需求及旅游行为特征，问卷长度较合适，问题先易后难，适宜抽样问卷调查；问卷问题过于表面化，缺乏深度聚集，背包客的形象感知、需求特征分析不会很细致。

(二)武陵源徒步产品的市场满意度调查

您好！我们是北京林业大学园林学院旅游管理专业的学生，现对武陵源徒步线路进行调研，您的数据对我们十分宝贵。问卷不涉及您的个人隐私信息，您可以放心填写！非常感谢您在百忙之中协助我们完成问卷！

1. 您认为徒步是[单选题*必答]
○与普通散步无区别
○借助一定交通工具前往某地，大部分旅行区域依靠行走的户外活动
○有目的地进行中长距离的走路锻炼
○讲究技巧的挑战性运动

2. 这是您第几次进行徒步旅行[单选题*必答]
○第 1~2 次　　　　○第 3~4 次　　　　○5 次及以上

3. 您是通过什么渠道了解武陵源徒步线路的[单选题*必答]
○旅游网站或 APP(如携程、马蜂窝、去哪儿网等)
○广告(电视、广播、报纸等)

○亲朋好友推荐
○武陵源官方渠道(官网、官方微博、公众号等)
○其他

4. 您进行徒步旅行的动机是[多选题*必答]
   □休闲观光　　　　□科考学习　　　　□逃离惯常生活　　　□体验当地文化
   □寻求冒险和刺激　□其他　　　　　　□摄影、观鸟、采风等

5. 您选择徒步线路通常看重的因素是[多选题*必答]
   □线路难度　　　　□气候气象　　　　□线路长度　　　　　□地方文化
   □沿途风景　　　　□其他　　　　　　□设施配置

6. 您对武陵源徒步线路景观资源的评价是(星星越多,表示您对以下说法越赞同)[打分题,请填数字1~5打分*必答]
   自然风光优美_____
   文化氛围浓厚,可以体验当地的文化_____
   景观资源丰富,种类多样_____

7. 您喜欢的徒步线路类型[多选题*必答]
   □河道型　　　　　□峡谷型　　　　　□山体型　　　　　　□环湖型
   □海岸线型　　　　□丛林、草原、沙漠等穿越型　　　　　　□古道型
   □古迹型　　　　　□民俗采风型　　　□其他

8. 您对武陵源徒步线路基础设施的评价是[打分题,请填数字1~5打分*必答]
   标识和导览设施(解说牌、导览牌、指示牌、警示牌、智能解说设备等)_____
   服务设施(饮水点、座椅、设备租赁点等)_____
   安全设施(登记报警点、医疗救护设施、道路管理和监控设施等)_____

9. 您对武陵源徒步线路道路系统的评价是(星星越多,表示您对以下说法越赞同)[打分题请填数字1~5打分*必答]
   长度适中,富有挑战性_____
   坡度变化合理_____
   路面铺砖合理(适宜行走,与环境相协调)_____
   连接性好,线路流畅(没有回头路,路网连接各个景点)_____

10. 您对武陵源徒步线路的满意程度是[打分题,请填数字1~5打分*必答]
    _____分

11. 您对武陵源徒步线路的体验价值是[多选题*必答]
    □锻炼身体　　　　□放松身心　　　　□收获知识　　　　□欣赏自然风光
    □认识新朋友　　　□获得成就感　　　□感受文化底蕴　　□其他

12. 性别[单选题*必答]
    ○男　　　　○女

13. 您的年龄是[单选题*必答]
    ○18岁以下　　　○18~24岁　　　○25~30岁　　　○31~40岁
    ○41~50岁　　　 ○51~60岁　　　○61岁及以上

14. 您目前的职业是[单选题*必答]
○在校学生
○政府/机关干部/公务员
○企业管理者(包括基层及中高层管理者)
○普通职员(办公室/写字楼工作人员)
○专业人员(如医生/律师/文体/记者/老师等)
○普通工人(如工厂工人/体力劳动者等)
○商业服务业职工(如销售人员/商店职员/服务员等)
○个体经营者/承包商
○自由职业者
○农林牧渔劳动者
○退休
○暂无职业
○其他职业人员(请注明)_____

问卷点评：该问卷以武陵源徒步旅行的旅游者对调查对象，调查了市场对武陵源徒步旅行产品的整体满意度及旅游偏好。问卷可以用于抽样问卷调查，但调研深度不够，对市场的需求和构成划分不够明确。

三、实习报告的撰写格式

调查报告没有一定的格式，它是多种多样的，研究者可根据研究的性质、专业种类、选题范围、内容多少等因素来决定。唯一的要点就是要能够系统地、明确地表达事实和作者见解。常见旅游调查报告的内容包括：标题、作者姓名、摘要、关键词、前言、主体（正文）、结论、讨论、参考文献、致谢、附录等部分。

1. 标题

旅游调查报告的标题形式多样，从形式上分析，可分为两种类型：一种是单行标题，另一种是双行标题。从内容上分析，旅游调查报告标题的拟定，通常有以下几种写法：用调查对象和主要问题作标题；以一定的判断或评价作标题；用提问的形式作标题。无论采取哪种形式的标题，首先要求必须概括、贴切，服从内容需要，与报告的内容相符；其次要有鲜明、恰当词语的逻辑组合，简明、新颖，富有感染力和吸引力。报告题目应能准确、具体表达调查的中心内容，恰如其分地表达调查范围和所达到的深度，文字力求简短精练，但又不过于简单空泛。一般报告标题长度不超过20个汉字，多为名词性短语结构。

2. 摘要

写摘要应力求行文简明扼要，用少而精的文字把调查报告的主要内容概括出来。摘要的内容应该概括地、不加解释地简要陈述调查报告研究的目的与对象特征、观点、方法以及最后的主要结论。要求用字准确、阐述简明，切忌空洞议论、模棱两可，或对调查研究工作本身优劣进行自我评述；要排除已成常识的内容，不重复标题已有的信息。摘要采用第三人称的写法，不使用"本文""作者"等非信息词语。以200个左右汉字为宜，最多不超过500个汉字。

3. 关键词

关键词是为方便检索，适应计算机自动检索需要而产生的，是指那些出现在调查报告的标题（篇名、章节名）以及摘要、正文中，对表征调查报告主题内容具有实质意义的词语，即对揭示和描述调查报告主题内容来说是重要的、关键性的词语。一般选用3~8个。

4. 前言

前言是旅游调查报告的开头部分，也称导言、引言或绪论。写前言的目的是向读者揭示报告的主旨、目的和总纲，起到使读者了解全文的作用。常见的前言有以下四种写法：主旨直述法、结论先行法、情况交代法、提问设悬法。无论采取何种模式，都应力求精简。前言的内容包括进行本次调查研究的原因、目的、背景、前人的工作和存在问题、理论依据和实验基础、预期结果及其在相关领域里的地位、作用和意义。这一部分通常可以写得非常简短，一般简明扼要地叙述一下调查研究目的与意义即可。

5. 主体（正文）

主体是旅游调查报告的正文，是表现旅游调查报告主题的主要部分。各类旅游调查报告主体的写作要特别注意两个问题：一是观点材料的组织；二是布局结构的安排。一般来说，旅游调查报告的结构主要有横式结构、纵式结构、综合式结构三种。

正文是调查报告的主体，主要包括调查对象、时间、地点和方法，调查到的事实，调查的结果和分析。

（1）调查方法

即采用什么方法来进行调查研究。交代要清楚具体，使别人一看就懂，所使用的方法、过程、数据处理办法等，要交代明白，以便别人在重复进行相同调查研究时有所依据。

（2）结果与分析

这是全篇报告的中心，所有必要的数据、实际例证、插图等，都要详细列出来。一篇调查报告质量的高低，主要取决于这一部分的真实性、准确性和严密性，必须认真从事。在具体表达时，应尽量避免把所有的调查数据都抄在调查报告上。数据要经过整理，绘制成图或表列入文中，同时要交代数据处理方法和误差分析。结果分析就是根据调查所得到的材料，参考有关的文献资料，经过归纳、概括，探明事物的内在联系和发展规律。理论分析的质量取决于调查的结果及引用资料的可靠性。与此同时，又要从实际出发，实事求是，对具体情况进行具体分析，根据自己的调查和观察结果去检验旧理论，提出自己的新见解。

6. 结论

结论部分是旅游调查报告的结束语，不同内容的旅游调查报告，结尾的写法也不同。一般来说，结尾主要有以下几种写法：概括式、总结式、建议式、预测式、补充式。

结论是整篇调查报告的结局，是理论分析和调查结果的逻辑发展，是整篇调查报告的最后总结，对全篇调查报告起着"画龙点睛"的作用。从内容上说，结论是从本次调查研究的全部材料出发，经过推理、判断、归纳等过程而得出的新的观点、新的结论，归纳成几条，完整、准确、简洁、鲜明地指出。

①由对调查对象进行调查得到的结果所揭示的原理及其普遍性；
②调查中有无发现例外或本调查报告尚难以解释、解决的问题；
③与先前已经发表过的(包括前人或作者自己)调查研究工作的异同；
④本调查报告在理论上与实践中的意义与价值；
⑤对进一步研究本课题的建议。

7. 讨论

讨论是作者根据自己创造性的劳动所得到的有关调查结果和收集的资料，通过理论分析所得到的新认识，一般应包括以下几点：

①调查结果的概括叙述；
②这些调查结果说明了什么现象，得出了什么规律，解决了什么实际问题或理论问题；
③对前人相关调查研究的论述进行检验，指出哪些与此次调查结果相吻合，哪些有出入，分别加以论证、修改或商榷；
④通过本次调查，如发现尚有遗留未解决的问题，应该指出，并尽可能对这些问题的关键所在、今后研究方向和解决途径等提出建议或意见。

8. 参考文献

参考文献是调查报告的重要附件，列入的参考文献应尽量是调查报告中引用过的，而且是正式发行的出版物或其他有关档案资料、专利文献等。其标引应按照国家的统一规范，并按文中引用的先后顺序列出。

9. 致谢

在研究过程中以及调查报告成文前后，对本次调查提供过重要指导和帮助的老师和同学都应提出致谢，以示尊重他人劳动，感谢他们的帮助。一般文字应位于文章首页的下方，也可以单独成段落，放在结论后面，但不是调查报告的必要组成部分。致谢是对曾经给予调查报告的选题、构思或撰写以指导或建议，对调查过程中作过贡献的人员，或给予过技术、信息、物资或经费帮助的单位、团体或个人致以谢意。

10. 附录

附录是旅游调查报告的附加部分，是对正文报告的补充或更详尽的说明。由于主题、篇幅或表述等原因的限制，调查者对于在调查过程中获得的一些有价值的资料可以在报告正文之后以附录的形式写出来，以便参考。一般将调查问卷或访谈提纲、必要的调查过程记录照片及数据统计分析结果作为附件放在调查报告之后，以充实调查报告内容。

四、调查报告撰写实例

武陵源风景名胜区徒步线路体验评价

摘要：徒步旅游在我国兴起较晚，发展也较为缓慢，但随着人们休闲观念的改变以及国家对生态旅游的重视,徒步旅游越来越受欢迎。本文选取具有独特自然资源的武陵源风景名胜区为案例地,采用问卷调查法对游客的徒步旅游体验进行调查,并结合休闲旅游、旅游体验、游客满意等理论对武陵源徒步线路及徒步旅游的发展展开评价和提出优化建议。

关键词:徒步旅游;线路规划;体验

一、绪论

(一)研究背景

1. 国内外徒步旅游发展现状

国内外徒步旅游发展的实践证明,徒步旅游是关乎人类自身幸福和谐最简单、最低成本的生活理念和生活方式;关乎经济发展、社会进步的最便捷、最绿色环保的财政和智力载体。无论是对于个人和社会,还是对于今天和未来,徒步旅游都有着重要的现实意义,值得认真探讨。

在国际旅游市场,徒步旅游是背包旅游者最主要的旅游方式,而现有的文献中对背包旅游的发展研究较多,因此,根据背包旅游包含徒步旅游的关系,背包旅游的发展情况也是徒步旅游的发展情况。综合所获得的数据和文献,澳大利亚、新西兰等西方发达国家是主要的背包旅游目的地国家,这些发达国家对背包旅游市场非常重视。如澳大利亚旅游局在全球都有针对背包旅游者的促销活动,尤其是在几个关键市场,如英国、德国和美国。东南亚不发达国家印度尼西亚、尼泊尔等国也是国际著名的背包旅游目的地国家。Scheyvens R.(2002)在其讨论背包旅游和第三世界发展的论著中,极力鼓励第三世界国家的政府创造一个政治环境和有效的基层组织来支持当地社区参与到这种旅游形式中。近年来,这些不发达国家也开始逐渐重视背包旅游市场。然而,在中国由于受主客观等因素的影响,徒步旅游仍是一个尚待进一步开发的行业。即便已推出徒步旅游项目,但与一些发达国家相比,在规模、效益、档次等方面还有一定的差距。我国的徒步旅游资源丰富,其开发与发展的前景广阔。

徒步旅游参与群体主要有以下三类人群:第一类为城市的中产阶级。他们有着丰厚的收入和一定的闲暇时间,对新鲜事物和不同于自己生活地的地方保持着浓厚的兴趣。第二类是中国高等院校学生。他们也是徒步旅游者的组成之一,大学生们受到中国传统"读万卷书,行万里路"观念的影响,试图通过徒步旅行,充实经历、开阔视野、锻炼意志。第三类是老年人群体。其发展也具备一定的潜力,不过,目前老年人的徒步旅行还处于休闲娱乐活动阶段。随着中国社会经济的持续发展,老年人的身体条件和经济条件也允许他们在晚年出去走一走。把旅游和健身运动相结合的徒步旅游,将倍受老年人的青睐。

基于对徒步旅游参与群体的需求进行划分,游客对徒步的需求主要表现在对新鲜事物和不同于自己生活地的地方保持着浓厚的兴趣;试图通过徒步旅行,充实经历、开阔视野、锻炼意志;休闲娱乐活动等方面。

2. 案例地选取理由

中国徒步旅游资源非常丰富,尤其是西部地区,有着独特的地形地貌和生态环境,对于长久生活于城市中、求新求异的人们来说,有着不可抗拒的吸引力。只要加以合理的开发和包装,它们必定能成为优秀的徒步旅游产品。

武陵源位于中国中部湖南省西北部,这里遍地奇花异草,苍松翠柏,遮天蔽日;奇峰异石,突兀耸立;溪绕云谷,绝壁生烟。武陵源独特的石英砂岩峰林在国内外均属罕见,目前所知有山峰3000多座,这些突兀的岩壁峰石连绵万顷,层峦叠嶂。武陵源水绕山转,据称有"秀水八百",众多的瀑、泉、溪、潭、湖各显其妙。金鞭溪是一条十余千米长的溪流,从张家界沿溪一直可以走到索溪峪,两岸峡谷对峙,山水倒映溪间,别具风味。此外,武陵源地区居住着众多少数民族,其民族文化丰富多彩,风俗民情绚丽多姿,村寨习俗淳厚,帐篷生活独特,徒步旅行于村寨部落之间,能够体验到浓郁的民族文化风情,有大量适合开展民族风情徒步旅游的资源。

(二)研究目的和意义

1. 理论意义

将旅游体验的理论运用到武陵源徒步线路评价中,研究游客满意和旅游体验之间的关系,分析游客对于徒步线路的关注焦点,丰富徒步线路体验评价研究。

2. 实践意义

武陵源风景名胜区在20世纪末被列为世界自然遗产,但随着发展中对经济效益的追逐,生态环境遭到一定程度的破坏,政府相关部门积极采取措施恢复其生态环境,并大力倡导生态旅游。徒步作为一种环境友好型旅游形式,在武陵源得到相应的重视。通过研究游客对于武陵源风景名胜区徒步线路的体验评价,有利于推进徒步线路优化和徒步旅游的发展。

(三)研究内容和方法

1. 研究方法

文献研究法:通过中国知网查阅相关文献,进行文献梳理,了解国内外徒步旅游和徒步线路相关的研究现状以及徒步旅游的定义、分类、线路规划等基础概念,并学习和研究有关理论在徒步线路开发、提升游客体验等方面的应用。通过归纳总结,结合武陵源风景名胜区的实际情况进行理论挖掘、应用和创新。

2. 实地考察和问卷调查法

实地走访考察,通过拍照、图纸记录等方式搜集武陵源徒步线路的相关资料,并进行短距离徒步旅行,途中向游客发放问卷。

3. 研究内容

首先,梳理国内徒步旅游和徒步线路研究的文献资料,做好相关理论的归纳总结等基础工作。其次,通过网络文本分析和资料搜集,了解武陵源风景名胜区徒步旅游开发条件及开发现状,并结合文献梳理选区评价的指标,进行问卷设计。实地考察和发放问卷,从样本特征、线路特点、游客体验等方面进行分析,得出游客对武陵源徒步线路的体验评价。最后,引入案例分析,从线路开发和提升游客体验的角度提出发展建议。

4. 研究技术路线

研究技术路线如图5-1所示。

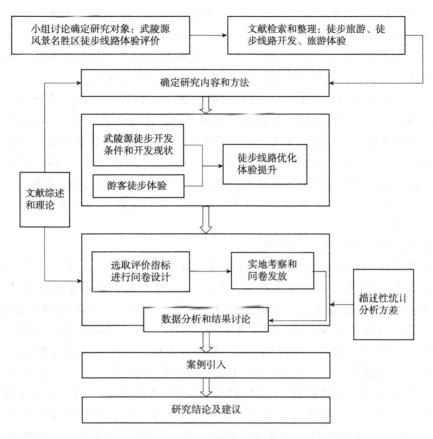

图 5-1 研究技术路线

二、文献综述

(一) 国外研究进展

徒步的英文是"Hiking",英文译文为"徒步旅行",这个词语最早可以追溯到19世纪60年代在尼泊尔开展的远足旅行,在此之后徒步运动渐渐地进入人们的视野。境外的徒步运动最早是以户外运动(outdoor recreation)的形式表现的,在户外运动的发展中延伸出徒步运动,它是户外运动的重要组成部分。

(1) 欧美国家徒步发展状况

在徒步运动发展的历史潮流中,欧美发达国家扮演着主要引领者角色,是徒步运动发展壮大的中坚力量。在欧洲一些发达国家,徒步运动作为一种有利身心的休闲运动,已经融入人们的日常生活中,成为人们必不可少的生活方式。

在英国,早期的学校体育就以户外运动为主要形式,并逐渐成为重要的教育方式之一,引领着越来越多的青少年参与到户外运动中,这也为英国徒步运动的快速发展打下了坚实的基础。

在德国,徒步是深受人们喜爱的运动项目之一。德国体联2002年对德国户外运动情况的调查反映了德国户外运动的实际情况,结果显示:徒步旅行是最受欢迎的户外运动,参与者的平均年龄为45岁,并且有年轻化的趋势。在20~30岁的人群中,对徒步旅行感兴趣的人群比例上升了35%。有近3500万名群众会利用假期来参与徒步旅行。德国的徒步旅行路线储备十分充足,达到了19万千米。德国人一般会选择春季和秋季进行徒步旅行,活动开展次数很多,全德徒步旅行活动每年都会达到约600项。

在北美洲,目前有数以万计的人们参加徒步运动。加拿大于1992年开始实施Trans-CanadaTrail项目,此项目是修建一条由东至西横穿加拿大的步道,步道路径横穿加拿大国内的各大国家森林公园,全长2.4万千米,是目前世界上最长的徒步步道。美国户外运动资源评估委员会在其1962年的报告中将户外运动定义为"在户外进行的游憩活动"。第二次世界大战后,美国的户外运动发展迅速,政府不仅致力于基础设施的完善,还对其进行了相应的立法保护,保障了徒步运动的长远发展,之后美国的户外运动发展趋于成熟,处于世界领先水平。

(2)国际性徒步组织的成立与发展

国际性徒步组织的成立在很大程度上推动了徒步运动的快速发展。国际市民体育联盟(IVV)成立于1968年,总部设在德国,它是致力于发展非竞争条件下市民体育运动的国际组织,拥有56个成员国。各国把它视为发展市民体育运动和城市旅游的助推器。国际市民体育联盟每年在各个成员国举办年会,并举办各类国际赛事。国际市民体育联盟于2004年5月授予中国IVV入会证书,中国正式加入国际市民体育联盟,成立国际市民体育联盟中国总部。国际徒步联盟(IML)成立于1987年,总部设在荷兰,它是以促进和推广徒步活动为宗旨的世界范围性组织,截至目前共有26个成员国,包括美国、加拿大、英国、中国、日本在内,中国大连市是中国最具代表性的国际徒步城市。世界徒步协会(WWA),1998年创立于欧洲,现在总部坐落于中国香港,是一个指导和推动世界徒步运动发展,加强徒步运动国际化的交流与合作,促进体育、旅游、文化结合的国际性社团机构。东亚之花徒步联盟于2005年5月28日成立,由日本久留米市、韩国西归浦市和中国大连市分别以色彩绚丽的杜鹃花、娇艳嫩黄的油菜花和洁白晶莹的槐花为媒,以徒步活动为手段,以增进三国人民之间的友谊为目的,共同促进相互发展和国际交流,组成的徒步国际联盟,是亚洲地区第一个区域性徒步联盟。

(二)国内研究进展

(1)国内徒步运动发展状况

20世纪90年代末,我国徒步运动首先在东部沿海城市兴起,东部带动中西部城市,之后通过传播由各省会城市向市县级地区呈放射状发展。在这样的发展趋势下,全国各地众多城市都在开展徒步运动,其中以大连市开展较早且最具代表性。中国大连市自2002年申请加入国际徒步联盟以来,每年5月的第三个周末举办国际徒步大会,截至2017年,已经成功举办十五届国际徒步大会(2003—2017年),第一届大连国际徒步大会,参加人数逾7000人,并逐年增加。中国香港也是我国徒步运动开展比较早的城市,其徒步形式则是公益性徒步活动,"乐施毅行者"是香港最大型的公益徒步活动。2015年4月中央国家机关32个部委共逾5000人聚集在北京奥林匹克森林公园,开展了一场主题为"健步奥森行,追寻中国梦"的徒步活动,是由中央国家机关户外健身运动协会主办的以"走出去,动起来"为健康理念的徒步健身活动,带领机关工作者身体力行地倡导全民健身的运动风潮，展现机关工作人员积极向上的精神面貌。互联网的普及更是方便了徒步运动的宣传与开展，"微信运动""QQ运动""支付宝运动"等新时代信息技术产物也正悄无声息地融入人们生活，影响着人们的日常运动健身，促进了徒步运动的发展。

(2) 关于徒步旅游方面的研究

吴焕玺(2014)在《黔东南徒步旅游开发探讨——以雷公山为例》中阐述了当地的徒步旅游发展现状，分析了发展中存在的问题，重点从线路规划、目标人群、安全问题、开发思路四个方面探索徒步旅游开发模式。万田户(2013)在硕士论文中研究了婺源旅游发展实际，通过将发展徒步旅游与旅游资源相结合，分析该地区未来徒步旅游的发展模式，总结了目前存在的局限性，并提出相应对策。张广瑞(2012)研究认为，徒步行走是人的本能，徒步是人类旅行的原始形态，也是最初赖以生存的移动方式。人类最为重要的社会活动都是通过徒步的方式来实现的。人类社会在进步和发展，各种工具、科技的发明与改善，不断改变着人们的旅行方式和生活方式。无论社会如何进步，科学如何发展，交通工具如何改善，人类依然离不开徒步这项最基本的功能，只不过徒步的方式、徒步的目的、徒步的愿望以及徒步的心态在不断变化之中。金乔等(2017)则在研究中对我国徒步旅游现状进行了评述：徒步旅游作为一种时尚旅游形式在国内外得到广泛参与，在国内，对徒步旅游的理论研究却远远滞后于徒步旅游实践。国内对徒步旅游的研究仍停留在零星的学术文献期刊上，尚没有专业的组织或权威机构将徒步旅游作为一种专门的旅游形态进行研究，也未能引起政府和有关部门的重视。

(3) 徒步资源、线路方面的研究

李鑫(2015)在研究中表示，恩施徒步运动发展过程中徒步线路资源是徒步运动发展最为坚实的基础，他在文中对当地徒步资源和线路进行了相关的整理分析，并根据实际情况提出对策。萧翠龄(2010)对秦皇岛徒步运动的基本线路进行了研究，认为：秦皇岛目前徒步线路的设计缺乏科学依据，设计较为单一，而且存在很大安全隐患，提出了政府应该加强对户外徒步运动的重视，提高参与者的安全意识和自我保护能力，培养相关专业人才，完善相关法律法规等。

(三) 研究评述

综上所述，国外徒步运动发展目前比较完善，开展规模大、参与人数多、研究有深度、学科交叉多、徒步资源及线路开发完善，总体上国外徒步运动发展水平处于领先地位。而国内关于徒步运动的研究较国外还有一定的差距，其发展虽然迅速，但还处于最基本的初级阶段，较发展速度来说，研究情况滞后比较严重。国内主要从不同徒步群体研究、徒步旅游及线路、徒步运动发展现状等方面进行研究，在徒步运动的概念上还没有形成固定的公认的界定标准，学者们的研究角度虽各有不同，但研究范围有限，研究程度较浅。

三、相关概念和理论基础

(一) 相关概念界定

1. 徒步的定义

(1) 生态旅游角度的定义

徒步旅游，在国外又称为徒步穿越，主要是从生态探险的角度来定义的。"徒步穿越，是指除了借助一定的交通工具外，大部分旅行区域靠徒步行走的一种户外活动。是指从起点到终点，中间可能跨越山岭、丛林、沙漠、雪域、溪流或峡谷等地貌的一种活动。"如果将从探险角度得到的徒步旅游定义与从生态旅游角度得出的目的结合起来，我们就可以得出徒步旅游的定义：徒步旅游是人们在具有保护自然环境和维护当地人民生活双重责任的前提下，借助一定的交通工具前往人迹罕至的区域，大部分旅行区域靠徒步行走的一种户外活动。

(2) 文化体验角度的定义

中国现有的徒步旅游线路中，有相当一部分属于文化体验型产品，如长城徒步旅游线路、各少数民族地区徒步旅游线路、古迹徒步旅游线路、民俗风情徒步探奇线路等。参与这种旅游活动类型的徒步旅游者，更加关注当地独特的民风民俗、文化传承等人文内涵，具有尊重传统文化的负责任态度。因此，从这个角度来讲，徒步旅游的定义就是：徒步旅游是人们深度了解一地的自然、历史、风土民情及社会习俗等，借助一定的交通工具前往该区域，大部分旅行区域靠徒步行走的一种户外活动。

(3) 体育运动角度的定义

唐艳婕(2011)认为徒步运动是众多户外运动项目之一，它是有目的地在人工环境或自然环境里进行的一项体育运动，主要以徒步行走的方式，与通常意义上的散步不同，也与竞技体育的竞走项目不同。它的特征有运动方式简单、适合多数人群、参与性广、运动场地为自然环境、运动方式自由随意等，她认为徒步运动可以简单地理解为长途步行，是人们娱乐、休闲和提升生活质量的一种新的方式。

李宁等(2016)就徒步开展形式在文章《高校徒步运动社团化研究——以北京大学为例》中对徒步运动做出定义："徒步运动，包括健身走，是在城市道路、郊区、乡村野外进行的较长时间和较长距离的步行活动，不是茶余饭后随便走走的散步。"

张慧艳(2015)在《北京国际山地徒步大会群众参与研究》中将徒步运动称为"户外徒步运动"，她认为户外徒步运动属于一种休闲体育运动，是人们在自由支配的时间里，通过有目的地在自然环境中行走锻炼，满足参与者身心需求的一项休闲体育运动。

田梦(2017)在《吉首市徒步运动分布特征与可持续发展的对策研究》中对徒步运动定义为："人们在余暇时间，为了满足健身娱乐、体验探险、自我实现、人际交往等多方面的需要，在自然环境或人文环境中以徒步的形式开展的大众休闲娱乐体育活动。"

(4) 总结

我国徒步运动起步较晚，相关研究也相对滞后，近年来国内对徒步运动的研究逐渐丰富多样，但对于徒步运动还没有形成一个固定的概念界定，学者们多将徒步运动与户外运动相结合，从徒步运动的活动形式、开展环境、参与动机等方面进行概念界定。

在现有文献研究成果的基础上，我们认为徒步是人们在闲暇时间进行的主要依靠行走来完成的旅行。

2. 徒步的分类

由于徒步运动发展成熟后越来越呈现出大众性、多样性、活动性等特点，参与人员、参与动机、参与方式以及预期效果的不同要求研究者对徒步运动进行有效、可行的分类，以满足不同人群的差异化需求。根据研究角度的不同，可以有以下几个分类标准：

(1) 按参与动机和目的

①探险挑战型　此类型徒步线路不成熟、未知性强，参与人数少，主要指徒步探险、徒步穿越等冒险性强、危险性大、难度高的徒步活动，参与者在冒险、挑战的过程中可获得强烈的刺激感和心理满足，达到自我实现。

②深度体验型　此类型徒步线路相对成熟、可知，参与人数中等，参与者重在亲近自然，获得最佳感官体验，满足文化审美、旅游观光、生态教育考察、体验民族风土民情等高层次的精神文化需要。

③休闲娱乐型　徒步线路成熟完善，安全性高，如都市、郊区步道，参与人数众多，参与者以健康身心、娱乐放松为主要目的。

(2) 按徒步过程中人与自然的联系程度

可分为全自然徒步和半自然徒步。

(3) 按徒步线路所在地理环境

可分为山地徒步、城市徒步、公路徒步、高原徒步、沙漠徒步、海滨徒步等。

(4) 按徒步运动的专业性

可分为大众休闲徒步运动和专业徒步运动，前者适合普通大众，对体能、技能、设备的要求较低，活动较为轻松。后者需经过特殊训练，具备一定的能力水平，活动的挑战性和冒险性较大。

(5) 按照时间、经济上的花费以及体力、技术要求和危险、挑战程度

可将徒步运动划分为硬型徒步运动和软型徒步运动。此方法是较为通用的一种划分方法。前者耗时长，花费多，对参与者体能情况和技术水平要求较高，具有一定的危险性和挑战性，后者则相反。这种划分方法在微观上为参与个体提供了判断自己的徒步行为的标准，是合理区别徒步人群、指导徒步者循序渐进地理解和开展徒步运动的很好的分类工具。

(6) 按照户外游憩理论中对户外活动的分类标准

可分为资源导向型和活动导向型。前者偏重与自然资源的结合，依靠个人的主动参与和对资源的利用程度；后者偏重在半自然或者人工改良环境中进行，强调活动的有组织性。根据对影响北京高校学生参与徒步运动的原因调查发现，"没人组织"出乎意料地排在第一位。这表明学生虽然有参加徒步运动的热情和兴趣，但学校、教师对这项运动的重视程度不够，造成学生不清楚活动的组织单位，找不到活动组织者，导致"无人引导，无法参与"局面的出现。因此，在徒步运动开始向大众蔓延的现今阶段，此种分类方式最符合徒步运动的发展趋势——由个人自发行为转变为社会有组织行为。过去，徒步运动是一小部分"驴友"回归自然的另类运动，是自发无序、自娱自乐、自负其责的民间活动。当徒步运动的群众基础越来越深厚，徒步运动热情越来越高涨时，人们迫切需要上层力量的支持、引导和保障。这种分类方式从宏观上规定了相关政府部门、社会团体需要承担的发展徒步运动事业的责任与义务，反映了将徒步运动纳入国家群众体育事业规划体系的要求，契合"全面健身计划"的根本要义。

3. 徒步线路规划原则

由于徒步旅游与大众旅游的需求结构有明显的不同，所以对徒步旅游资源线路的选取和开发就不能照搬大众旅游景区开发所遵循的原则，而应根据徒步旅游自身的特点和特色需求找出适合徒步旅游选取和开发的原则。笔者对徒步旅游的文献资料进行整理分析，认为徒步旅游线路的选取和开发应遵循以下原则。

(1) 自然化、真实性

原生态的美是徒步旅游者首先得到的审美愉悦体验，因此，在进行徒步旅游线路选取和开发时应尽量保持资源的原生态美，少一些人工雕琢的痕迹。

(2) 突出徒步旅游文化元素

徒步旅游者追求的是一种深度旅游体验，他们把徒步旅游看作一种满足精神需要的文化审美活动，因此，在进行旅游产品开发时应充分考虑徒步旅游的这一特点，多设计一些体验性强、参与度高的产品。

(3) 处处皆旅游

徒步旅游者的旅游范围并不限于某个景区或景点，往往是在一个大的区域内进行流动，这一区域的一山一水、一人一物都将成为他们眼里的风景，这就要求一个区域在进行旅游开发时应树立顾全大局的旅游布局观念。

(4) 短程短时间旅游

徒步旅游者一般以自发组织的形式开展徒步旅游，多在双休日和五一、十一、春节等假期进行，因此，旅游线路的设计要注意路程不能太长，费时不能太多。

(5) 服务自助化

徒步旅行者有自由独立、不愿被约束打扰的特点，在进行旅游产品及服务营销时应多采取自助化的服务模式，让旅行者自己去发现周围的旅游服务。

4. 徒步旅游对象

徒步旅游参与群体主要有以下三类：第一类为城市的中产阶级。他们有着丰厚的收入和一定的闲暇时间，对新鲜事物和不同于自己生活地的地方保持着浓厚的兴趣。第二类是中国高等院校学生。他们也是徒步旅游者的组成之一，大学生们受到中国传统"读万卷书，行万里路"观念的影响，试图通过徒步旅行，充实经历、开阔视野、锻炼意志。第三类是老年人群体。其发展也具备一定的潜力，不过，目前老年人的徒步旅行还处于休闲娱乐活动阶段。随着中国社会经济的持续发展，老年人的身体条件和经济条件也允许他们在晚年出去走一走。把旅游和健身运动相结合的徒步旅游，将备受老年人的青睐。

(二) 理论基础

1. 旅游体验

旅游体验是旅游个体通过与外部世界取得联系，从而改变并调整其心理状态结构的过程，是在旅游中借助于观赏、交往、模仿和消费等活动形式实现的一个时序过程。旅游体验过程是一个连续系统，由一个个有特色和专门意义的情境串联组合，构成一个有别于人们日常生活的另类行为环境。旅游期望是旅游体验质量的标尺。旅游体验的类型，除了娱乐、教育、逃避、审美，还有移情，为了给游客创造舒畅而独特的旅游体验，应遵循差异性、参与性、真实性和挑战性的原则塑造旅游产品。

体验是以生命来验证的事实,是亲身经历的深层次的感受。旅游体验作为体验的一个分支,或者说是体验的一种特殊类型,可以表达为"旅游环境刺激—旅游者对信息的加工融合—旅游体验",谢彦君(2017)曾根据"格式塔心理学"中的"心理场"的概念引出了旅游场的概念,并将旅游体验的过程描述为"旅游场刺激—旅游者行为反应",进一步将"旅游场"解释为"地理环境刺激—旅游者心理组织"的过程。

2. 游客满意度理论

游客满意理论是涉及游客消费行为和景区服务管理的重要理论。旅游满意度从顾客满意度发展而来,关于游客满意度概念的界定,国内外不同学者有不同看法,本文将具有代表性的概念归纳如下:20世纪70年代,美国学者Pizam对旅游目的地游客满意度的研究奠定了该领域研究的理论基础,他提出游客满意度是游客对目的地的期望和在目的地的体验相互比较的结果,若体验与期望比较的结果使游客感觉满意,则游客是满意的;反之,则游客是不满意的。Hartman(1973)发展了旅游满意度的概念,认为其由认知、情感、系统3个部分组成。Engel,Blackwell & Miniard(1990)定义满意度为顾客对于产品是否满足或超出期望的主观评价。Chon等(1992)研究旅游目的地形象在游客满意中的作用时提出一个解释游客满意的调和理论框架,认为游客满意包括功能调和一致以及形象调和一致。功能调和是指游客期望与感知(对目的地具体功能属性)之间的调和一致;形象调和是指游客自我印象和目的地形象之间的调和一致。Baker等(2000)提出游客满意度是指游客在购买旅游产品之后,游客与旅游目的地之间互相作用所形成的一种心理状态。具体来说,是指游客对旅游地的旅游景观、基础设施、娱乐、环境和接待服务等方面满足其旅游活动需求程度的综合评价。

国内学者李智虎等(2003)认为游客满意是一种心理活动,是游客的需要得到满足后的愉悦感,满意水平是可感知的效果和期望值之间的差异函数,游客是否满意取决于游客期望与实际感知效果之间的关系。万绪才等(2004)将游客满意度定义为游客对旅游地的旅游景观、基础设施、旅游环境和社会服务等方面满足其旅游活动需求程度的综合心理评价。符全胜等(2005)认为保护地游客满意度是在保护地进行旅游和游憩活动的游客所达到的心理状态,即游客所感知的保护地关于设施、服务项目、服务、环境和风景等的质量与游客期望的差异,达到或超过期望即为满意,低于期望即为不满意,游客满意的程度是用游客满意度来衡量的。

综上所述,旅游目的地游客满意度从形成的机理来看是游客期望和感知相比较的结果,是一种心理比较过程;最终表现为一种消费活动或经历的结果,即游客根据其期望或需要是否被满足而对旅游目的地各要素进行的评价。

四、武陵源徒步线路开发现状

现有武陵源徒步路线如下:

第一条(蓝色):森林公园入口→(10分钟到)大氧吧广场→金鞭溪(60分钟)→乱窜坡(上山60~90分钟)→袁家界(游览1.5小时)→袁家界天桥车站→搭乘环保车(30分钟)→天子山车站→贺龙公园(游览60分钟)→天子阁→卧龙岭(下山100~120分钟)→猴园(游

玩15分钟)→十里画廊(游览30分钟)→十里画廊停车场→搭乘环保车(15分钟)→武陵源入口→酒店

第二条(紫色)：武陵源入口坐环保车(15分钟)→水绕四门→反走金鞭溪(60~90分钟)→砂刀沟路口上山→(走45~60分钟)到第一个分岔口走左边小桥上山→(走30分钟到)月亮垭→(60分钟到)灵石咬树(要选择走右边山路上)→(25分钟到)空中走廊→(35分钟到)一步登天→(35分钟到)五郎拜佛钟→(45分钟到)乌龙寨和天波府(游览60分钟)→金鸡报晓→乌龙寨路口停车场→搭乘环保车(15分钟)→袁家界天桥车站→走乱窜坡(下山60分钟)→金鞭溪(走60分钟)→水绕四门→搭乘环保车(15分钟)→武陵源入口→酒店

第三条(黄色)：武陵源入口搭乘环保车(15分钟)→水绕四门→反走金鞭溪(约120分钟)→大氧吧广场→徒步上黄石寨(90~120分钟)到山顶(游览2小时)→原路下山(90分钟)→大氧吧广场→森林公园入口

2018年武陵源区全区旅游接待实现"多赢"，年接待量3028.89万人次，旅游过夜人次1651.89万人/天，旅游总收入262.52亿元，分别增长15.06%、21.87%、20.04%，较好保持了旅游经济持续增长，这是武陵源建区30年来年接待量首次突破3000万人次大关。武陵源景区徒步线路与游览线路基本重合，因此，徒步旅游作为景区主要的游览方式，为武陵源旅游业的发展作出重大贡献。

五、调查结果与讨论

通过向武陵源游客发放问卷，获得关于游客对徒步旅游认知、线路选择偏好以及线路体验评价等方面的第一手资料和信息，共收回有效问卷129份。在实地调研过程中，每位组员按照任务发放一定数量的问卷，共两天完成。为保证问卷样本的合理性，调查样本尽可能覆盖每一年龄段，也不局限于国内游客。

1. 信度分析

首先进行信度检验，通过运用SPSS 22.0对收集的数据进行信度分析。分析α系数，如果此值高于0.8，则说明信度高；如果此值为0.7~0.8，则说明信度较好；如果此值为0.6~0.7，则说明信度可接受；如果此值小于0.6，说明信度不佳；经过检验，研究数据信度系数值为0.688，高于0.6，说明数据信度质量可以接受(表5-1)。

表5-1 问卷整体的信度分析结果

克朗巴赫阿尔法系数(Cronbach's Alpha)	基于标准化的克朗巴赫阿尔法系数	项数
0.682	0.688	129

2. 样本结构

本次调查样本中，男性略高于女性，占比为57.36%。年龄方面，来武陵源旅游的游客年龄段主要集中在18~40岁，占比在75%以上，表明中青年是武陵源景区的主要客群，其中以青年为多。职业方面，在校学生居多，占比为32.56%，其次为普通职员，占比为17.83%(表5-2)。

表 5-2　样本结构分析

类别	样本分类	比重(%)	类别	样本分类	比重(%)
性别	男	57.36	职业	政府机关干部	6.20
	女	42.64		企业管理者	9.30
年龄	<18 岁	6.98		普通职员	17.83
	18~24 岁	34.88		专业人员	9.30
	25~30 岁	20.93		普通工人	6.20
	31~40 岁	21.71		个体经营者	3.88
	41~50 岁	10.85		商业服务业职工	0.78
	51~60 岁	3.10		自由职业者	8.53
	≥61 岁	1.55		退休	3.10
职业	在校学生	32.56		暂无职业	2.33

3. 游客对于徒步旅游的认知分析

针对游客对于徒步旅游认知方面设置了三个问题，在问题"您认为徒步是"上，37.98%的游客认为徒步是"借助一定交通工具前往某地，大部分旅行区域依靠行走的户外活动"，表明在我们的调查样本中，不少游客对徒步的认知与学术界的徒步定义相近。另外，有 36.43%的游客认为徒步是"有目的地进行中长距离的走路锻炼"，只有极少部分游客认为徒步"与普通散步无区别"。在问题"这是您第几次进行徒步旅行"上，41.09%的游客是 1~2 次徒步旅游，表明徒步旅游在我国没有推广开来，仍有较大的发展空间。在游客了解武陵源徒步线路渠道方面，43.41%的游客是通过旅游网站或 APP 了解相关信息的，31.78%的游客是通过亲朋好友推荐的，表明网络和口头传播都是游客了解武陵源徒步线路的重要渠道(表 5-3)。

表 5-3　游客对于徒步旅游的认知分析

属性	特征	频数	比例(%)
徒步定义	与普通散步无区别	17	13.18
	借助一定交通工具前往某地，大部分旅行区域依靠行走的户外活动	49	37.98
	有目的地进行中长距离的走路锻炼	47	36.43
	讲究技巧的挑战性运动	16	12.40
徒步次数	第 1~2 次	53	41.09
	第 3~4 次	31	24.03
	≥5 次	45	34.88
了解渠道	旅游网站或 APP(如携程、马蜂窝、去哪儿网等)	56	43.41
	广告(电视、广播、报纸等)	9	6.98
	亲朋好友推荐	41	31.78
	武陵源官方渠道(官网、官方微博、公众号等)	9	6.98
	其他	14	10.85

4. 游客徒步线路选择偏好分析

游客徒步线路选择偏好方面同样设置了三个问题。徒步动机方面，62%的游客的徒步动机是休闲观光，31%的徒步动机是体验当地文化，表明游客徒步旅游的动机与一般旅游动机差异不大，集中于自然和人文两方面。线路选择标准方面，74.40%的游客看重沿途风景，其次是气候气象，表明自然风光对于徒步旅游游客吸引力较大。游客喜欢的线路类型方面，46.50%的游客倾向于峡谷型徒步线路，其次是河道型（表5-4）。

表 5-4 游客徒步线路选择偏好分析

层 级	指 标	频 数	比例(%)
徒步动机	休闲观光	80	62.00
	逃离惯常生活	28	21.70
	寻求冒险和刺激	34	26.40
	摄影、观鸟、采风等	36	27.90
	科考学习	13	10.10
	体验当地文化	40	31.00
	其他	8	6.20
线路选择标准	线路难度	38	29.50
	线路长度	38	29.50
	沿途风景	96	74.40
	设施配置	43	33.30
	气候气象	46	35.70
	地方文化	34	26.40
	其他	4	3.10
线路类型	河道型	51	39.50
	峡谷型	60	46.50
	山体型	47	36.40
	环湖型	47	36.40
	海岸线型	36	27.90
	丛林、草原、沙漠等穿越型	30	23.30
	古道型	23	17.80
	古迹型	29	22.50
	民俗采风型	33	25.60
	其他	7	5.40

5. 游客徒步线路体验评价分析

景观资源方面，游客对于自然风光和资源丰富度打分较高，但是对于文化氛围打分较低,这或许是我国大多数山岳旅游的现状。基础设施方面,大部分游客认为标识和导览设施(解说牌、导览牌、指示牌、警示牌、智能解说设备等)做得较好,能帮助游客获得更深度的体验。其次游客较为满意的是服务设施(饮水点、座椅、设备租赁点等)。但是安全设施(登记报警点、医疗救护设施、道路管理和监控设施等)还需要加强。道路系统方面,游客打分最高的是路面铺砖合理(适宜行走,与环境相协调),其次是坡度变化合理,线路流畅(没有回头路,路网连接各个景点),整体上游客对于道路系统较为满意(表5-5)。

表5-5 游客徒步线路体验评价分析

层级	指标	满意程度(%)					人均满意程度(%)
		1	2	3	4	5	
景观资源	自然风光优美	0.00	0.00	9.30	41.09	49.61	4.4
	文化氛围浓厚	1.55	3.88	31.78	36.43	26.36	3.82
	景观资源丰富	0.78	1.55	17.05	41.86	38.76	4.16
配套设施	标识和导览设施	0.00	3.10	24.81	41.86	30.23	3.99
	服务设施	0.78	2.33	27.91	42.64	26.36	3.91
	安全设施	1.55	2.33	28.68	39.53	27.91	3.9
道路系统	长度适中	1.55	4.65	20.93	43.41	29.46	3.95
	坡度变化合理	0.00	1.55	24.81	43.41	30.23	4.02
	路面铺砖合理	1.55	0.78	21.71	44.96	31.01	4.03
	连接性好	2.33	1.55	26.36	38.76	31.01	3.95
整体满意度	满意程度	0.78	0.78	17.83	50.39	30.23	4.09

体验价值方面,68.22%的游客认为武陵源徒步线路可以欣赏到美丽的自然风光,其次是放松身心和锻炼身体。总体上,50%以上的游客认为武陵源徒步线路比较满意,30%的游客觉得非常满意(表5-6)。

表5-6 游客体验价值分析

体验价值指标	频数	比例(%)	体验价值指标	频数	比例(%)
锻炼身体	74	57.36	认识新朋友	16	12.40
放松身心	81	62.79	获得成就感	29	22.48
收获知识	36	27.90	感受文化底蕴	33	25.58
欣赏自然风光	88	68.22	其他	1	0.76

六、结果与讨论

1. 优点

(1)景观资源丰富,沿途风景优美

武陵源地区的徒步线路多以游览线路为依托,沿途景观资源丰富,自然风景优美,并且每条线路连接度较好，武陵源的徒步线路基本连接了景区内各个游览景点。游客在进行徒步的同时也可以欣赏自然美景，身心得到极大放松。

(2) 道路系统坡度变化合理，具有挑战性

由于武陵源区地处武陵山脉余脉。其中风景名胜狮寨，四面绝壁，放眼望去，峰恋叠翠。整个地势以中部为核心，向四周呈辐射状扩散。周围有若干河谷型小盆地，外围为山地。武陵源地区徒步线路有缓有陡，坡度变化合理，不同难度的徒步线路可供徒步旅游者选择。

(3) 沿途基础设施设计有新意

武陵源地区土家族、苗族为主的少数民族占全区户籍总人口的93.5%，景区内垃圾桶等基础设施的设计结合当地民族特色，比较有新意。另外，解说系统的设计能够很好地与环境相协调，解说内容精练形象，比较具有吸引力。

2. 问题

(1) 基础设施缺乏维护

景区内部分解说牌或被人为破坏，或解说内容陈旧老化严重，需要更新。解说牌存在掉漆、被涂抹等现象，这就需要定期维护线路沿途的基础设施，避免给游客带来不便。

(2) 游客不文明现象普遍

通过调查发现，线路沿途岩壁被游客乱涂乱画严重，且山间很多地方随处可见垃圾，游客不文明现象很严重，除了需要培养游客生态环保意识以外，景区也应该对各个线路沿途进行管理监督，对不文明行为进行严惩。

七、武陵源徒步发展建议

(一) 线路及产品设计

1. 线路凸显"主题、规模、挑战"

徒步旅游线路往往人迹较少到达，在长期的自然、历史过程中形成的内涵，需要深入挖掘和整理。此外，徒步旅游线路空间跨度大，资源分布散，需要有统领全局的主题，如中国十大徒步旅游线路之一的"徒步珠峰"的主题是"感受世界之巅。"武陵源景区则可以划分不同的区域，推出不同的主题徒步路线，如"奇妙观峰之旅"等。此外，徒步旅游属于深度旅游，要获得较深体验，除增强参与性外，线路及线路上的旅游对象需达到一定的空间规模，包括行走距离、相对高差、面积和体量等，满足徒步旅游者除求知、求异、求奇外对于陌生、探险和自我实现的追求。

2. 线路设计注重生态环境保护

在线路设计时要认识到徒步旅游空间区域不是一个有统一管理机构的景区，因此，生态环境保护的潜在风险比较大，要探索相应的生态环境保护管理机制。此外，追求原真性是徒步旅游区别于一般观光旅游的重要特征，对旅游资源和生态环境的保护要以此为准。对徒步旅游开发地来说，要以"顺其自然"的方式来保护资源和生态环境，这不同于一般旅游景区的强制性和干预性保护；对于徒步旅游者的生态保护意识也需徒步旅游开发地在旅游线路中以适当的方式提示，减少类似于游客抢着喂猴子导致的垃圾堆积问题的出现。

3. 完善线路配套设施

线路指引和景区安全提示是在线路设计时需要着重考虑的问题，徒步者追求的线路的挑战性是自身的探索需求较高的，所以在线路指引的数量、表现形式及摆放位置上都要严格地进行调查与评估，对于徒步过程中安全牌的提示方面，选择必要的投放地点、线路设置和引导方面要考虑满足人们对刺激体验的追求与游览中安全性的保障相结合。

4. 产品设计注重游客体验

将景区的文化特色充分融合到产品中，让游客在体验中获得精神上的满足，作为一个完整的旅游产品，体验的环节是必不可少的，徒步作为一项特殊的旅游项目，可以将景区有特色的部分贯穿起来，各个节点的体验活动要展示景点的特色与文化，让游客在不同阶段获得不同的体验和感受。

(二)管理与服务

1. 注重专业人才培养

对于线路的开发、管理、维护都需要有专业人才来进行指导，此外，可以专门培养徒步的领队，掌控全局，以确保每位旅游者的安全，准备突发情况的应急预案，确保每位队员的身体健康状况良好和旅行装备齐全，为徒步者提供满意的徒步体验。同时，可以借此来引导和鼓励社区居民特别是旅游从业人员参与培训，提高社区居民参与培训的积极性。

2. 定期巡查修复

对步道进行定期检查和基础设施修复工作是保证游客获得良好徒步体验的基础。

3. 建立一套有效的安全保障体系

建立灾害预警机制，在主要节假日及灾害天气到来之前，及时发布"旅游风险预报"。要加强危机管理，防范安全隐患，完善游客救援体系，配备专门的旅游救援电话、救援车辆、救援人员、救援医院，加强事故的应急、营救能力建设。首先，对徒步旅游者进行防范、自救、求救等方面的技能培训，须有基本的体能准备和装备；其次，在徒步旅游地培训一批地方向导；最后，应组建具有救援知识、救援能力和救援设备，由专职人员、志愿者、政府部门成员组成的救援队伍，并保障他们能在最快的时间内到达救援地点，使被救援者尽早得到最好的救助，将意外事故带来的伤害和损失控制到最低程度。

4. 完善游客反馈机制

制定一套收集、处理游客对于步道体验的反馈机制，及时对游客反映的问题进行筛选和处理，采取意见不断进行完善。

(三)旅游市场营销

1. 定期举办大型徒步活动

如全国性质的大型比赛，不仅可以提高广大群众的身体素质，也可以带动经济发展，如果条件允许，也可以与其他邻国组织竞技比赛，加强人们对徒步旅游的关注度、参与度。另外，政府应着重树立几个比较良好的徒步旅游景区的形象，对其进行大力宣传，树立良好的品牌形象。力图以点带面，促进整体区域徒步旅游的发展。

2. 利用名人效应

可以邀请现有徒步团队中有着丰富的实践经验的成员对线路进行体验和评价，将之发布到旅游出行点评的APP或者微博等社交平台上，以此消除游客对于徒步线路方方面面

的顾虑，吸引更多的游客前来体验。

3. 制作海报，拍摄宣传片

将徒步线路作为武陵源游览的重要途径之一，将徒步线路的主题、特色、涉及的景观、体现的文化等做成海报与纪录片的形式，投放到各大媒体，让游客可以通过不同途径进行了解，这样的方式也更加直观，为游客创造第一印象，还可以扩大潜在的客源市场。另外，宣传片可以作为游客分享经历的素材，达到后期无成本宣传的效果。

八、总结

在徒步旅游开发的初级阶段，开发者缺乏打造经验、游客缺乏相关知识，徒步活动在开发和实施过程中会存在很多生态环境保护、安全、旅游纠纷、徒步线路与周边景观关系等问题，但从整体来看，徒步旅游管理最基本的还是要依靠社会公安、环保、工商、林草和水利等部门，同时要发动当地居民与游客互相协助。

从武陵源的徒步线路来看，还没有形成完整的徒步线路体系，同时缺乏相应的管理系统，在倡导生态环境保护与可持续发展的当下，徒步活动作为绿色活动进入大众的视野并迅速受到旅游者的青睐，既可以让人们在近距离接触自然、感受自然的同时提高自身素质和精神修养，又可以在一定程度上达到生态环境保护的目的。景区在设计徒步线路时要考虑到人们对于徒步线路要求与游览型线路要求的不同，在满足徒步要求的同时也要最大化地满足游客对于物质欣赏和精神追求的体验。武陵源风景名胜区拥有优秀的自然和人文资源，徒步线路有着很大的提升空间。在未来的发展中还需要不断地学习和借鉴相关的经验且不断进行完善，达到多方共赢与可持续发展的目的。

(此报告由张家荣、杨文静小组完成)

思考题

1. 复习旅游调查方法这门课程的讲义及 SPSS 统计软件操作方法。

2. 思考如何在问卷调查过程中保证问卷的回收率和有效度。（提示：如调查员在向调查者询问时不说"您能帮个忙吗？/能耽误您几分钟吗？"，而说"老师，能请教您几个问题吗？"）

第六章 综合实习考核办法

为增强对综合实习的指导与监控，旅游管理学科在每年综合实习期间成立专业实习指导小组，确立专门的实习指导教师，从实习动员、实习过程中工作方式、原则指导、心理辅导等方面，对学生的实习进行全过程指导。综合实习指导小组对学生当期的实习进行统一安排。任课教师共同协商实习任务分配，尽量做到一次实习解决多门课程共同的实践任务，争取做到实习深入、有成效，教师有协作、有分工，学生体验深刻、提高专业认同。为了保障实习的质量，特制订实习考核办法，要求学生必须撰写实习日志，完成实习报告。实习考核办法，树立了动态的评价观念，从只注重结果的终结性考核走向关注过程的形成性考核；从个体间的比较走向以个体进步程度为主的考核评价；由传统的"评定分数等级"转变为教师诊断和改善实习过程、激励学生发展和因材施教的有效手段，实现从封闭式考核评价向多元化的开放式考核评价体系转变。

一、综合实习教学考核办法的指导思想和基本原则

旅游管理专业综合实习教学考核办法的制订与应用，着眼点并不仅仅在于对调查、实践等活动进行效果评估，而是旨在建立整体综合实习教学质量的评估标准体系和评估机制，全方位对综合实习教学效果进行考核与评价。

(一) 指导思想

综合实习教学考核办法关注实习过程和实习效果两个方面，尤其以过程控制为关键，以此保证实习教学环节过程的有效性，使实习教学质量得到切实保障，提高学生自身的专业实践能力。建立综合实习教学考核办法的指导思想包括两个方面：第一，要能够真实、全面地反映综合实习教学环节的实际状态；第二，综合实习教学考核要全面、科学和有效，以不断提高实习教学的质量为最终目标。

(二) 基本原则

1. 全面性原则

全面性是指对综合实习教学整个环节进行全方位的考核评价。综合实习质量是通过多方面、程序性情况来综合体现的，对实习教学质量进行全面考核与评价是一个复杂的过程。考核指标体系的设计涵盖实习教学的各环节和学习的各方面，指标体系要全面、系统，要能体现结果与过程的结合。

2. 目标性原则

考核的目的不是单纯评出名次及优劣，更重要的是引导和鼓励综合实习教学向正确的方向和目标发展。现在旅游企业、事业单位用人从看重学历转到学历、素质能力并重，甚至以素质能力为主。因此，考核中包含对素质的评价，关注专业认知能力的高低，也关注职业素养的培养。

3. 可实施性原则

在设定各项考核指标时，充分考虑指标的可实施性，指标定义十分明确，一、二级指标与主要观测点之间要有内在的逻辑联系，评审标准应客观、全面，符合旅游管理专业综合实习教学的总体目标。制订考核办法既能对实习质量进行度量，又简单易行，便于学生在实习过程中对照。

二、旅游管理专业综合实习教学考核办法的制订说明

(一) 目的：激发学生学习积极性

旅游管理专业综合实习教学考核办法是按照学校实习教育计划，合理分配各层次、各种类实习学分比例，将学生的实习态度、实习表现、实习作风、实习收获等全部列入考核体系。实习作业要求注重理论与实际结合，调查结论要有现实的指导意义。本考核方法，不按传统学科的标准、方法要求，认真总结了综合实习的各个环节需要考核的方面，制定了能够反映学生素质与能力的考核指标，以求正确地考核学生的实习效果和实际能力，并激发学生学习的主动性和积极性。

(二) 指标：体现考核的全面性

通过制定综合实习考核评价标准，进行量化管理，直接促进学生掌握知识和提高综合素质。综合实习教学考核办法的构成重点是实习教学考核指标和标准，该办法包括对学生德、勤、绩、能4个方面的综合考察，是一个综合性、总体性的实习质量评估体系。该办法具体涵盖4项一级指标、18项二级指标和相应的观测点及考核标准，具体内容见表6-1所列。按照规定的评分标准及比例分配标准，从学生实务能力、专业知识、合作意识、团队精神及创新能力等方面对各实习小组和个人予以评分，得出最后成绩。

表 6-1 旅游管理专业综合实习考核评分标准

一级指标	权重	二级指标	分值	考评标准
德	20	集体观念	5	集体、组织与时间观念强，具有协作精神与团队意识
		举止观	5	举止是否文明得体，言行是否规范标准
		学习观	5	实习态度端正，业务学习一丝不苟
		大局观	5	是否听从指挥，服从小组长的工作分配，配合同组同学完成小组调查工作
勤	20	实习时间保障情况	5	实际实习学时数是否达到教学计划实习学时数
		实习过程记录情况	5	实习记录是否详细，记录角度是否多样
		实习日常出勤状况	5	实习中是否出现迟到、早退、无故缺勤
		实习组织纪律情况	5	实习教学过程中是否严格遵守管理制度和纪律，有无违纪和事故发生
绩	30	实习成果	5	是否独立完成4份实习调查报告，字数与格式达到指导书要求
		报告内容	5	实习报告是否内容充实、客观科学、图文并茂、系统全面、层次分明、条理清楚、语言流畅、书写认真、独立完成、有独到见解

(续)

一级指标	权重	二级指标	分值	考评标准
绩	30	成果影响	5	是否形成有一定影响的实践成果
		实习表现	5	与实习指导教师交流是否充分,对实习目标观察与理解是否充分
		实习内容	5	是否与专业基础理论和相关知识相关
		教学效果	5	是否在实习教学过程中通过实习实践对专业理论知识进行反思
能	30	专业知识巩固情况	10	是否能将课堂教学理论知识与实习、实践相结合,促进了专业知识的理解与吸收
		实践技能训练情况	10	专业素养和专业技能是否得到了提高
		职业道德培养情况	5	专业思想、职业意识、组织纪律和学习兴趣是否得到了提高
		学生专业知识满意度	5	专业认同感是否得到提升

注：毕业综合实习评价满分标准为100分。

(三)实施：公平实效有价值

旅游管理专业是一个应用性强的专业，旅游专业的科研、理论学习皆起于在获得真实体验经历的同时，也终归于旅游业的实际需要，学生在经历了3周左右的实习之后，由于个体差异性，对旅游专业的发展和各种旅游现象必然会形成各自不同的认识和理解。旅游业发展中出现的诸多问题也自然会为学生撰写实习报告提供大量的真实素材。综合实习要求学生必须将综合实习作业(报告与设计)的撰写与实习内容联系起来，增强实习报告与实习设计的科学性，体现出实习的价值，保证实习过程的有效性。

思考题

你认为从公平角度来看，凭"德、勤、绩、能"4个方面进行综合考评好，还是仅从"作业成绩"单方面考评好？

第七章 湘西、黔东地区人文风土

一、学习目的
通过自学,了解湘西、黔东地区的文化旅游资源赋存现状与旅游业发展基础,从直观建立实习目的地的整体印象。

二、学习要求
1. 以自学为主,辅以文献查阅,全面了解湘西、黔东地区的文化旅游发展背景、条件及可挖掘利用的文化旅游资源,初步建立实习地点的第一印象;

2. 研读相关教学参考书,了解地方文化及社会发展条件,掌握当地的旅游业发展环境,做好实习的充分准备工作。

三、学习内容

(一)湘西地区社会文化概况

1. 湘西的自然与文化特征

(1)湘西的自然风貌

湘西位于湖南省西北部,古代又称"蛮夷"之地。湘西的总面积为 $1.55×10^4 km^2$,约占湖南省总面积的 7.3%。湘西地处云贵高原的余脉武陵山区。地势由西北向东南倾斜,西北群山环绕,海拔在 800~1200m;东南丘陵起伏,海拔在 200~500m。境内山水之间多小型盆地,土地肥沃,梯田层层。

湘西境域群山高耸、奇峰林立、溪谷湍急、洞穴奇瑰。有幽深秀丽、闻名中外,被列为湖南省十大旅游地的永顺县猛洞河风景区和吉首市德夯风景区;有集山、水、洞、林为一体的龙山县皮渡河;有磅礴壮观的花垣县大、小龙洞瀑布;有恢宏奇特、迷宫仙境般的凤凰奇梁洞;有莽莽苍苍、峰峦叠嶂的永顺县小溪原始次生林;有波光潋滟、风情万种的古丈栖凤湖;还有稀有植物与珍禽异兽,构成令人陶醉的风水宝地。

湘西属于亚热带山区气候,自然气候温和,四季分明,年气温在-6~38℃。由于境内地形起伏,平地与高山温差较大。在高山深谷地区,形成一山有四季的山区气候特点。降水充沛,年降水量在 1290~1600mm。北部八大公山地区是全境降水最多的地方,平均降水量达 2300mm。境内山高雾多,年平均日照时数只有 1200~1500h(陆杉,2002)。

湘西全境气候温和,夏无酷暑,冬无严寒,雨水较多,空气湿度较大,适宜农、林、牧业的发展。湘西地区的经济属于典型的山地农业型。按国家土壤分类法,湘西地区共有土类十余种,即水稻土、灰棕壤、粗骨土、紫棕壤、黑色石灰土、黄壤土、红壤土、冲击土等,其土层较厚、土质疏松,为水稻栽培提供了良好的条件。湘西地区的水稻种植面积在耕地面积中占有很大的比例,湘西各县都有大小不等的百亩大坝,在山脚、河边、缓坡、丘陵地带分布着大量的水稻田。湘西地区大面积种植的水稻是一季中稻,有些干旱田种植一季旱稻,双季稻在20世纪70年代曾大面积种植,在实行土地联产承包责任制后,只有极少数水利、阳光、气温条件好的稻田仍种植双季稻。

湘西地区普遍使用牛耕、铁犁、铁耙代替木犁、木耙,实行复种、施肥、锄草、开渠引水灌田,有水车、筒车、蜈蚣车、冲筒等灌溉工具。稻谷有籼稻、糯稻。秋收之后除了冬种油菜、萝卜之外,其余稻田只要有水就冬泡。冬泡时,将稻草、田边杂草和从山上打来的青草一并翻犁沤下,经常保持满田蓄水。越冬之后,杂草腐烂入泥,泥土肥力增强,田也越泡越肥。即使干田,也能做到板田不过冬。以家庭为单位从事农业生产,男劳力主要从事犁田耕地、撒谷种等繁重的劳动和技术性较强的农活,妇女除播种、除草和收割以外,还负责饲养牲畜。

(2) 湘西民族

湘西是以土家族、苗族为主的少数民族自治州。2020年人口普查统计,全州共有30个民族共248.8105万人。其中,土家族107.815万人,占人口总数的43.33%;苗族83.0948万人,占人口总数的33.40%。这两个民族都有着悠久的历史、各自的民族语言和独特的风俗习惯。

①土家族 自称"毕兹卡","毕兹"是名称,"卡"具有"人"或"族"的含义。土家族主要分布在永顺、龙山、保靖、吉首、古丈、桑植、大庸等县市。其族源可追溯至远古时代湘西境内的土著先民。以巴人和"板盾蛮"为主体,构成土家族形成的北源;以湘西土著先民和"乌蛮"为主体,构成土家族形成的南源。两者相互交往、融合,大约自五代以后,湘鄂西地区土家族这一稳定的人们共同体开始逐渐成为单一民族。1957年1月3日,党和政府在多次调查、研究、论证的基础上,正式确认土家族为单一民族。土家族是一个勤劳勇敢、历史悠久的民族,从南宋到明代,土家族地区建立了长达数百年的土司制度。土司王既是政权的最高统治者,又是各自辖区的最大封建领主。清代中期,实行"改土归流",废除了土司制,由封建领主经济过渡到封建地主经济,对社会经济的发展起了一定的积极作用。因此,土家族农业、手工业、商业逐渐接近当地汉族地区的水平,并创造出具有本民族特色的历史和文化。

——语言文字:土家族有自己的语言,这种语言叫作"毕兹熬"。土家语属于汉藏语系藏缅语族,是比较接近于彝语支的一个独立语言,分为北部方言和南部方言。北部方言分歧不大,分布在龙山、永顺、保靖、古丈,各地均能通话。南部方言,主要分布在泸溪县境,语音、语汇均与北部方言有较大差别,故北、南部方言不能通话。北、南两种方言,分别以龙山猫儿滩镇星火村和泸溪县潭溪乡且己村为标准音点。土家语北部方言的语音,有19个声母、25个韵母和4个声调。其词汇丰富,构词方法也灵活多样。按语音形式不同可分为单音词、双音词和多音词。南部方言区主要分布在泸溪县,使用这种语言的有逾4000人。据州民委1981年5月调查显示,泸溪县潭溪乡且已村的土家语,声母有26个,比北部方言多7个,韵母有18个,比北部方言少7个。词汇较北部方言少。语法方面与北部方言差别较小。

——风俗习惯:湘西土家族,跟其他民族一样有自己独特的风俗习惯。尽管在历史发展长河中,有些古风旧俗在不断地发展变化,但是体现土家族主要特点的风情习俗,仍然较为明显地保存着。

——居住：湘西土家族是一个大分散小聚居的民族。土家族村落，在"改土归流"之前，几乎是单一民族的氏族部落，同姓同宗为一寨，以姓氏作为寨名。随着社会的发展和亲友的迁入，逐渐形成杂居，多以地名作为寨名。

土家族人的居处，自古"散居溪谷，所居必择高居"。在土司时期，"土官衙署，绮柱雕梁，砖瓦鳞砌。百姓则刈木架屋，编竹为墙。舍把头目许立梁柱，周以板壁，皆不准盖瓦。如有用瓦者，即治以僭越之罪，俗云：'只许买马，不准盖瓦'。""改土归流"后，平民逐步住上木板瓦房。房屋一般是坐南朝北或坐北朝南，不择东西向。房屋的规模：一般人家是"三柱四挂""三柱六挂""五柱八挂"；大户人家有"七柱十一挂""四合天井"大院。一栋房子一般是四排三间，也有六排五间，最多的十排九间。正屋中间叫堂屋，三合土地面，正壁安"神位"、摆"神桌"，是祭祖先、迎宾客和办理婚、丧事的场所。堂屋左右两边房间叫人间，枕地楼板，盖天花板，以中柱为界分隔成前后两小间。火堂设在左边房前半间，挖三尺见方火坑，围石桌，架三角，吊木炕，是饮食、取暖、熏腊肉的场所。正屋左边接个"马屁股"，打灶、安碓、磨，兼作饭堂；右边接个偏厕室，设猪牛栏及厕所。卧室是父母住左边、儿媳住右边，姑娘住楼上。最具特色的是吊脚楼。《旧唐书》载："土气多瘴疠，山有毒草及沙蛩蝮蛇。人并楼居，登梯而上，是为'干栏'。"吊脚楼就是"干栏"建筑的遗风，一般为三排两间，上下两层。下层为厢房、仓库或碓磨房；上层为女儿所住，称为绣花楼或姑娘楼。房屋四周，一般用石头、土墙做围墙，屋前开天井坪，天井坪外靠南边围墙旁有八字朝门。房前屋后喜种竹子、果树和风景树。

土家族人建筑房屋，还有很多习俗。未动土木前，请风水先生架罗盘看龙脉，测山势吉凶，定利在何方，选好屋场。砍屋柱和梁木时，提前一天木匠师傅带祭品上山祭山神，砍倒的第一棵树倒向东方，求得太阳神赐以吉利。梁木的制作很讲究，木材一般要求取自椿树、梓木或杉树，而且要偷砍别人的，树主即使知道也不阻拦。梁木砍倒，立即放鞭炮，按需要取材，中间扎红绸，由两人抬回，中途不能停息。到家后，不得踩踏坐卧，由主事木匠师傅制作画梁，梁正中间画太极图，两边分别写"乾""坤"两个大字，接着画八卦图，写"福如东海""寿比南山"，最后在边框上钉满亲戚朋友赠送的银制"梁沧"。屋架立好后，择良辰举行上梁仪式。仪式比较隆重，木匠师傅先要烧香奠酒，祭天地神灵，请鲁班师祖。接着咬断公鸡头，让鸡血四溅驱除煞气，然后下令上梁。梁定好后，木匠师傅端着红漆盘，盛米酒、糍粑、豆腐、猪肝，边攀登，边念上梯赞词。坐上屋梁后，奠酒赞主东屋场，词曰："坐在梁头打一望，主东坐的好屋场，后有青山重重岭，前有玉带水汪汪……"赞完屋场，接着赞梁，甩梁粑粑，屋下众人皆抢，嬉闹异常。嘉庆华堂，宴请亲友，宣告新屋落成。

——服饰：湘西土家族服饰，随时代发展而不断变化。"土司时，男女服饰不分，皆为一式，头裹刺花巾帕，衣裙尽绣花边"。男女"喜垂耳圈，两耳累然，又有项圈、手圈"。布料多为"家几布"，绣以五彩斑斓之色，史称溪布、峒布、土锦，现称土家织锦。

男子　头包青丝帕或青布帕，包成"人"字路。老年人穿满襟，短领、向右开襟，捆布腰带，带上常插的棒棒烟袋。青壮年穿对胸衣，缀五或七个布扣，俗称"蜈蚣扣"，领高，袖小而长，袖口滚边。裤子不论老年青年，均是青、蓝布裤管，上白布裤腰，裤脚较大且短。着高粱青白底鞋，缠蓝布裹脚。20世纪50年代后，除部分老年人穿满襟外，其余男子逐步改成对胸衣或中山装。

妇女　女服比较讲究，有老、中、青年之分。老年妇女，包青丝帕，身穿青，蓝色矮领、袖大、滚花边，向右开襟的满襟衣，白裤腰的青蓝色裤。中年妇女，穿左开襟、矮衣领、外托肩、袖短、衣襟和袖口缀宽青边、青边后面缀三条五色梅花条的满襟衣。青年妇女服饰更加讲究，喜穿青、蓝、绿、红色托肩上衣，内着白色汗衣。裤子的膝部和脚口绣五色花或贴五色梅花边。脚穿绣花鞋和红色袜子或缠裹脚。头上留长辫，用红、蓝、青色绒绒扎头绳，佩戴金花、银花，耳挂金银耳环，颈戴项圈，手戴银手圈和一二颗金银戒指。胸前挂银质牙签扣花，扣花有银铃、银牌、银牙签、银珠子等，走起路来叮当作响，逗人喜爱。

小孩　小孩服饰不太讲究，一般用花布做成，素布则绣花点缀。而帽子很讲究，春戴"紫金冠"，夏戴"蛤蚂帽"，秋戴"冬瓜帽""八角帽"，冬戴"虎头帽"，绣花鸟绣文字，钉银饰，帽头和帽后用银链吊银牌、银铃。胸前围花兜儿。颈挂"长命锁"。手脚戴银圈，挂响铃。脚穿"猫头鞋"，绣五色花。小孩四岁后服饰方有男女之别，男孩头顶从天门心留方块头发，俗称"塔尖儿"；女孩蓄盖盖头发式，俗称"马桶盖"，七岁戴爪子耳环。

——饮食：土家族地区山多田少，粮食以稻谷、玉米为主，杂以小米、红苕和马铃薯。煮饭一般用铁鼎罐架在火坑里的铁三脚架上煮熟，灶房只在热天或客人多的时候使用。土家族人"好酒"。凡客至家，必以酒招待；婚丧喜庆，必设酒宴。酒的种类很多，有甜酒和五谷杂粮酿成的各种烈性白酒。

——婚姻：土司时期，土家族的婚姻比较自由。在劳动生产和唱歌跳舞中，青年男女彼此倾吐爱情，只要得到土老司的允许，前往土司祠拜敬后，便可成亲。"改土归流"后，由于受封建道德伦理标准影响，婚姻多受"门当户对""父母之命，媒妁之言"的限制，订婚礼节烦琐而讲究。如今土家族青年的婚姻，自由恋爱日渐成风。但是即使属于自由恋爱，仍需请人说媒，以示对女家的尊重。一般要经过说媒、讨八字、送彩礼、订婚、娶亲、回门等仪程。

——丧葬：

火葬　土家族过去多行火葬。有些地方志称土民有"停丧火化等恶习"。1973年，湘西文物考古队在保靖县四方城发现一座元代"骨灰葬"土墓。

岩棺墓葬　据考古发现，酉水流域已经清理的岩墓葬就有20余座。在南渭州岩墓中出土的"崇宁重宝""天圣元宝"两枚宋钱，表明相当一部分岩墓是宋以后所葬。

土葬　是丧葬的主要形式，如今皆从土葬。

——节日：土家族的节日有春节、清明、四月八、端午、六月六、七月半、中秋、重阳等，尤以春节、四月八、六月六为甚。

春节　即过年，有过小年和过大年之分。小年是腊月二十四，大年要比汉族提前一天。其来历说法甚多，均与古代战争有关。

四月八　是仅次于春节的一个大节日，节日活动很隆重。要杀猪宰羊、打粑粑、请亲戚朋友相聚过节。

六月六　这是土家族又一个大节日。要举行以祭祖先为主的摆手活动。土家族各地过六月六的形式大同小异，节日来历传说不一。

——信仰：土家族有崇拜祖先、敬祭土王、迷信鬼神的旧习，尚属万物有灵、多神崇拜。土家族信奉祖先，认为八部大王和向王天子是自己的远古祖先。在土家族地区原来都建有"八部大王""向王天子"庙。在湘西土家族地区，"土王庙"遍及各地。其次，土家族还相信梯玛。梯玛又称土老司，是湘西土家族不脱产的巫师。凡求雨、还愿、送亡人等活动都由梯玛主持。梯玛还用精神疗法为人治病。另外，土家族人还迷信诸神。认为凡是能为自己消灾造福的"万物"均属迷信的对象，除了奉敬祖先神、土王神和"梯玛神"之外，还敬奉社神、土地神、四官神、五谷神、梅山神、白虎神等。

——禁忌：土家族过去禁忌甚多，大都与迷信鬼神有关，其内容大致可分为：忌言、忌行和日常忌事。其中忌言即节日、喜庆、出门和行船等禁说不吉利的话。忌行则内容很多，如腊月二十九妇女不准做针线活，过年吃饭不准泡汤，以免来年遭大水，冲垮田坎等。日常忌事则内容更多，如不准小孩吃鸡爪，说是写不好字；不准未婚青年男女吃猪蹄叉，说吃了找不到对象等。

②苗族　是我国最古老的民族之一，人口众多，分布辽阔，有着光辉灿烂的民族历史文化和独特的风情习俗。湘西苗族属其中一部分。苗族，自称"果雄"。在湘西，苗族主要分布在花垣、凤凰、吉首、泸溪、古丈、保靖等县市。其族源可追溯至"三苗""九黎"。"九黎"是炎黄时期生活在黄河下游及江淮地区的一个强大部落联盟，后在与炎黄集团的战争中败北，被迫退居江淮等地区，经休养生息又形成一个强大的部落联盟——"三苗"。史载："三苗复九黎之德"，"三苗，九黎之后也"。其中重要的一支——"欢兜"部落因战败而被迫"放逐于崇山"（今张家界市永定区境内）。其他部落后被战败，被迫大部西迁。据考，苗族作为一个单一民族，在"三苗"解体前已初步形成。此后，苗族长期被各种"蛮"称所取代或囊括，直至唐宋才重见"苗"的族称记载，且支系纷杂，名称繁多。新中国成立后，统一称为"苗族"。

——语言文字：湘西苗族共同使用的语言是苗语东部方言——湘西苗语。湘西苗语可分为东部次方言和西部次方言。前者通行在泸溪县西部、吉首市东部、古丈县东南部、龙山县南部等地。使用此方言的人有10万。东西两个次方言内部各土语间的差别主要表现在语音上，词汇差别比较小。湘西苗族历史上没有正式通行的统一文字，苗族人民历来都是通过汉文学习科学文化知识，并以汉文作为书面交际工具。但随着汉文化水平的不断提高，从振兴本民族的愿望出发，历史上不少苗族知识分子，借用汉字的音、形、意，将汉字进行拆组，创制了一些在一定范围内使用的民间方块苗文。这些苗文主要有清代末年的板塘苗文和古丈苗文、民国时期的苗语速写符号和老寨苗文。

——风俗习惯：在长期的历史发展过程中，苗族在服饰、节庆、婚嫁、丧葬、娱乐、礼节、禁忌、饮食等方面，形成自己独特的风俗习惯。

——服饰：湘西苗族的古代服饰，男女差别很小，一律是"色彩斑斓"；上身穿花衣，下着百褶裙，头蓄长发，包赭色花帕，脚着船形花鞋，佩以各种银饰。清代雍正年间"改土归流"，政府指令"服饰宜分男女"之后，变化较大，甚至有很多人全换上汉人服装。如今天的永顺、龙山等县的苗族，其服饰与汉族已无区别。但是在保靖、凤凰、吉首、古丈等地，苗族的服饰尚有特色。苗族男子的衣饰较为简单，而妇女的服饰十分精美复杂。头帕、首饰、衣裤等都很讲究。近年来，在一些苗汉杂居地区，苗族服饰受汉族影响较大，一些青年多已改着汉装。

——节庆：湘西苗族的节庆较多，活动规模大。其中最富有代表性的有：

赶牛场　农历正月，湘西苗族人民最热心的是赶牛场。其日期由各地自行约定。赶牛场那天，男女老幼身着节日盛装，互相邀约，成群结队去赶场。不但可以进行物资交流，而且还有打秋千、舞狮子、玩龙灯、上刀梯等活动，青年男女也利用这种机会，物色对象，谈情说爱。

三月三　这是湘西苗族的传统歌舞节，这一天，苗族人民自动集中到约定的歌场上，参加对歌、听歌、跳舞、观舞、尽情欢乐。

赶清明　又称清明歌会，均有传统的中心会场。吉首市东部的苗族人民赶清明，其中心会场每年都在丹青的清明场上。

看龙场　每年从农历三月谷雨那一天算起，逢辰便是看龙日，习惯称作看龙头，苗族人民对此节日非常重视。

四月八　这是凤凰县落潮井乡一个小山头的名称。传说是人们为了纪念民族英雄"亚宜"，于其牺牲之日四月八这一天举行纪念活动。新中国成立后经国家民委批准，将"四月八"定为苗族统一的节日。

六月六　这是远古遗俗，是苗族人民纪念六个男女祖先，希望自己也能生六男六女，繁衍后代的祭祖活动。

七月七　这是苗族的传统鼓会。以吉首、矮寨坡、古丈穿洞一带最为流行。

赶秋　赶秋是湘西苗族的大型喜庆节日之一。于每年的"立秋"这一天举行。传统的秋场有吉首市的矮寨场、花垣县的麻栗场、凤凰县的勾良山、泸溪县的潭溪和梁家潭等地。

樱桃会　苗山多樱桃树，每当春季樱桃成熟之时，苗族男女青年相约聚会在樱桃林中唱山歌，进行社交活动。此种活动，苗语叫作"柳比娃"，用汉语直译的意思是"摘樱桃"。以花垣县和保靖县一些苗寨最为盛行。

跳香会　流行于吉首、古丈、泸溪一带，举行此会时，以跳舞为主，兼及其他游艺活动。

——婚姻：湘西苗族一般是一夫一妻制，新中国成立前，个别富户或女方无生育能力的人户，也有一夫多妻的情况。50年代后，男女均按《婚姻法》的规定结婚。

湘西苗族的婚姻比较自由，但需要举行订婚、过礼、结婚、回门等仪式。苗族的婚姻有几点特殊之处：

汉姓相同而苗姓不同者可以通婚　苗族有自己的苗语姓氏，尽管汉姓相同，而在苗姓却是不尽相同的。在湘西苗族中，汉姓相同而苗姓不同的有石姓、龙姓、张姓、吴姓等。

汉姓不同而苗姓相同的不能通婚　如廖姓与石姓不能通婚，因为他们都属于"仡瓜"一系。

恋爱自由　苗族青年男女恋爱，最重情义。一般来说，男女至少要经过若干次接触，双方有了比较深入的了解后，才肯赠物为凭，约为友好。

——礼仪：苗族人民虽然世世代代居住在偏僻山乡，思想淳朴，但对于礼仪十分讲究。不管是幼辈见长辈、长辈见幼辈，还是平辈见平辈，都有约定俗成的礼节和称呼。除

此之外，还有杂礼，例如，长辈与幼辈一起走路时，后者必须让前者走在前头；老幼同桌吃饭时，上坐老人，下坐壮年，两边座位一般人都可以坐，等等。其他方面，随意自由。

——丧葬：湘西苗族一般实行土葬，只对麻风病患者实行火葬。对夭亡的人，不能停灵，将尸体置于屋外。何时死亡，何时埋葬，不用棺木，仅用木板钉一个木匣装尸。

——禁忌：苗族的禁忌很多，主要有以下几种：忌在家里和夜里打口哨；忌踩三脚架；忌坐"杭果"；忌震龙岩；父母健在，晚辈不能包裹白色头帕；过小年忌言等。

——饮食：苗族的饮食以大米、苞谷、豆类、薯类为主食，其中又以大米、苞谷为主。最具有特色的是腌酸鱼肉。苗族人民忠厚好客，虽然生活较为艰辛，但对客人至诚热情。

——祭祀：湘西苗族的祭祀很多，对通常所说的三十六神、七十二鬼都行祭礼。其中，规模最大而又最富有民族特色的要数"吃猪""吃牛""接龙"三种。此外，还有一种"还傩愿"的祭祀活动也在苗族中流行。20世纪50年代后，这些带有迷信色彩又耗费过多财力、物力的大规模祭祀活动已不再举行。

③其他民族　湘西除土家族、苗族外，还有汉、白、回、瑶、侗等28个民族。他们都有着自己悠久的历史、灿烂的民族文化和独特的风俗习惯。有的迁入已久，如瑶、白、回等民族，大多数则是新中国成立后因工作分配而调入的。自迁入之日起，他们都对这里的社会发展作出了重大的贡献。

境内的汉族，历史上凡已入当地户籍的被称为"民人"，未入籍者被称为"客民"。自秦汉始，他们就因流放、强行移民或战乱等陆续迁入。至明朝中后期，随着经济的发展，一些汉族人户因经商或谋生，较多地迁入湘西北境内，使民族杂居的局面有所扩展。清代的"改土归流"打破境内土司的割据状态，使得更多的汉民涌入湘西的北境内。汉族主要分布在河畔岔口、集镇墟场和衙署治地，多从事商贸活动或开设各种作坊从事加工生产。

其他少数民族迁入的时间先后不等，瑶族与苗族先民同期迁入；白族于元代迁入，在本地区有着长期的定居历史。但大多数少数民族人口是新中国成立后因工作调动、投亲靠友或从事商业等活动而迁入的。他们大多数分布于城镇或交通要地，与土家、苗、汉族杂居，共同开发湘西这片热土。

中华人民共和国成立后，各族人民共同当家做主，形成平等、团结、互助的新型社会主义民族关系。在湘西的"四个现代化"建设中，各族都贡献出巨大力量，涌现出一批又一批民族团结进步的先进集体和个人，受到党中央、国务院及省、州各级党政机关的表彰。

近年来，州民委开拓前进，为增进民族团结，发展民族经济文教卫生体育事业，培养使用少数民族干部，宣传贯彻民族法规条例等方面做了大量工作，取得了显著成绩。

2. 湘西村镇

湘西人的生活，总的来说，是顺乎自然的生活。北村镇与建筑，同湘西的莽山野水融合得那么密切，难分彼此，以至于人们用"生、犷、真、朴"四字来概括湘西民居之美。

（1）选址

湘西村镇完全是从自然中生长出来的，在构建人与自然和谐共生的空间机制中，尊奉"天人合一"的传统自然观，应用古代"风水理论"选址定位，确定土地使用的分布及安排，注重"尊重自然""顺应自然""因地制宜"，以充分发挥自然地理潜力和生态环境条件。湘西村落中的民居建筑是有机生成的，有相当的自由性。这是建筑群落布局对自然的顺从，除了文化背景外，环境也起了决定性作用。湘西地处山区，山多水少，地形复杂多变，必须因地制宜、灵活布置村镇的整体。村镇选址首先考虑种田、捕鱼及狩猎等生产活动的方便，并且要水源、柴草充足。寨子在采光取暖方面，多按向阳背风的原则；在适应风向气候方面，多取夏季通风、冬季背风的方位；在选择地利方面，多靠山面水，山地多取向阳山坡。

另外，较大村镇的选址，要考虑交通方便，以便手工业产品及商品的流通、交换。如吉首、永顺县王村等均沿河流布局。村镇在符合以上条件的情况下，可比较自由地布局，满足居住功能的要求。整个村落往往临水，这体现了许多湘西村落环境的空间次序。

湘西的平地村镇一般沿道路、河流呈条状展开，沿河的村镇一般都选在河湾的凹处或交叉处。河溪成为这类村镇的生命线。平行于河，常形成一条内向型的街道（河街），居民的生活都与这条河街发生关系，它具有现代城市广场的功能。

湘西地势起伏，多丘陵，土地格外珍贵，山地村镇常选在不宜耕作的坡地上，沿阳坡等高线层层排列。按风水法则，背面群山环抱、前面视野开阔、远处左右有山为屏障，是建房的最好地点。

（2）布局形态及空间特色

由于顺应山水的自然形势，湘西村镇以散点型、线型和群组型布局为多。形成了点、线、面相结合的丰富的村镇布局形态和空间。

①线型村落 布局包括两种类型。

一种是沿着一条街巷发展的不规则线型村落。道路格局简单，一条联系全村居民的主街，成为村民的交往和生活作业空间，也成为村落的主要交通空间。街巷一般沿自然地形延伸，因此形成的建筑错落有致，空间层次丰富的布局形态，呈现出自然之美。

另一种线型村落布局则是沿河形成的村落。村落走向与河水走向关系密切，一般顺着山的南面沿平行等高线布置。沿街建筑布置十分紧凑，每户所占街面较小而向纵深方向发展。一般是前店后宅，进深随意，由各住户根据自己的需要而建，形成多层次的复合空间。在长长的带形建筑群组合中，每隔一段辟一小巷与河面沟通，狭窄的巷道设石阶，逐段跌落至河边，石阶一般宽1.5~2m，与人的尺度相适宜。

村镇的生成与发展依赖于河流的现象在湘西最为明显。在公路尚未大量开发之前，陆路交通多有不便，而河流中可以通航的部分就构成了重要的运输通道。在这里，河流就像血脉一样为村镇输送营养、传送信息、维系生命。商业较发达的村镇尤其如此。另外，河流两岸的建筑之间的空间是人们交往活动的主要场所，村民在此进行交流、交易、洗衣、晾晒等活动。

②散点村落 在地形更为复杂的山地地段中，民居散布于适宜地带，建筑隐于山林，山林仍保持其原有的自然风貌。散点布置的村落一般大小不等，因而同周围环境达到了最大程度的融合。由于经营耕作、合作互助以及安全保卫的需要，多数聚族而居，亲族可能两三户聚居，或在不同的高程上一户一点。村落规模较小，少则几家，多则十几家、几十家，一般同姓同宗为一寨，以姓氏为寨名。村镇完全与自然融为一体，但由于受自然限制，人们交往不便。

③群组村落 一般选址在台地上,村民居住比较集中,村落中形成了小型的道路网络。有的村落一般以晒坝、池塘、古树等为中心而向四周发展,而晒坝、池塘、古树等周围的空间就成为人们主要的交流与活动场所。村落的中心有的分布在几个连续的台地上,通过道路相连,这种村落规模一般较大,各建筑群组间以不规则的路径相连,形成自由布局。

(3) 入口及路网格局

湘西的村镇,由于其建筑的方式是先屋后道,因此巷道宽窄也总是表达着一种随意性,窄的地方形成一种驱动空间;宽的地方则成为人们滞留、交往的空间。湘西的巷道往往不形成环状,而较多地通向一个确定的目的地,如寨场、水井、山上的耕地等。因此,巷道系统不复杂,方向感也单一明确。由于村镇依山而建,街巷多半不是平直的,其方向通过梯度和坡度的变化来表达,曲折起伏,穿透的距离都很短。

湘西苗族的寨子入口通常是寨子的交往中心所在。水池边往往可见高大的枫树,它是全寨的保护神,树下、桥上便成为人们的交往空间,尺度亲切宜人。

(4) 城镇景观

在漫长的历史发展中,湘西城镇具有变化缓慢、形态持久的特点,且自然村镇处于与世隔绝的状态。这里具有独特的自然环境和人们本能的对美的最大追求,使村镇融于大自然,给人的感受极为安静平和。

抗日战争时期,交通不便的湘西成了躲避日军的"小后方",学者、商人带着知识、资金来到这里办教育、经商,促进了这一地区的繁荣发展,逐渐形成了较大的镇,如永顺县王村镇、花垣县茶桐镇、乾州、吉首及凤凰沱江镇等。这些不同规模的城镇成为农村政治、经济、文化的中心。

长期生活在丘陵山地、溪旁谷侧的湘西居民,对自然环境非常熟悉,本能地使自己的生活方式与自然秩序相协调,他们合理地利用一切自然因素(山脉丘陵、河湖溪沼、丛林花木),也深刻地认识到,保留和维护自然地形、地貌,是利用自然最好的方法,并且尽量地把劳动生息、风俗习惯与自然融为一体。

湘西人民自古在营建家园时,巧于因借,不但从功能、经济等因素出发,而且注入城镇美学观点。他们总是选择优美的环境作为城镇建设用地。把环境视为一个广阔、开敞的空间,城镇即置于其中。这个空间为城镇提供了背景,限定了范围。清澈的河流、连绵起伏的群山、郁郁葱葱的山林、婀娜多姿的峭壁奇峰,都为他们所用,使城镇巧妙地与自然环境相结合或为自然所拥抱。

3. 湘西民居

(1) 湘西民居的"生长"模式

湘西民居群落的基本构成单位不是院,而是单幢的"老虎口"民居。在这里,少有像中原一带供大家族聚居的递进式院落。子女成年立家,只在长辈屋旁另造一幢"老虎口"。一幢"老虎口"再接一幢"老虎口",湘西的村镇就这样自然而然地生长出来了——这种分蘖式的扩张方式或许是湘西村镇保留其自然形态的社会学原因。

湘西民居平面布局,有常规的"生长"顺序,又有很丰富的空间变化。最基本的是连三间"一字屋",随着家庭人口的增加,在主体上续接,进而形成井院式,再续接,形成多层次的井院式住宅(曹学群，1998)。

(2) 湘西民居的空间特征

湘西民居的堂屋，常在正面全部开门，使堂屋与室外空间完全融通，有利于通风采光。但房屋开窗却很小，有的住宅甚至不开窗，卧室一般面积狭小而黑暗。有的通过卧室顶部覆亮瓦形成很小的采光天井，有的通过房屋的穿斗架采光(一般用于二层采光)，一层卧室内仍然很暗。尤其是苗族，堂屋异常开敞，卧室极为封闭，堂屋是联系各个休息空间的"共享空间"，空间之间几乎没有视觉交流，家庭内部公共空间和私密空间界线分明。墙体结构外露，室内利用结构构件的自然形态和韵律变化处理空间界面。

依山就势、顺乎自然是湘西建房盖屋的重要原则，很多住宅充分利用地形高差组织居住空间，从而使建筑与自然环境亲近融合、协调统一。

(3) 湘西的特色民居及其空间特征

①穿斗架建筑　在湘西，木结构的建筑一般都以木构架作为房屋的承重结构。而木构架多采用穿斗式。

穿斗架由柱、穿、挂组成。柱一般为直径约20cm的圆木柱。根据房屋进深大小，一个穿斗架可设三柱、五柱或七柱，多为奇数。穿是横穿柱心的矩形穿枋。穿枋在结构上起着柱间联系、稳定构架和承托柱的作用，使柱、穿、挂形成一个完整的结构排架。挂是设在柱子之间，本身不落地的短柱，供架檩用。柱与挂共同限定了构架的步架间距及数量，另外，柱和柱头的雕饰构成室内视觉中心，具有划分空间的作用。

穿斗架以五柱八挂和三柱六挂者居多。前者在每个柱间各设两个挂柱，后者在每个柱间各设三个挂柱。也有的部分构架为五柱六挂、三柱四挂、七柱十二挂等。主要视房屋进深大小而灵活运用。

位于房屋不同部位的穿斗架，其"穿""挂"的设置有所不同。通常，位于两山的穿斗架，"穿"无论长短，均贯穿所有的柱和挂，挂也均落于最底层的穿上；而位于中间部位的，则仅有主要穿枋贯穿前后柱，挂柱也自然落在不同高度的穿枋之上。这样既可以节省材料，也便于楼层空间的处理。位于下层的穿枋，伸出檐柱之外变为挑枋，其上架檩，以承屋檐。

湘西地区的房屋以三开间最为普遍，开间尺寸一般在3~4m。进深大小可以依柱挂多少确定，为室内空间的进一步灵活划分创造了条件。另外，通过穿斗架也可以为室内采光，阳光通过穿斗架洒在室内的墙面及地面上，出现有规律而强烈的明暗变化，给室内环境增添了特殊的装饰效果。同时，穿斗架也是室内空间与室外空间的关联与过渡，它把自然环境引入室内，使黑暗的居住空间充满生机，同时也是该种建筑的一种标志。

最普通的住房为三开间的"一"字形建筑，每户独占一栋，在"一"字形房屋的一端或两端接建厢楼，构成"L"形或"冂"形平面，再加上围墙和朝门，组成一个完整的院子。更大的组合有"口"字形四合水(一颗印)房屋，以及由四合水与过亭相接而成的所谓"三进二亭""四进三亭"等形式。此类建筑的外围均包有封火砖墙，墙头加上艺术处理，整个房屋形成一种独特的风格。

②吊脚楼　是湘西各族人民长期以来的传统建筑之一。吊脚楼的形成和发展有着悠久的历史。据历史工作者介绍，湘西早在周朝以前便已形成吊脚楼。在此以前，湘西少数民

族先民由于经常受害于洪水、野兽、虫蛇，居住方式由洞穴进入森林，由地面改为树上，构木架巢，由此开始了巢居生活。后来巢居形式进化为树杈屋，即用天然树杈作为构架，上盖茅草以避风雨。因地基狭窄，为扩大使用空间，往往向外悬挑，木构架间用葛藤连接，下面用木柱支撑，下面不住人，有的将下面的空间作为交通空间，有的则作为饲养空间，建筑里面形成虚实对比，这便是吊脚楼的雏形。吊脚楼对于湘西阴雾潮湿的气候和山中野兽虫蛇的侵扰无疑具有良好的适应性。

吊脚楼在湘西民居中运用得非常巧妙。它不仅增加了使用空间，而且上面的披檐还起遮阳的作用。湘西吊脚楼的景观，以临河者最为生动。沿河商户三开间小楼，邻里用马头山墙相隔，鳞次栉比，挑出的吊脚楼，形成有节奏的横向分隔。吊脚楼除了供日常生活用外，在湘西还有它特别的用途。苗族姑娘在这里绣花，可以清楚地观察下面的人群，找到意中人，这是湘西苗族特有的风俗。

③"马头墙"建筑 一般用于大型民居、祠堂中。其形式多种多样，处理十分灵活。墙体一般由青砖砌成，高出屋脊的部分做成平行的阶梯，或呈梯形、鞍形、弓形，一般由主人和工匠的喜好而定。

湘西地区的马头墙大多建得比较轻巧，一般为三跌，也有一跌、二跌、四跌、五跌的情况。跌数的多少及每跌的高度，由屋面坡度的大小及长度来确定。当建筑出现前高后低的情况时，两边的跌数也不同，即前少后多。墙端均有挑头，由砖出挑三步，抹以白灰。粉刷时也做一些花饰。挑头顶做成人字形小青瓦面，脊顶饰以青灰，再嵌竖立的小青瓦，脊角用瓦或砖垫高，做"卷草"向上高高翘起。内埋铁筋，外饰青灰。几组翘角并列，显得轻巧、别致。

(4) 湘西民居的结构及材料

湘西民居的结构与材料的选用是一种自然、朴实思想的流露，一般就地取材。一般来说，建筑物的结构、材料在很大程度上决定着建筑物的外形风格，湘西民居也不例外。结构的完美与材料的不同质感又丰富了建筑的外形。

从结构上来说，湘西民居基本上都是木构架承重，用砖墙、土坯或木板作外围护。因此，承重结构与围护结构各自成为独立的系统。墙的破坏并不直接影响到结构的破坏，保证了建筑物的安全与持久性。另外，这种结构又给建筑物的外观及内部空间处理带来了很大的灵活性。有的建筑则用土坯墙或石筑墙承重，稳定性高。

从材料上来说，有木、砖、青瓦、片石、页岩、卵石、树皮、茅草、竹等。一般根据经济条件灵活选用，从而形成了湘西多种多样的外观风格和丰富的质感变化。不同的材料呈现不同的建筑风格，而不同材料的搭配又给建筑带来无穷的变化。木材在湘西运用最为普遍。一般都保持了木材的本色，使建筑古朴、淡雅。砖石建筑以苗族为多，坚实厚重、高耸挺直、虚实对比强烈。片石在湘西被广泛采用，片石资源丰富，开采方便，平整光滑，加工简便；可以用来铺地、垒台阶、砌墙、做栏杆、筑护坡等。树皮墙、树皮瓦和茅草在过去用作隔断、外墙皮或屋顶等。但随着经济的发展，已很少采用。卵石墙则较为常见，卵石大小不同，色彩各异，甚为醒目。但因其自重过大，所以在建筑物高度和层数上受到了很大的限制，另外，其缝隙也较难弥合，因而保温性较差。所以常常用来建辅助用房。当然，许多建筑都采用多种材料结合使用的方式，以丰富建筑的外观。例如，墙的底层用砖或片石砌筑，中间用土坯，上面用木构架和木板，在外观上给人下实上虚、下面稳重上面轻巧的感觉。

总之，湘西民居具有空间关系组合随意、结构碰接直率、材料以其原生的质地暴露于结构之外的特点。这里的民居，屋顶多为木结构、瓦顶，有的还用重檐。房屋一般都比较高大。横向结构承重，纵向架设檩条，两坡水屋面。不论砖墙或木板外墙，屋面总是做成悬山式。

湘西的民居变化极多。值得注意的是，广泛采用了有顶无墙的出檐和檐下的柱廊所构成的半露半掩的过亭。这种结构和设置可谓"尽善尽美"。所谓"尽善"，是指其功能。湘西夏日的飘雨十分猛烈，飘雨过后，烈日骄阳让人生畏。设置这样一个有顶无墙的大出檐，檐下设置柱廊和过亭，既可阻挡飘雨对墙根和室内的侵袭，又可把炎炎烈日拒之户外，既能使主人居家惬意，又给过往行人和邻里串门提供避风遮阳的方便。所谓"尽美"，是指其外观。大出檐加上半露天空的柱廊和过亭，使湘西民居的外观千变万化，外露的木柱身与柱间的白粉墙或烟色的木板墙相得益彰，而且透着一股醇和的浪漫气息。苗族民居建筑以木结构穿斗式房屋为主，又名"籽蹬屋"。开有窗户，便于通风，阶沿铺上水泥，光洁如镜。在吉首、古丈、保靖、凤凰等苗族聚居地，这种民居甚多。

(5)湘西村镇意向与民俗

①风水树 我国很多少数民族地区自古有敬奉树神的习俗。先秦有司木之神，叫作"句芒"，即古代的树神，沿袭下来，很多村镇都有神林。湘西村镇有敬奉风水树的习俗，常植于村口，起遮挡视线及引导作用。风水树也常植于村镇的戏台旁、水井边，或伫立在村民集会和开展各种活动的中心场坝上。

②龙池 一些村镇或富户的大宅前多设"风水池"，又称龙池。许多村镇有围绕"龙池"的居住组群。"龙池"敞开一面多为村镇入口，时常配以风水树，树下还设有石砌的神龛，形成完整的图像。风水池尚有养殖、防火、调节气候等作用。

③晒坝 湘西村镇多有晒坝，它是集功能与民俗活动于一体的场所，平时妇女家务操作、手工劳动、村民交往、儿童游戏等活动均在此进行。金秋季节用于晾晒谷物，每逢年节又是进行祭祀或民俗活动的地方。苗家繁多的节日中以每年的三月三和赶秋最为隆重，届时村民在大小晒坝席地而坐，举行歌会，盛况非凡。

4. 独特的民族风物

(1)舞蹈

土家族、苗族人民善舞，舞蹈内容丰富多彩，有的反映民族图腾崇拜，如苗族的古瓢舞、芦笙舞、鼓舞和板凳舞等；有的反映社会生活，如在湘西苗族广为流传的鼓舞。

土家族有一种古老的民间舞蹈，叫摆手舞，源于宗教祭祀活动，一般在土家族聚居的中心村设"摆手堂"，前面有宽广的场坝，叫"摆手坝"，每逢年节在这里进行祭祖，之后男女老少齐跳摆手舞，是土家族源远流长的自娱自乐的民俗活动。永顺县马蹄寨，每逢大的祭祀都聚满了远道而来参加、观看舞蹈和做生意的人。

(2)民间工艺

湘西的编织刺绣、蜡染等手工艺品久负盛名。这些工艺品图案活泼、生动、纯真，表现生活大胆并富有创造性。在凤凰一带，常用凤凰穿牡丹、喜鹊登梅等图案。几何图形图案在湘西民间工艺中则使用更广。

5. 湘西的巫傩文化

(1) 什么是巫傩文化

巫傩文化反映的是农耕社会的生活现象和生活关系，其中包括农耕社会的伦理现象和伦理关系，体现农耕社会生活中人们的伦理观念、伦理向往和伦理追求。巫傩文化是中国传统文化的一块"活化石"，是现代文化中具有价值的一种地方、民族文化现象。

①起源　湘西位于长江中游，与湖北荆州地区同属古代楚国，被称为楚乡。早在原始社会晚期的新石器时代，就形成了原始文化。

传统楚文化源于巫文化。楚乡民间巫风极盛，祈求风调雨顺、五谷丰登、驱逐病魔、纳财降福，无不施以巫术，因而在人们的审美意识中充满了神秘色彩，与许多少数民族形成初期一样，孕育并发展了原始宗教——巫教。秦代以前，巫教是我国唯一的宗教，尧、舜、禹、殷、商、周都是以神道设教，巫风盛行。东汉以后，道教兴起，佛教传入，巫教逐渐衰落，只在民间继续流传。道教是从巫教中脱胎出来的，以后又演变成不同的派别，其中的一派是巫道合一，称为"巫道"，也叫"巫鬼道"，主要活跃在民间。

据考证，"巫"字"像人两袖舞形"。古代之巫"实以歌舞为职，以敬神，乐人者也"(《郑氏待谱》)。巫历来被认为是古代专职的神职人员兼舞蹈家。屈原的《楚辞》被誉为巫楚文化的杰出代表。经专家考证，《九歌》就是在沅江流域民间祀神歌舞的基础上润色加工创作而成的。此外，巫祀活动常常以民俗活动形式出现，有些则在发展过程中，巫风渐渐淡化，演变为纯粹的民俗活动，成为乡土文化的组成部分。

②表现形式　巫傩文化系统、完整、神秘、奇特。其表现形式主要包括傩坛法事、傩戏、傩具、傩诀、傩歌、傩舞、傩符箓、傩技(上刀梯、踩火桦或踩火炭、滚刺床)、傩法器等。

③巫傩文化的伦理意蕴　巫傩文化内容从秀美生态的伦理追求，到尊长爱幼、夫妻和谐的家庭伦理观念；从忠于职守、替人消灾的职业伦理精神，到祈求丰收兴旺、共享安宁的农耕社会伦理向往等，无不显示出深刻而丰富的伦理内涵。主要有以下三点：

——以傩神、傩歌等形式映现对秀美生态的伦理追求；

——以傩戏等形式颂扬婚姻自主、夫妻和睦等伦理观念；

——以敬家先、打解、度关、还傩愿等形式展示敬祖尊长爱幼的伦理意愿。

(2) 巫傩文化在湘西

几千年来，巫傩文化经历着兴盛衰落的演变历程。明清以前，巫傩文化盛行于宫廷、军队、寺院和民间，形成宫廷傩(国家傩、天子傩)、军傩、寺院傩、乡傩和民傩。明清至民国，宫廷傩和军傩逐渐淡化而衰落，中原一带的巫傩也因种种原因而逐渐衰落，与此相反，湘西一带的巫傩却处于兴盛状态，可以说湘西是当代巫傩文化的主体区域。

(3) 文化资源利用

湘西巫傩文化品牌开发须遵循整体性、主体性、辩证性、高品位、精包装等原则；在傩技、傩吹、傩舞文化等方面打造品牌，提升伦理品位，促进巫傩文化的再生、再活、再繁荣等，促进巫傩文化资源的多角度、多层面的开发利用，以繁荣我国的社会主义文化。

巫傩文化品牌开发可采用多种方法：

①抛弃荒诞性，讲究科学性，保留神秘性　湘西巫傩文化的各种傩事活动，都离不开鬼神，都要烧香烧纸，都要敬神请神等，这些荒诞的东西，在开发之初应予摒弃。但另一方面，巫傩文化的荒诞之中又透着神秘。湘西巫傩文化品牌开发，就是要保留湘西文化的神秘性。

②改造庸俗性，提升奇特性，突出品位性　湘西巫傩文化中显示的是远古的也是现实的生活行为，有的语言很粗俗，甚至粗鄙，这是需要改造的。无论是傩坛舞台上，还是傩制品上，贴近生活的表演或工艺品是特别需要的，但要防止低级庸俗，要求达到大方、美观、高雅，从古朴、奇特、高雅中创造巫傩文化的品牌，以巫傩的奇特形式展示高雅的伦理内涵。

③克服零乱性，探求相关性，注重系列性　刚刚开始的巫傩文化品牌开发，难免单打一、零敲碎打，或者东拼西凑，表现出零乱性。这是今后开发中需要注意、克服和防止的。因此，必须探索各种巫傩文化现象的相关性，进行系列开发，研制开发出巫傩文化系列品牌。

④系列化开发湘西巫傩文化品牌，内容丰富多样　如开发傩技品牌系列。傩技繁多，传承至今比较突出的有上刀梯、踩火桦或踩火炭、滚刺床等，其伦理内涵主要是追求无所畏惧的人生价值观。依据这种伦理精神，可以开发出一系列的刀梯舞、桦犁舞、滚刺舞等惊险的舞蹈品牌系列。

(二)黔东(铜仁)区域社会文化概况

1. 自然地理环境

黔东的铜仁市周边与湖南省、重庆市、湖北省毗邻。全市国土面积18 023km²，人口425万。地处于云贵高原向湘西和四川盆地的过渡斜坡地带，平均海拔600m左右，武陵山脉纵贯中部，梵净山为武陵山脉的主峰。地貌以中低山山原峡谷和低山丘陵为主，喀斯特地貌占全市总面积的80%以上。地区内河流众多，境内的沅江、乌江水系属长江流域，水能资源储量达到3 260 000kW。属中亚热带温暖湿润季风气候，年平均气温为13~17.5℃，年平均降水量为1100~1400mm，年无霜期200~300天，气候宜人、四季宜游，梵净山等高山地带避暑气候优势明显。生物资源富集、生态环境良好，全市森林覆盖率50%，有木本野生植物逾900种，药用植物逾1000种，野生动物逾400种，属国家一、二类保护的珍稀动物和珍稀树种近20种。聚居着汉、苗、土家、侗、仡佬等29个民族。其中，少数民族人口占总人口的70.45%。全国三大锰矿富集区之一和贵州东部重要的锰工业基地、能源基地、农产品生产基地和特色文化旅游区。

2. 区位条件

铜仁地处黔湘渝三省交界，武陵山腹地，自古为黔东门户，西南地区东进西连、北上南下的交通要道，是承接中东部地区产业转移的"桥头堡"，是内陆开放的要地，尽得发达地区辐射带动的先机。毗邻长珠潭城市群、黔中经济区和重庆两江新区，是贵州连接中部地区、长三角经济区距离最近的地区和贵州的"东大门"，具有"承东启西"的区位和交通优势。铜仁是"一带一路"川贵广大通道核心节点，应主动服务和对接国家"一带一路"倡议。铜仁地处西部大开发内陆开放前沿阵地，是长江经济带乌江流域重要区域性中心城市。铜仁是贵州融入长江经济带的桥头堡，应主动对接长江经济带建设，推动铜仁市乌江融入长江经济带发展中。同时，铜仁是"万里茶道"主要产茶地和古苗疆走廊的重要节点，具有发展旅游的巨大潜力。

3. 人文社会环境

铜仁市地处武陵山区腹地，东临湖南，北接重庆，文化旅游资源富集而独特。优美的自然风光、浓郁的民族风情、厚重的历史文化，孕育了以梵净山为龙头的"两山两江四文化"（两山是指梵净山、佛顶山；四文化是指生态文化、民族文化、佛教文化、红色文化）旅游资源体系。拥有全国旅游资源8个主类的全部，31个亚类中的28个，155个基本类型中的105个，是名副其实的旅游资源"富矿"。

梵净山是武陵山脉的主峰，是黄河以南最古老的台地，拥有国家级自然保护区、联合国"人与生物圈"保护网成员、中国佛教名山、著名弥勒道场、中国傩文化发源地、中国十大避暑名山等名片，是地球同纬度唯一的绿洲、动植物基因库，其以生态景观的唯一性和佛教文化的独特性而著称。

佛顶山与梵净山相同，历史上曾是黔东佛教圣地，且佛顶山自然保护区也是除梵净山国家级自然保护区以外，保存较好的中亚热带常绿阔叶林区。

乌江是贵州历史上的黄金水道，是铜仁市正在开发的旅游生态廊道，拥有乌江山峡百里画廊、麻阳河国家级自然保护区等优势旅游资源。

锦江源于梵净山，由西向东横贯铜仁市，穿流在崇山峻岭之间，掩映在密林绿野之中，犹如铺展于黔东大地的水墨山水画卷。

生态文化多姿多彩。境内以梵净山为主体的古老地层繁衍着逾5000种动植物，最具代表性的有珙桐、紫薇及"世界独生子"黔金丝猴、大鲵、黑叶猴等珍稀动植物。梵净山被誉为"地球同纬度唯一的绿洲""动植物基因库"，森林覆盖率高达95%，周边年平均气温在22~24℃，空气中负氧离子含量高达12万~18万个/cm³，是生态、环保、低碳的养生胜地；乌江山峡集"雄、奇、险、秀"于一体，航运达500吨级，可出重庆并直达长三角，水质优良，原生态旅游资源丰富奇特；铜仁热矿泉遍及全域，星罗棋布，储量丰富，已探明地热水资源储量8.5亿m³，富含有40余种矿物质，是世界级的温泉富矿。

佛教文化历史久远。梵净山佛教远溯至南宋，鼎盛于明代，延续至近代，有护国禅寺、镇国寺等四大皇寺、四十八觉庵等文物古迹，是与五台山、峨眉山、九华山、普陀山齐名的佛教名山，也是全国著名的弥勒道场。

民族文化独特神秘。29个民族长期繁衍融合，传统文化、民族风情多彩多姿、丰富深邃；3000年的传承积淀，原生态巫傩文化衍化出的上刀梯、下火海等绝技魅力独具，神秘神奇。

红色文化灿烂辉煌。铜仁是中国最早的八大革命根据地之一，云贵高原上第一块革命根据地黔东苏区就建在梵净山麓。现存有周逸群烈士故居、黔东特区革委会旧址、红二六军团木黄会师纪念地、旷继勋烈士故居等革命遗址。

四、学习思考与研讨

思考与讨论湘西、黔东地区的旅游业区域合作的可能性与必要性。

湘西、黔东地区客观上存在着一种旅游产业上的内在联系，打破行政区域范围的区域合作是区域旅游经济发展的大趋势，可以实现旅游资源共享，优势互补，共同开拓市场，避免恶性竞争，促进区域旅游业的持续、协调发展。该区域可选择以区域整合为突破口，实现旅游规划一体化；整合旅游资源，实现旅游资源保护、利用竞合双赢优势，打造旅游精品，实现旅游产品结构优化；通过构筑绿色旅游通道，实现旅游交通网络一体化；对外树立整体形象，实现旅游市场开拓一体化，形成大旅游、大网络、大产业的发展格局。因此，该区域可以形成一个较大规模的纵向带区域系统，即铁路和高速公路"并驾齐驱"的文化旅游开发片区。

思考题

1. 湘西、黔东地区的文化遗产是一笔宝贵的财富，珍惜遗产资源要坚持以人为本的精神，关注细节，重视挖掘旅游资源的文化内涵，全方位地提升湘西、黔东地区的旅游文化品位。请思考如何利用当地宗教文化、民俗文化、名人文化、特色建筑文化等来提升湘西旅游产品文化品位。

2. 从世界自然遗产旅游引发的民族区域社会效应和民族文化，在旅游环境中的生态适应性改变的双向角度入手，探讨世界自然遗产旅游和民族文化生态之间的互动关系，思考这种关系对于维护自然遗产的自然、文化、生态平衡和实现旅游可持续发展具有哪些积极的意义。

3. 民族村寨是民族风俗旅游最好的物质载体，作为一种旅游资源，它是全面系统的民俗展示，是一种独特的民俗风情。民族村寨旅游作为湘西、黔东地区旅游资源的重要组成部分，在开发、发展及市场营销中存在诸多问题，请根据实习调研湘西、黔东地区民族村寨旅游的发展情况，从营销的角度思考该地区民族村寨旅游开发应采取何种市场营销模式。

第八章 世界自然遗产——武陵源

一、实习目的

了解武陵源旅游发展历程,通过考察、调研,掌握旅游目的地旅游产业体系的构成,理解旅游业作为主要驱动力对社会发展的贡献及缺陷,熟悉旅游业发展对社会、文化、生态、经济影响的研究与评估方法。

二、实习要求

1. 采用问卷抽样调查法,对武陵源进行细分后的市场有针对性地展开调查,了解旅游市场的产品需求、形象感知、旅游产品体验质量等市场特征,分析旅游流等行为特征与规律;

2. 采用访谈调查法了解旅游业态的经营状态、发展规模、市场定位等内容,分析各业态在旅游目的地的产业发展态势。

三、实习地点与内容

世界自然遗产——武陵源,位于湖南省西北部,连绵逾26 000hm²,是世界自然遗产和国家重点风景名胜区,3.8亿年前的海浪冲积和亿万年的流水切割塑造了这个世界罕见的石英砂岩峰林峡谷地貌景观。武陵源景色奇丽壮观,景区内最独特的景观是3000余座尖细的砂岩柱和砂岩峰,大部分都高逾200m。在峰峦之间,沟壑峡谷纵横,溪流、池塘和瀑布随处可见,景区内还有40余个石洞和两座天然形成的巨大石桥。除了迷人的自然景观,该地区还因庇护着大量濒临灭绝的动植物物种而引人注目。生活在这里的人民,为争取自由与幸福,谱写出武陵源雄奇壮丽的史诗。

(一)武陵源世界遗产概况

武陵源位于东经110°20′30″~110°41′15″、北纬29°16′25″~29°24′25″,由张家界国家森林公园、索溪峪自然保护区、天子山自然保护区和武陵源风景名胜区组成。

为了保护好武陵源的自然遗产,经国务院批准,于1989年成立了武陵源行政区(县级),武陵源区东西长37.5km,南北宽25.6km,总面积397km²。

武陵源属边远山区,历来交通闭塞,人烟稀少。史载汉代张良曾隐居武陵源青岩山,当地因此得名张家界。

武陵源自1978年开发旅游业以来,各级政府和当地人民为其保护和建设做出了巨大的努力。1984—1985年,有关部门编制了武陵源风景区、张家界国家森林公园、天子山和索溪峪自然保护区4个总体规划。1988年8月,国务院批准武陵源风景名胜区为国家重点风景名胜区。1988年,由同济大学重新编制了包含上述4个部分的《武陵源风景名胜区总体规划》(以下简称《总体规划》)。1989年,湖南省人民政府报国务院批准了上述总体规划。从此,武陵源区政府和人民以《总体规划》为准绳,进行了卓有成效的保护和利用工作。为了加强武陵源的保护管理,1988年,湖南省人民政府经呈报国务院同意,建立了武陵源区人民政府(加挂"武陵源风景名胜区管理局"牌子),负责具体工作,以加强世界遗产的保护、建设和管理。2003年,由北京大学主持修订编制了《武陵源风景名胜区总体规划(2005—2020年)》。

(二)武陵源旅游资源特色

1. 旅游资源概况

武陵源是一个资源丰富、生态完整,具有重要的科学和美学价值的风景名胜区,以"五绝"(奇峰、怪石、幽谷、秀水、溶洞)而闻名于世。其独特的"石英砂岩峰林为国内外罕见"(著名地质学家陈国达先生语),峰峦如林,造型奇特,又有茂密的森林、幽深的谷壑、多姿的溪涧、变幻的烟云、奇妙的溶洞和淳朴的田园风光,构成一幅奇、秀、幽、险、野的立体长卷画,蔚为壮观。

武陵源面积为264km²,外围保护地带面积126.8km²。风景区内有石英砂岩柱峰3103座,其中千米以上的柱峰有243座,最高峰为兔儿望月峰,海拔1264.5m。站在天子山或黄石寨上远眺,群峰列队浩荡来,顶翠缠绿吐峻秀,峰林奇观在中国独树一帜。它们或从平地里,或从溪边,或从山坡腰里拔地而起,劲峭险奇,仪态万千,有的如长剑巨鞭,有的如排笔群笋,有的如人如物、似禽似兽,无一不栩栩如生。由于地面切割强烈,从而形成了独特的峡谷幽壑景观。境内2000m以上的沟谷有32条,总长度为84.6km,其中最为著名的有金鞭溪沟、矿洞溪、青龙沟、插旗峪、十里画廊、砂刀沟,尤以金鞭溪沟和十里画廊最为突出。金鞭溪沟全长5.7km,一水中流,两岸奇峰耸立,危崖浩浩凛冽,配以绿林掩映、清溪细吟,人行其间,宛如画中。十里画廊全长5km,廊两旁尽为怪石妙峰,数不胜数,而且造型丰富多彩,妙趣横生,被称为"天然雕塑作品库"。峰顶多为平台,或为台地,三面悬崖深谷,极为险要,常为山民安居扎寨之处,因而多山寨,最为有名的有黄石寨、鹰窝寨、锣鼓寨、躲官寨。武陵源春夏季节时晴时雨,形成云海、云瀑、云涛奇观。时而云海,千峰万壑任沉浮;时而薄纱,深深浅浅尽缥缈。

武陵源有"秀水八百"之称。境内沟谷密布、溪涧纵横,共有大小溪流59条,其中最著名的溪流有索溪、金缠溪、矿洞溪、插溪、董家峪溪、黑槽沟溪、白虎堂溪。流泉、石潭、绿涧、飞瀑随处可见,一汪一掬,一盆一斗,一泻三跌,飞珠溅玉,清澈明丽,令人格外赏心悦目。现已命名的潭、泉有31处,其中著名的有8处。人工湖泊有宝峰湖,虽为人筑,但其地势奇特,几乎看不出人工痕迹,坝高80m,水深72m,称为"高峡平湖",又称"瑶池",湖岸奇峰四围,泛舟荡桨,湖光倒影,心旷神怡,"峻峡深藏酒一瓯,藏醒藏醉不藏愁"。

武陵源是生物宝库,区内植物垂直分带明显,群落完整,生态稳定平衡。古木遍布,参天茂密,林相整齐。随着季节的变化森林植被呈现出绚丽多姿的景观。名花异草、珍禽异兽,种类繁多,被誉为"自然博物馆和天然植物园"。高等植物有3000余种,首批列入《中国珍稀濒危保护植物名录》的重点保护种子植物有35种,还保存有原始次生林两处。

乔木树种有107科250属700余种，可供观赏的园林花卉植物逾450种，药用植物700余种，其中属于国家一级保护植物的有1种、二级保护植物的有11种、三级保护植物的有16种。这里山高林密，给野生动物提供了良好的栖息环境，生长着大量的野生动物，其中陆生脊椎动物有50科116种，其中属于国家一级保护动物的有3种、二级保护动物的有10种、三级保护动物的有17种。

武陵源不仅有罕见的石英砂岩峰林，还有壮观的岩溶景观，溶洞、落水洞、天窗、伏流、泉群等应有尽有。现已探明的溶洞、落水洞有14个，最著名的有黄龙洞、观音洞、恳寺洞，其中黄龙洞钟乳石、石笋、石柱、石竹、石瀑、云盆、穴珠、卷曲石、双直角鹅管石、金花石、文石针石花、巨型音响石等繁多而珍奇。地理学家评价武陵源的岩溶景观为整个东南亚地区岩溶景观的缩影。

此外，武陵源的田园风光质朴、自然，翠竹绿林簇拥，奇峰流泉环绕，鸡鸣犬吠，村烟斜阳，到处呈现着原始的野趣。境内有山谷盆地、山坡台地、高山台地三种类型的田园风光7处。

武陵源处于中亚热带北部气候区，属山原型湿润气候。这里山高谷深，气候呈垂直变化，气温呈垂直递减。同时，因山谷幽深和盆地开阔，受阳光辐射差大，局部地形对其气候起主导作用，形成特殊的山原季风气候。云雾多，湿度大，降水量大。

武陵源按规划分为琵琶溪、金鞭溪、砂刀沟、百瀑溪、黄石寨、腰子寨、山重水复、索溪湖、西海、十里画廊、老屋场、茶盘塔、凤栖山、黄龙泉、石家檐、黄龙洞、宝峰湖、百丈峡18个景区，其中已开发供游览的重点景区有10个，初步确定的自然景点239个，游览道路以张家界、天子山、索溪峪为3个主要入口，分为景区外围车行游路和景区内登山游览小路。景区建设始终坚持以保护原始地貌地形和自然资源为宗旨，采取"绕、留、借、就"等措施，使之和谐一致，相映成趣。

主要自然奇观见表8-1所列。

表8-1 武陵源风景名胜区主要自然奇观

名 称	地 点	特 征
"三千峰林"	西海	武陵源石英砂岩柱石峰台有3103座，形成峰林奇观。尤以西海峰林最为壮观，立于天子山朝前远望，大大小小、高低错落，数以千计造型各异的柱石，披绿挂翠，从脚下8000hm²的深切谷壑中拔地而起，似百万雄师，浩浩荡荡，一层一层，一直冲延到远处，形成峰海
"仙山琼阁"	天子山	春夏季节，武陵源多雨，亦多云雾。云雾在深壑幽谷中时起时沉，千姿百态的奇峰异石仅露出上端，随云变幻，宛如神话中的仙山琼阁。以天子山茶盘塔、神堂湾、石家檐、西海天台等处观景最佳
"神兵聚会"	老屋场	老屋场背后为天子峰，前面为深谷，谷中挺立着100余座石峰，大部分石峰呈躬身、顺徽弯状，似传说中项天王召集将士聚会之场景，格外神奇、壮观，又称"四十八大将军，四十八小将军"
"天门耸翠"	宋家湾	一座高逾80m，宽150m的板型石峰，从半山坡拔地而起，气势雄伟。中间自然崩塌，形成一大洞门，高逾20m。在回音壁往上看，好像一只象鼻。洞门两旁古藤缠绕，草木苍翠。门外可观鳄鱼晒背石，门内可欣赏金交椅、无字碑、秦俑岩等景观

(续)

名　称	地点	特　征
"天桥横空"	袁家界	本来是从袁家界台地延伸突出的一堵石墙。中间自然崩塌，形成一座巨大的石桥，桥身长逾40m，厚约15m，底面宽约10m，高达357m，是目前世界上最高的桥，称为"天下第一桥"
"天子御笔"	石家檐	为石英砂岩柱峰群体。主体分别由两组大小、高低不同的柱石组成，高逾20m，上小下大，形状如插在笔架上套有笔管的毛笔，因天子山有向王天子造反的传说，故称"御笔峰"。近看可发现石柱有明显断层裂痕，呈摇摇欲倾之状，巧夺天工，令人叹为观止
"武陵源云涛"	天子山	春夏之季，降雨之后，云翻雾涌。有时随风一齐滚动，宛如波涛，惊心动魄；偶尔群峰露出，好像巨轮在大海中航行。云雾变幻无穷，还可见到云河、云湖、云海等多种奇景
"银瀑万卷"	天子山	因风向、气流、气压作用，云雾突然从山顶斜向跌入深谷而凝滞不动，有如巨泽倾泻而下，蔚为壮观
"武陵源日出"	天子山	早晨，太阳从奇峰怪石中冉冉升起，将无数峰峦涂抹成金红，灿烂辉煌，生动非凡
"火云夕照"	天子山	夕阳西下，欲落而未落之际，阳光返照，将云彩照耀得透红，如火燃烧，格外灿烂
"石峰三变"	张家界	从白沙井到凝碧桥途中向西南方向望去，有一座嶙峋的小石峰屹立在群峰之间，像一位女子，长发披肩，身材窈窕，引颈望向西北，人称"望郎峰"。更为奇特的是，在1000m的景观线上向前推移，其形象由妙龄少女逐渐变为少妇、中年女子，最后变为老妇人，此景为著名的动态景观
"天然壁画"	黄石寨对面	距黄石寨100m处，向腰子寨方向望去，西沿绝壁上由水渍流痕构成一幅土家族农民风情画：四层吊脚楼，一孩童牵牛前行，楼前有晒谷坪、木梯等，极富生活情趣
"龙宫舞女"	砂刀沟	为水渍景观。沿溪行1.5km至月亮垭，离月亮垭正北方向100m处有一组石峰，其中一峰顶以下逾20m处有一天然洞穴，穴壁平坦，石壁上由水渍浸润形成一舞女形象，舞女高1.8m左右，着彩裙，持彩带，手舞足蹈，生动逼真
"九重仙阁"	白沙泉对面	一巨型石壁上流痕如网，痕迹深浅不一，富有层次，有纵深感。由流痕构成亭台楼阁、断墙残瓦等。这些古建筑掩映在丛丛绿枝碧叶之中，给人一种神秘感，似古代园林画，实为水渍奇观
"花园迷魂"	袁家界	于悬崖上自然形成一圆形门洞，门外有石台，台下为深渊，极为险绝；临近有突兀石台，分两级，石台悬空，有几条巨大的裂缝，令人惊骇。向前远望，谷壑幽深，峰林层叠，富有层次，尤以早晨和傍晚为奇，云蒸霞蔚，近分明，远朦胧，如中国水墨画
"神堂冰帘"	天子山、袁家界等地	天子山、袁家界一带因山高多流泉，每到冬季，流泉遇寒风冻结成巨大冰帘、冰笋，晶亮剔透
"天子夜月"	天子山	夜幕降临时，千峰万壑间薄烟轻柔，深浅有致，朦胧神奇。一轮弯月从峰端升起，群峰镀银辉，千峰影如剪，浩瀚无际，无比壮美
"天然雕塑画廊"	索溪峪	峡谷幽深，一溪中流，两旁秀峰怪石如林，有的峭拔，有的俊秀，有的险削，有的雄奇，有的怪拙，有的凛刚，其造型生动，似人似兽、如剑如塔，或个像或群像，有精雕、有写意，栩栩如生，好像一座巨大的天然雕塑作品展览馆，堪称绝妙
"美女夜浴"	叶家岗	由金竹山和唐家山两座山连体组成一位仰卧的美女。当月亮刚刚升起时，可见其头、眼、身材婀娜多姿，两腿伸入索溪，如月夜一少女沐浴完毕正闭目养神的情态
"百丈画卷"	沙坪	春夏季节，沙坪一带油菜花金黄，层层叠叠，宛如铺金，又有村舍炊烟，绿树翠竹，而背后则是鹰窝寨、宝华山、百丈峡群峰，雨后清晨或傍晚，峰峦苍翠，深深浅浅，错落有致，似一幅中国泼墨画长卷

（引自《武陵源风景名胜区总体规划基础资料汇编》）

2. 奇特多姿的地貌景观

武陵源在区域构造体系中处于新华夏第三隆起带，在漫长的地质历史时期内，大致经历了武陵—雪峰、印支、燕山、喜山及新构造运动。武陵—雪峰运动奠定了本区基底构造，印支运动塑造了本区的基本构造地貌格架，而喜山及新构造运动是形成武陵源奇特的石英砂岩峰林地貌景观的最基本的内在因素之一。

构成砂岩峰林地貌的地层主要由远古生界中，地层显示滨海相碎屑岩类特点。岩石质纯、层厚、底状平缓，垂直节理发育，岩石出露于向斜轮廓，反映出砂岩峰林地貌景观形成的特殊地质构造环境和基本条件。而外力地质活动作用的流水侵蚀和重力崩坍及其生物的生化作用和物理风化作用，则是塑造武陵源地貌景观必不可少的外部条件。因此，它的形成是在特定的地质环境中内外地质承力长期相互作用的结果。

(1) 石英砂岩峰林地貌

武陵源共有石峰 3103 座，峰体分布在海拔 500~1100m。峰林造型景观几乎完美无缺，若人、若神、若仙、若禽、若兽、若物……难以计数，变化万千。

石英砂岩峰林地貌形成有自身的特点：

——石英砂岩质纯、石厚，石英含量为 75%~95%，岩层厚约 520m。

——层状层组结构，即厚层石英砂岩夹薄层和极薄层云母粉砂岩或页层，这一组成结构特点，从造型方面来看，利于自然雕塑，增加形象感。

——岩层裸露于向斜轮廓产状平级 (5°~8°，局部最大达 20°)，增加了岩石的稳定性，为峰林拔地而起提供了先决条件。

——岩层垂直节理发育，且显示等距性，间距一般 15~20m。石间的垂直节理为创造千姿百态的峰林地貌形态和幽深峡谷提供了条件。

基于上述基本因素，加之在区域新构造运动的间歇抬升、倾斜、流水侵蚀切割、重力作用、物理风化作用、生物化学等多种外营力的作用下，山体按复杂的自然演化过程形成峰林，显示出"高域、顶平、壁陡"等特点。

(2) 构造溶蚀地貌

武陵源构造溶蚀地貌，主要出露于二叠系、三叠系碳酸盐分布地区，面积达 30.6km，可划分为五亚类地貌，堪称"湘西型"岩溶景观的典型代表。主要的代表形态有溶纹、溶痕、溶窝、溶斗、溶沟、溶槽、石芽、埋藏石芽、石林、穿洞、洼地、石漠、漏斗、落水洞、竖井、天窗、伏流、地下河、岩溶泉等。溶洞主要集中于索溪峪河谷北侧及天子山东南缘，已探明的有 14 个。现已开发的黄龙洞最为典型，被称为"洞穴学研究的宝库"，在洞穴水上游览和探险方面具有特殊价值。

(3) 剥蚀构造地貌

该地貌分布于志留系碎屑地区，见于三亚类：①碎屑岩中山单面山地貌，分布在石英砂岩峰林景观外围的马颈界至白虎堂和朝天观至大尖山等地；②鲤鱼脊"V"谷中山地貌，分布于湖坪、石家峪、黄家坪一带；③碎屑岩低山地貌，分布于中山外缘，山坡较缓，河谷呈开阔的"V"形。

(4) 河谷侵蚀堆积地貌

本类型分为山前冲洪扇和阶地、河漫滩。前者分布于沙坪村，发育于插旗峪—施家峪峪口；索溪两岸发育两级阶地，二级为基座阶地，高出河面3~10m；军地坪—喻家嘴一线河漫滩发育面积达4~5km²。著名地质学家陈国达评价说："武陵源这种奇特的地形地貌，不仅国内少有，而且世界上也是罕见的"。

3. 完整的生态系统

武陵源位于西部高原亚区与东部丘陵平原亚区交界线的边缘，东北接湖北，西部直达神农架等地，西南联于黔东梵净山。各地动植物相互渗透，物种丰富，特别是这里的地形复杂、坡陡沟深，加上气候温和、雨量丰富、森林茂盛，给动植物生存和繁衍（殖）创造了良好的环境条件，同样，也为众多物种的生存、发育提供了条件。加之武陵源历史上长期交通不便、人口稀少、受人为干扰破坏少，从而保存了丰富的动植物资源，成为我国众多古老孑遗植物和珍稀动物的重要集中分布地区。据考证，千百年来，武陵源没有发生较大的气候异常、水土流失、岩体崩塌、森林病虫害和动物集体死亡等现象，这都证明武陵源保护了一个结构合理而又完整的生态系统，具有极其重要的科研价值。保护好这座动物乐园、绿色宝库，也是对人类文明的一大贡献。

(1) 丰富的原生植物种质资源和濒临灭绝的物种

武陵源植物资源十分丰富，保留了长江流域古生代植物群落的原始风貌。

在众多的植物中，武陵松分布最广、数量最多、形态最奇，有"武陵源里三千峰，峰有十万八千松"之誉。

古树是自然遗产中的"活文物"，武陵源的古树名木具有"古""大""珍""奇""多"的特点。神堂湾、黑枞垴保存有完好的原始次生林；张家界村一株古老的银杏高达50m，胸径为159cm，被称为自然遗产中的"活化石"；生长于腰子寨的珙桐，是国家一级保护珍贵树木；还有白豆、伯乐树、香果树等均为珍稀树种。这些原生植物种质资源有着极高的科研价值，它们的生存环境、生长条件、林相结构及其保护、保存等都是重大的研究课题。

(2) 宝贵的野生珍稀动物

武陵源在动物地理分布上属于东洋界华中区，位于西部山地高原亚区与东部丘陵平原亚区的交界线边缘。经初步调查，陆生脊椎动物共有50科116种，其中有《国家重点保护动物名单》中的一级保护动物金钱豹等3种；二级保护动物大鲵、猕猴等10种。武陵源动物世界中，较多的是猕猴，据观察统计逾300只。当地人叫作"娃娃鱼"的大鲵则遍见于溪流、泉、潭中。研究动物生态在武陵源生态系统中的作用及两者的关系，对于维护生态平衡和保护动物，有着十分重要的科学价值。

4. 珍奇的地质遗迹景观

在武陵源回音壁上泥盆系地层中砂纹和跳鱼潭边岩画上的波痕，不仅可供参观，而且是研究古环境和海陆变迁的证据。分布于天子山二迭系地层中的珊瑚化石，形如龟背花纹，故当地称之为"龟纹石"，是雕塑工艺品的上等材料，可制作成珍贵的旅游纪念品。

5. 多姿多彩的气象景观

武陵源的春、夏、秋、冬，阴、晴、朝、暮，气象万千。

云雾 是武陵源最多见的气象奇观。有云雾、云海、云涛、云瀑和云彩5种形态。雨后初霁，先是朦胧大雾，继而化为白云，缥缈沉浮，群峰在无边无际的云海中时隐时现，如蓬莱仙岛、玉宇琼楼,置身其间,飘飘欲仙,有时云海涨过峰顶,然后以铺天盖地之势,飞滚直泻,化为云瀑,蔚为壮观。

霞日　晴天的清晨,一轮红日在朵朵红云的陪伴下,从奇山异峰中冉冉升起;傍晚,伴五彩云霞徐徐下降,那林立的峰石,在云霞的沐浴下,更显得风姿绰约,分外迷人。

月夜　当月明星稀,万籁俱寂之时,峰林在皎洁的月光中,披上层层雾纱,洋溢着幽奇、神秘之感。

冬雪　冬日雪后,层层山峦,座座石峰,银装素裹,冰帘垂挂,玉叶琼枝,玲珑剔透,变成童话中的水晶世界。

(三)武陵源突出的美学价值

1. 风景秀美雄奇

武陵源具有雄奇、诡谲、秀逸、幽深、险峻、妩媚、猖狂等多方面的美学特征,可概括为"奇、奥、秀、幽、野"。武陵源峰石奇特,拔地而起,陡峭嵯峨,峰峰依傍,层层相叠。登天子山、黄石寨等高台地,俯瞰千峰万壑,如万丛珊瑚出于碧海深渊,深不可测,奥妙无穷。武陵源植被茂盛,品种繁多,尤以武陵松生长奇特、造型奇美,或耸立峰顶,或悬挂峭壁,或横卧峰隙;其形苍古,其势苍劲,其神邈远,不仅给人以外表的力度美感,而且还给人以精神鼓舞、人生的启迪。武陵源的溪、泉、湖、瀑,其形千姿百态,其质纯净,其味甘醇清新,给人以赏心悦目之美感。武陵源的云涛雾海神秘莫测,千变万化;时而蒸腾弥漫,时而流泻跌落;时而铺展凝聚,时而舒卷飘逸……创造出令人迷醉的梦幻般境界,充满灵气。武陵源的地下溶洞壮美神奇,构景妖娆,妙趣横生,丰富多彩的自然景观有机排列组合,相互衬托、交相辉映,构成虚实相间、含蓄自由的山水佳境,具有独特的审美情趣与美学价值。

2. 景观宏大丰富

武陵源具有观赏价值的宏大景观,总面积为397km²,其中观赏核心区为264km²。其自然景观绚丽多彩,种类齐全。群山之峥嵘、峰林之奇特、峡谷之幽深、溶洞之神奥、生态之齐全、烟云之幻变、水景之丰富、空气之清新、气候之宜人、环境之幽雅等自然特色无不兼而有之,被誉为"科学的世界、艺术的世界、童话的世界、神秘的世界"。

3. 形态奇特多姿

(1)奇特的峰林,磅礴的气势

石英砂岩峰林奇观是武陵源奇绝超群、蔚为壮观的胜景,具有不可比拟性、不可替代性、不可分割性,可以说是大自然以美的形式法则创造出的最为杰出的作品。

①峰多　武陵源有峰体三千余座,这在世界峰林"家族"中是独一无二的。登上天子山、黄石寨、腰子寨、鹰窝寨等高台地,举目四望,无论是高山之上,还是群山环抱之中,都耸立着高低参差、奇形怪状的石峰。石峰之多、之集中、之稠密,如西安的兵马俑,美不胜收。

②峰美　武陵源石,从峰体造型看,或浑厚粗犷、险峻高大,或怡秀清丽、小巧玲珑。阳刚之气与阴柔之姿并具,从整体气势上来品评符合"清、丑、顽、拙"的品石美学法则,给人以赏心悦目之美感。再从峰体的色彩来看,由于石英砂岩的特殊岩质,峰体色彩

既没有"苍白"之容,也无"暮年"之态,而似潇洒倜傥、鲜活红润的少男少女,朝气勃勃,洋溢着青春的魅力。

③峰野 武陵源石峰具有奔放不羁的野性美,形态变化多端,各臻其妙。有的如金鞭倚天耸立,直入云端;有的似铜墙铁壁,威武雄壮,坚不可摧;有的如宝塔倾斜,摇摇欲坠,似断实坚;有的若精制盆景,玲珑剔透,耐人寻味。如金鞭岩,三面如刀劈斧削一般,棱角分明,岩身金黄微赤,拔地突起,直入霄汉,垂直高度逾300m,在阳光照射下,"鞭"体光彩熠熠,气势咄咄逼人。然在"金鞭"对面,有一座垂直高度逾300m,被人叫作"比萨斜塔"的"醉罗汉"峰,由西向东倾斜10°左右,站在峰下仰望,顿觉风动云移,"罗汉"摇晃,大有危楼欲摧之感。像这样"野"性十足、不拘一格的奇峰怪石,可谓举目皆是。

武陵源奇峰怪石以其多、美、野的风格特色,不仅给人以形态美感,而且能激发人们对自然奥秘进行科学探讨的盎然兴趣。

(2)多姿多彩的水景

宋人郭熙说:"山以水为血脉,故山得水而活。"美的大自然,只有山水相衬,才显灵秀,构成佳境。武陵源有"水八百"之称,且具"久旱不断流,久雨水碧绿"的特色。水景类型齐全,溪、泉、湖、瀑、潭异彩纷呈。金鞭溪衔连索溪,像一条宝链,把沿途绝大部分自然风景的"珠玑"缀成一串,构成美妙的山水画卷,而水的流动更平添了动态美感。宝峰湖水深72m,静卧在峰峦怀抱之中,湖水晶莹碧透,湖中鸳鸯成双,水鸭成群悠游、嬉戏,湖静禽动,如雷隆隆,回荡峰壁;近瀑观形,似一大一小两条"银龙",直扎进水潭,形、声、色俱佳,给人以豪壮美感。

(3)藏奥纳秀的峡谷风景

武陵源峡谷阳深,隐天蔽日,藏奥纳秀。如幽峡金鞭溪、十里画廊、黑槽沟等峡谷均是幽峡奇秀之地。幽峡蜿蜒伸展,两旁树木葱茏掩映其间,野花香草点缀其中,青苔梁壁、古藤恳挂、清溪哗哗,时有几声鸟啼,造成清幽邃远的幽美氛围,给人以"人游山峡里,宛在图画中"和"风景全在两山向"的美感享受,令人陷入幽思遐想。

(4)壮美奥秘的地下溶洞

武陵源地下溶洞众多,景观丰富,构景绝妙。现已开发的有黄龙洞,规模庞大,最宽处为200m,最高处为51.25m,总面积为52 000m²。洞中景观奇美齐全,被称为"洞穴学研究宝库"。

(5)苍劲神异的武陵松

武陵松与黄山松一样,具有独特的审美价值。武陵源"峰顶站着松,峰壁挂着松。峰隙衔着松,松枝摇曳三千峰"。正是这种苍郁枝虬、刚毅挺拔、姿态秀美的武陵松,给武陵源三千奇峰着绿披翠,使其充满盎然生气,令人倍加赞赏。武陵松那裸露着的钢爪般坚实的根,无论烈日暴雨、雷电击打、冰雪严寒,总是毫不畏惧、紧抓缝隙、顽强生长,给人以力量、勇气和生命的启迪。

(6)变幻神奇的云海

武陵源云海变幻无穷,神秘莫测。若雨过初霁、雪后日出,登天子山、黄石寨等高台地,眼前时而云腾烟涌、峰峦沉浮,时而回旋聚拢、白"浪"排空,时而白茫茫一片、铺天盖地,时而化为云瀑、泻落峡谷,时而徐徐抖散、挂壁绕峰。山峰林形成的峰海,武陵松形成的林海，飘浮在烟云形成的云海时，互相融合为一体，形成动中有静、静中有动、动静结合的美丽画卷和美好乐章。

(7) 秀美和谐的田园风光

武陵源秀美和谐、淡雅宁静的田园风光共有 7 处，最佳构景之处要数沙坪田园风光。沙坪前，索溪与百丈溪抱流，田园平缓上升，直到与如画如屏的峰峦相互衔接，融为一体。田园之中，村宅点缀，绿树四合，翠竹依依，朝夕炊烟弥漫升腾，景致淡雅恬适。田野风光又因四时农作物不同而变化多彩，创造出一种具有抒情氛围的田园乐章，令人陶醉。

4. 整体和谐绝美

(1) 阳刚美与阴柔美有机组合

武陵源从美的形态组合来看，既有雄奇、幽峭、劲捷、崇高、浑厚的阳刚之美，又具清远、飘逸、恬淡、瑰丽、隽永的阴柔之美。武陵源的山与水、峰与雾、峰与松、峰与峰，无不体现出既对立又统一、既矛盾又调和的形式美法则。登天子山、黄石寨高台地欣赏奇峰怪石时，从整体气势看，数百座石峰拔地而起，形成汪洋恣肆的峰海，给人以豪壮、博大、崇高、浑厚的阳刚之美，然而当细细品味单体石峰时，那亭亭玉立的绿树秀姿，那石峰的节理、斑纹、色彩，又会产生一种瑰丽、隽永、清远缠绵的阴柔之美。

(2) 形态美与意境美交相辉映

武陵源的奇峰怪石、溪、泉、湖、瀑、幽峡、奥洞、树木花草等自然事物的形态结构方式，无不符合美的形式法则。因而能够寄寓人的气质、情感和理想，使人心旷神怡，产生向上力，使人精神愉悦，形成美好的意境，把人的思想解放出来，使其自由奔放。登上天子山，看到石峰林立、山峦绵延的奇观，自然会使人感到眼界阔大、心胸宽广，倍感人生的美满、幸福，从而更加激励人生奋斗的信念。在金鞭溪幽谷里，又会使人产生宁静淡泊的雅致感。

(3) 自然美与艺术美珠联璧合

武陵源塑造了千变万化的风景空间，它们有着不同的形式、不同的个性，正是这些不同形式、不同个性的欣赏空间构成了色彩斑斓的风景特色。武陵源千姿百态的自然景物，有着四维时空关系，既具有时空艺术美的性质，同时又融入了社会艺术美，如富有浓郁生活气息的概括命名、广为流传的神话历史故事（"夫妻岩""四十八大将军""御笔峰"等）。仅以"御笔峰"为例，本为石峰，形如笔杆，峰顶端有数棵古老的武陵松，峰松结合成主景，加之此峰背后是万千峰林，如千军万马，这种自然的形态恰好与当地向大堪称天子造反起义的传说相吻合。那么，人们在欣赏"御笔峰"本身的奇特造型、获得自然美的感受时，又经动人的传说渲染，美的意境得以升华。这种化景物为情思、化景物为理趣的结果是审美的创造，是自然美与艺术美的高度和谐统一。

由于造化之功，武陵源既有浓郁的浪漫情调，又富于神秘色彩，峰石参差、沟壑纵横、曲峦飞动，形成错落有致、高低有序、层次丰富的风景空间序列，呈现出一定的节奏和韵律。在群峰中以天子山、黄石寨等高台地为中心，形成"百鸟朝凤""众星拱月"之势，如从索溪峪经植物园、回音壁、南天门至天子山，一路峰峰挺秀、石石标新，美不胜收，登上天子山高台之后，豁然开朗，近峰远岫饱览无余，云烟霞晖尽收眼底，令人心旷神怡。

武陵源以其奇奥、全面的自然景观崭露头角，享誉中外。由于特定的地理条件，虽然它没有古老悠久的开发史，没有帝王祭祀、历代圣贤题留的碑雕石刻，没有举世公认的文人墨客的诗文捧颂，似乎带来遗憾，但是却更给人带来惊奇、新鲜——武陵源完全属于它自己。它无须人工粉饰雕琢，浓妆淡抹，向人们展示的是它那带着洪荒时代具有原始野性的本色。正是它那独特的风格、卓绝的风范、美学特征和科学价值，一举成为人类的科研宝地、览美天堂，作为"天下第一奇奥区"的武陵源，不仅是中国，也是地球馈赠给人类最珍贵的遗产。

（四）实习主要考查景区

1. 张家界国家森林公园

张家界国家森林公园位于武陵源风景名胜区南部，公园管理处驻锣鼓塔镇，距张家界市城区32km，距武陵源区人民政府驻地约28km，均有公路通达。张家界地域古属朝天山，因明崇祯邑人张再弘"蒙恩赐团官"设衙署于此而得名，也曾称张家界为马鬃岭。1958年建立国营张家界林场。1982年经国务院批准为国家森林公园。1994年由林业部命名为"国家示范森林公园"。境内峰密岩险、谷深涧幽、水秀林碧、云缭雾绕，集雄、奇、幽、野、秀于一体，汇峰、谷、壑、林、水一色。有金鞭溪、黄石寨、琵琶溪、腰子寨、畲刀沟、袁家界6个小景区游览线，已命名景点90余个。有标准石板游道6条，总长21.8km；车行游道总长29.8km。

张家界国家森林公园有逾3000座奇峰异石，似人似物，神形兼备，或丑犷，或细密，或奇绝，或诡秘，浑朴中略带狂狷，威猛中又带妖媚，危岩绝壁，雍容大气（图8-1）。

图8-1 武陵源的石英砂岩地貌特征

张家界集"六奇"（山奇、水奇、石奇、云奇、动物奇、植物奇）于一体，集"五绝"（秀丽、原始、幽静、齐全、清新）于一身，纳南北风光，兼诸山之美，是大自然的迷宫，也是中国画的蓝本。

张家界森林资源非常丰富，园内森林覆盖率达97.7%，植物种类丰富。就树木种类而言，有93科157种，比整个欧洲还多1倍；分布有大量珍贵树种，如珙桐、鹅掌楸、杜仲、银杏等。园内花卉也十分美丽、独特，如一天能变5种颜色的五色花、张家界独有的龙虾花等。

主要考察景区和景点：

①金鞭溪　金鞭溪沿线是张家界风景最美的地界之一，从张家界森林公园门口进入后，往前步行300m左右就是金鞭溪的入口，全溪长5.7km。全溪穿行在峰峦曲谷云间，幽静异常，溪水明净如镜，跌宕多姿，小鱼游弋其中，溪畔花草鲜美、鸟鸣莺啼，人沿清溪行，胜似画中游。金鞭溪一线知名景点有"迎宾岩""闺门倒影""金鞭岩""神鹰护鞭""西天取经""劈山救母""文星岩""双龟探溪""紫草潭""千里相会""跳鱼潭""重欢树""骆驼峰"。

②黄石寨　又名黄狮寨，相传张良师父黄石公曾到此炼丹，因而得名。位于森林公园中部，为一巨大方山台地，海拔1080m，是雄伟、高旷的观景台。寨顶面积16.5hm²，西南略高，东北稍低。周围则悬崖绝壁，绿树丛生，伸展出许多凌空观景台。阴雨天气，寨台四周云漫万壑，千峰攒簇；清晨日出，薄雾飘飞，群峰或明或暗，变幻神奇；静夜月明，星空辽阔，群峰淡雅端庄，背景幽深缥缈；寒冬白雪覆盖，冰柱下悬，千峰万壑堆银砌玉；沿寨环行，群峰皆立于足下，远近诸般奇景尽收眼底。故有"不上黄石寨，枉到张家界"之说。有南北两条步行登寨游道，有"南天一柱""摘星台""天桥遗墩""六奇阁"等绝佳景点；黄石寨景区知名景点有"罗汉迎宾""将台""前花园""天书宝匣""定海神针""南天门""南天一柱""铜墙铁壁"（图8-1）"摘星台""天桥遗墩""六奇阁""雾海金龟"等。

2. 袁家界

袁家界位于杉刀沟北麓，是以石英岩为主的一座巨大而又平缓的山岳，是张家界国家森林公园又一处风景集中地。袁家界名称相传来源于后唐时期，黄巢起义失败后，其手下有一名袁姓将士为躲避追捕，便来此远离人世的深山野岭——青岩山隐居，他在这里结庐为舍，垦荒种粮，并以自己的姓氏为这里命名，起名"袁家界"。袁家界面积约1200hm²，平均海拔1074m，东邻金鞭溪、远眺鹞子寨，南望黄石寨，西通天子山。

主要景点有：

①"天下第一桥"　系一座天然石桥，属张家界精华景点。大自然的鬼斧神工将一块厚约5m的天然石板横空"架"在两座山峰之上，连接东西两峰。桥高350m，是张家界最高的石桥，高度、跨度和惊险度均为天下罕见，故称"天下第一桥"。桥长20m，宽仅1.5~3m不等，但较平坦，可通行人。桥上苍松挺拔，桥下云雾荡漾、万丈深渊，四周悬崖绝壁、水滴飞溅。踏上桥面，使人有凌空御风之感。

②"后花园"　位于砂刀沟游览线一带。翠谷之中，石峰攒簇，涧水萦回，古木参天，寒云铺地。

3. 张家界

张家界景区位于武陵源西北部，总面积3400hm²。景区管理处驻中湖村，距张家界市城区43km，有公路相通，还有简易公路通达张家界国家森林公园和天子山。景区属石英砂岩峰林峡谷地貌，景观雄浑、险要、清秀、幽静、原始，最高峰"一步登天"海拔1130m。境内沟壑纵横，溪水长清，植被茂密，森林覆盖率达95%。已开发的香芷溪、龙泉峡两个小景区内有车行游道2.5km。

已命名景点 35 处，主要景点有"香芷滨"，旧名"箱子溪"，传说向王天子在此埋有金箱银箱而得名。民谣云："钥匙放在垃子岩，箱子埋在两交界，哪个捡得金钥匙，金箱银箱一起开。"此景点位于杨家寨景区东部，一溪蜿蜒中流，两岸峰林巍峨。

知名景点有"乌龙寨""空中走廊""一步登天""六郎峰""魂断蓝桥"等。

4. 索溪峪

索溪峪是土家语音译，这三个字按其意为"so"——雾、"t"——大、"jeu"——山庄，连起来就是"雾大的山庄"。索溪峪位于武陵源风景名胜区东北部，总面积 25 400hm²，武陵源区人民政府驻地，军地坪在此景区中心。景区于 1982 年 2 月被设为省级自然保护区（核心面积 3640hm²）。有公路分别与张家界市城区、张家界国家森林公园相通，并与慈利至长沙公路连接。景区内以军地坪为中心，已开通至各景点区和张家界国家森林公园的多条车行游道，全程 54.3km。兴修了绿喁山庄—天子山、十里画廊—卧龙岭—西海、天台—宝峰桥、鹰窝寨—宝峰湖游船码头等高标准步行游道，总长 9.4km。景区呈盆地状，四周高，中间低，山、丘、川并存，峰洞、湖俱备。峰秀、谷幽、水碧、洞奥为其景观的主要特征。现已开发小景区 8 个，即西海、十里画廊、水绕四门、百丈峡、宝峰湖、黄龙洞等。

主要景点有：

①西海 位于索溪峪景区的西部。为一盆地型峡谷峰林群。其"海"峰柱林立，千姿百态，林木葱茏茂密，有"峰海""林海"之称。春夏或秋初雨后初晴，则云如浪涛，或涌或翻，或奔或泻，铺天盖地，极为壮观，誉为"云海"。三"海"合一即为西海之特色。其中"通天门""天台"为绝景。知名景点有"天台""卧龙岭""宝塔峰"。

②十里画廊 位于索溪峪景区西北部。原名"干溪沟"，又名"甘溪沟"。1983 年 8 月，慈利县委书记赵树六考察索溪峪风景资源为其重新命名。十里画廊为一狭长峡谷，谷深 5.8km，峡谷两侧群峰凛冽，造型各异，组成一幅幅活灵活现的天然雕塑画。其中"采药老人""众仙拜观音"为最佳景观。知名景点有"采药老人""锦鼠观天""众仙拜观音""猛虎啸天"等。

③水绕四门 位于索溪峪景区西部。原名"止马塌"，又称"纸马塌""天子洲"，距十里画廊谷口 2km。因有 3 条溪水，分别从西、北、南三谷口流出，然后相汇合流，注入索溪，故称"水绕四门"。传说有二：一传西汉开国元老张良见吕后掌权后滥杀忠臣，遂辞官不做，随赤松子遍游名山，寻访隐居佳境。经长江、过洞庭、溯澧水，得知青岩山灵秀绝佳，便骑马到此。见此处山回水转，奇峰环抱，茂林修竹，中有盆地，势阔气爽，又有涓溪环绕，通大自深，是难得的福地洞天，喜之不胜，即下马不归，故名"止马塌"。二传明代当地土民首领向大坤不满朝廷统治，在此举旗造反，有纸人纸马相助，自称天子，故称"天子洲"，也称"纸马塌"。此景区内以"水绕四门""九天银练"景观最佳。知名景点有"张良墓""万岁牌""四十八将军岩"等。

④百丈峡 景区位于索溪峪景区南部，由百丈峡、董家峪、王家峪 3 个峡谷组成。其中百丈峡位于插旗峪中部，古时此峡多猿，绝壁奇峡，地势险要，为古关隘。清道《永定县志》载："百丈峡绝壁上有'银箭石'，高悬绝壁，色白如银，上有字形，可望而不可及。"此石已无存。相传明初覃后造反，曾与官军在百丈峡口交战百次，故又名"百仗峡"。

峡谷深切雄险，一溪中流。右侧原有石径，为明清时期往来慈利与永定官道。其中"沙坪田野""百丈峡壁""八珠潭"最为奇美。知名景点有"插旗峰""百丈峡壁""八珠潭"等。

5. 天子山

天子山在武陵源区东北部，桑植县东南边缘，与张家界、十里画廊、索溪峪，构成了一个"品"字形的风景区。天子山自然保护区总面积约9000hm^2，近100km^2。境内最高点昆仑峰海拔1262.5m，最低点泗南峪海拔534m。环山游览线长45km。年平均气温12℃，年降水量1800mL，年无霜期240天，年冰冻期60~80天。

天子山是仅次于峰林中心的高台地，景区内峰林耸立、云雾缥缈，现有黄龙泉、茶盘塔、老屋场、凤栖山、石家檐5个主要游览区；有1座天桥、2个天池、4个天门、5个溶洞以及80多个观景台和数处流泉飞瀑。它的风光不仅具有雄、险、奇、秀、幽、野的特色，而且春夏秋冬，阴晴朝郡，变化万千。因而赢得了"不是黄山，胜似黄山""谁人识得天子山，归来不看天下山"等赞语。

主要景观特点：

①观景佳地 因其地势高，东南西三面都可观景，透视线长，画面宽朗，景观层次多。在天子山的天子峰或七星山上居高临下，可俯瞰脚下峰壑成千。天子山山体中部高、四周低，似一座巨型宝塔拔地而起。各类新发育的造型奇特的地貌，多集中在天子山山腰，如雄伟的瀑布、奇险的仙人桥、岩门、溶洞、密集而陡峭的峰林石柱等，使游人的猎奇心得到极大的满足。

②神奇峰石 天子山的神奇，在于烟云缭绕的奇石危峰，如柱、如塔、如笋，低者数十米，高者数百米，雕镂百态。有屈子行吟，有姐妹私语，有夫妻情深，有众仙聚会，有群娥起舞，有天兵出征等天然群像。

③天然岩壁 天子山的神奇，还在于有一扇长逾20km，高达千米的巨大岩壁，将所有的景物拥抱在怀里。向着石林的岩壁折成一道道皱褶，岩嘴、岩湾，一伸一缩，形如折扇锯齿。在山腰海拔逾900m的岩檐上，有一条弯曲而又平坦的游览小道。小道长逾20km，沿途有69道岩湾、84个观景台，一道弯一番景色，一个台一片风光。

④多姿水景 天子山的熔岩渗透水，由海拔900m左右的砂岩表面向四周流出，形成了无数的溪泉流瀑。

⑤四大奇观 天子山还有云雾、月夜、霞日、冬雪四大奇观。云雾是天子山最常见的天象奇观，有云雾、云海、云涛、云瀑和云彩等景象。知名景点有贺龙公园、云青岩、御笔峰、仙女献花、天子阁、石船出海、点将台、神堂湾等。

6. 黄龙洞

黄龙洞是武陵源风景名胜区的招牌景点之一，以规模大、内容全、景色美而被誉为溶洞景观的"全能冠军"。黄龙洞全长7.5km，洞内分为4层，洞内有1座水库、2条河流、3挂瀑布、4处潭水、13个厅堂、96条廊。"冰凌钟声""翠竹夹道""龙宫起舞"都是黄龙洞的精华所在。

黄龙洞又名"黄龙泉"，传说清代乾隆年间发生百日大旱，著名法师何俊儒率徒儿进洞求雨，全部遇难丧生，何法师临死前留下一句"干死当门田，莫打黄龙泉。"从此黄龙洞一直无人问津。1983年年初，当地村民毛金初组织9位民兵，历经千难万险，终于探明这个世界溶洞奇观的真相。1984年2月破土开发,同年6月成立黄龙洞管理所,年底正式开放。1997年,黄龙洞由北京大通公司托管。1999年11月,由黄龙洞投资有限公司发起运作的世界特技飞行大赛穿越天门洞的活动,与黄龙洞的名字一起远播世界。

黄龙洞已开发的洞内景观面积约20hm²。洞分上下4层,水旱各半,从最低阴河至最高弯顶,垂直高差逾100m。分为龙宫、水晶宫、石琴山、天仙水、仙人掌、响水河、迷宫等游览线。洞内钟乳浮悬、石柱林立,石幔、石花、石瀑琳琅满目,异彩纷呈。

四、实习思考与研讨——武陵源世界遗产的保护

武陵源是以自然景观为主体的风景名胜区和自然遗产,以砂岩峰林峡谷地貌、原始古野的自然环境、博大玄奥的山水氛围、变幻离奇的自然美,在中国名山大川中独树一帜。

(一) 保护历史

武陵源地处湘西北的崇山峻岭中,历史上交通极其不便,文化极其落后,被外界视为"赤县之奥区"(《直求澧州志》),外人很少进入此地,故武陵源不见于经史名篇。据当地《严氏族谱》记载:乾隆、嘉庆(清王朝)之盛,这一带"林木阴翳蔽日,道路俱系羊肠鸟径。出则有虎豹熊罴之兽,水则有双鳞石鲫之鱼"。而"居民不过三二十户"且"土人不知甲子"(《水顺府志》)。他们时而持枪入山,兽物在所必获;时而结网下河,水族顷于盈筥。这种特定的历史,使山水"自动自休,自峙自流……自斗自歇,自崩自缺"全凭自然造化。

清代末年及民国年间,武陵源附近一带曾累遭兵燹、匪祸、灾荒,而景区内沟壑纵横,峡谷幽深,人迹罕至,有峰峭兀云天,空气潮润欲滴,山水林禽兽同生共存。

中华人民共和国成立以后,武陵源隶属慈利、大庸、桑植三个县分管。三县人民政府均注重对这个地区的资源保护工作,建立管理机构,配备设施和人员,封山育林、开山造林,积极地保护这块神奇的土地,做到30年没有发生火灾和虫害,使森林覆盖率达到了85%以上。

自1979年国务院决定将自然风景区作为一个独立的行业管理以后,张家界、索溪峪、天子山都建立了管理机构,负责资源保护和开发建设管理工作。湖南省建设委员会委托北京建工学院、湖南省建筑设计院、中南林学院、同济大学分别编制了《武陵源保护建设规划》,并要求按规划进行保护开发建设。1985年湖南省人民政府为了加强武陵源风景名胜区保护,成立了武陵源风景名胜区管理办公室,直属湖南省人民政府领导,全面负责武陵源风景名胜区的保护、开发和建设工作。

为了绝对保护好这一世界上罕见的宝贵遗产,1988年,湖南省人民政府经呈报中华人民共和国国务院,批准武陵源为国家重点风景名胜区,同时建立了武陵源区人民政府,具体负责武陵源风景名胜区的保护、建设和管理工作。

湖南省建设委员会受湖南省人民政府委托,会同同济大学对武陵源风景名胜区的资源进行了全面普查、评价,重新编制了武陵源风景名胜区的保护、开发、建设、管理规划。同时还编制了护林防火、环境治理等专项规划,建立机构,配备设施,下拨专款,制定资源保护的法规、法令,给依法保护风景资源提供了科学依据。

(二) 保护方法

为依法保护武陵源这一珍贵的世界遗产，张家界市人民代表大会出台了《武陵源管理条例》这一地方法规，以依法保护自然遗产；同时，为了执行多规合一和减少多头管理，张家界森林公园与武陵源风景名胜区合并，由武陵源区人民政府行使武陵源的管理职能，具体负责实施保护管理，强化了武陵源的保护管理。

(三) 资源保护管理计划

遵照国家、省市(自治区、直辖市)相关法律、法规精神，武陵源区制订和实施了保护风景资源和整体环境的管理计划。

1. 宏观保护

①加强宣传教育工作　为了加强保护风景资源的宣传、强化人们保护资源的意识，武陵源多次邀请全国专家学者举行摄影会、画会、笔会、摄影展览、画展等宣传武陵源，使人们认识武陵源奇特的砂岩峰林、古老的生态环境所组成的自然美，在中国名山中独树一帜。它极其珍贵，且十分脆弱，如果遭到破坏将不复存在，保护和保存武陵源自然遗产是当代人的历史责任。为了保护风景资源和自然环境，根据武陵源风景的分布情况，划分了绝对保护区(不准人畜入内)、一级保护区、二级保护区(限制人畜入内)、三级保护区以及外围保护区，并按照级别确定保护措施。在外围保护区内严禁毁林开荒和兴建有污染的企业。对保护区和武陵源风景区毗邻地区内的农业、林业生产，制定了一系列扶持和保护政策，如封山育林、植树造林、综合治理，以创造幽美、清新的生态环境。

②培养人才，加强保护　世界自然遗产管理是多学科的行业，要想按客观规律科学管理武陵源，没有一支多学科的科技队伍是不行的。湖南省委省政府为了保护、开发武陵源，成立了张家界市(原大庸市)，组建了一支含园林规划、动植物保护、环境保护等专业的技术队伍，从事科学研究和管理工作。同时在黄石寨、水绕四门、天子山、宝峰湖等主要景区设立了管理所，配备了100余人，负责护林防火、环境保护等工作，使武陵源的保护、建设、管理走向了科学化、制度化。

③严格贯彻国家有关法规、法令，并制定地方性法规，依法治山。

④严格实施《武陵源管理条例》　这是武陵源实施管理工作的指导性文件。确定了"保护—利用—保护"的开发建设方针，对各项事业的发展制定了严格的保护要求。

2. 微观保护

同时，对景区、景点、古树名木和生态环境的保护管理，实施了一系列的管理计划。

①加强对旅游宾馆的新建控制和环境的综合整治，武陵源景区周边对新建人工设施坚持按规划实施、按程序办事。坚持严格的审批制度，如对建设项目进行初步设计、设计审查和竣工验收。

②建立森林防火队、环境卫生清洁队负责护林防火和垃圾清除。同时还采用以电代煤等改变燃料结构及其他减少污染源的措施，以保护自然资源。

③建立旅游者滞留极限概念，控制游客数量。武陵源为世界上独具一格的自然遗产，鉴于其风景资源和生态环境的特殊性，必须防止超负荷接待。主要办法是宣传武陵源风景

资源的潜能和容量，适度开辟新的景区（景点），疏导游人，控制节假日的游人滞留量，限制社会车辆进入景区。

④对核心保护区，严禁游人入内，对环境负荷臻于极限标准的景区（景点），实行"轮歇制度"，采取短期封闭措施，使其休养生息，恢复生态平衡。

⑤对古树名木建立档案，挂牌管理，由专人负责观测、防虫治病、养护管理，并加强对古树名木复壮工作的研究。

⑥根据武陵源环境特点和容量特点，按"人均容量指标"参数，设计必要的接待设施，以压缩建筑物体量和占地面积。

⑦拆除违章建筑，整顿景区环境，恢复自然面貌。区人民政府建立以来，对所辖张家界、天子山、索溪峪进行了综合治理，拆除了违章房屋，治理了环境。

⑧对景区的污水和垃圾的处理进行了重点研究，提出了综合治理措施，分景区编制了详细的治理规划。

⑨控制景区常住人口，特别是严格控制常住人口的机械增长，以减少对景区的压力和对环境的影响。

⑩组织专线旅游，由管理部门指派训练有素的导游人员，组织游客到某个景区游览。既可以加强游客的管理，又可以控制游客量。

⑪加强森林植物检疫，防止森林病虫害。建立了植物检疫机构，配备森保专业人员，严格禁止带有病虫源及其媒介体的木材及制品进入景区内。

思考题

1. 张家界市旅游业发展以武陵源世界自然遗产为主体，目前宝峰湖景区、茅岩河风景区、天门山风景区等旅游景区也得到了长足的发展。试从发挥武陵源景区的辐射、扩散和带动作用，各景区开发自身潜力，开拓旅游产品，提高吸引力，联合开发旅游线路等方面，思考武陵源景区与张家界市其他旅游景区实行共生型发展模式的可行性。

2. 张家界的旅游发展充分利用武陵源世界自然遗产核心景区的作用，以它为中心向周边进行辐射开发，先后开发了东线、西线和中心城区的多个景区，全方位开发战略已经突显，形成了四大旅游区域，即武陵源核心旅游区、东线旅游区、西线旅游区和中心城区旅游区。请思考这四大旅游区域的功能应如何定位。（提示：如将武陵源核心旅游区定位为休闲和游憩功能。）

3. 在旅游产业链中，旅游景区只是一个环节，目前武陵源景区"游"环节的特色已经很突出，但其他环节特色并不突显，请思考如何彰显其他环节的特色。（提示：对餐饮业，发掘培育湘西特色的民俗饮食文化，推出一批特色鲜明的土家风味饮食；住宿业，提高住宿档次和突出地域文化特色，宾馆饭店既要创星级、上档次，也要突出民族地域特色；购物业，加大对本土特色旅游纪念品、土特产品的研究开发，扶持有研发潜力、有专利技术的企业进行规模化的土特产品开发，整合本土品牌，推出专利产品；娱乐业，根据张家界与湘西的民族文化渊源，把苗族鼓舞、土家摆手舞、桑植民歌等民间文化加以整合，推出具有"土风苗韵"张家界特点的民族歌舞节日。）

第九章 瀑布水乡——芙蓉镇(王村)

一、实习目的

考察芙蓉镇古镇旅游发展情况,了解古镇旅游发展过程中在政府主导、市场主导等各种模式下发生的矛盾与解决路径,讨论现代互联网营销在旅游景区旅游生命周期延长中的作用。

二、实习要求

1. 采用问卷与访谈调查的方法,对游客、旅游经营者、社区居民及管理者进行抽样调查,调查古镇旅游的社会与文化影响;
2. 调查并分析芙蓉镇旅游形象市场感知情况,提出抑制过度商业化发展的相关对策。

三、实习地点与内容

(一)芙蓉镇发展变迁

芙蓉镇位于湘西土家族苗族自治州永顺县,是一座具有两千年历史的古镇,位于酉水之滨,距永顺县城51km。因土家族的彭氏土司王朝建立于此而得名王村,原是秦汉时土司王的王都,古称酉阳,五代十国时称溪州。位于酉水北面,因得酉水舟楫之便,上通川黔,下达洞庭,自古为永顺通商口岸,素有"楚蜀通津"之称。享有"酉阳雄镇"、湘西"四大名镇""小南京"之美誉。据史料记载,清乾隆、嘉庆、道光年间,该地店铺逾500家,每日骡马络绎不绝,货物集散,商贾云集,一派繁荣景象。现因闻名遐迩的电影巨制《芙蓉镇》全部外景均取景于此,故又名"芙蓉镇",于2008年被评为"中国历史文化名镇"。芙蓉镇三面环水,正面临酉水,左傍营盘溪,右依猛洞河,湘西最壮观的酉水河大瀑布飞流直下,又穿镇而过,为这座小镇赢得了"挂在瀑布上的古镇"之美誉。当年,文学大师沈从文泊舟芙蓉镇,被这里的风景所吸引,于是有了这么一段心语:"白河中山水木石最清奇的码头,应数王村……"大师笔下的白河就是芙蓉镇前的酉水河。随着陆路交通的日益发达,作为水陆码头的芙蓉镇逐渐褪去昔日繁荣的景象,而成为一抹远去的烟云。

芙蓉镇全镇总面积为122km^2,镇区面积2.6km^2,辖2个居委会和15个村委会,该镇土家族、苗族、汉族杂居,其中土家族人口占70%以上。芙蓉镇至今保留着当地的民俗文化,"毛古斯"是以土家族历史生活为内容,表演形式极为古老的一种原始祭神歌舞剧,被列入第一批国家级非物质文化遗产名录。芙蓉镇不仅是一座历史悠久的千年古镇,也是融自然景色与古朴的民族风情为一体的旅游胜地,又是张家界—凤凰黄金旅游线上的重要节点、猛洞河风景区的门户,是一个寻幽访古的上佳景点。芙蓉镇北依武陵源风景名胜区,南临湘西自治州首府吉首,既是出入永顺的南大门,又是猛洞河景区的枢纽点。张家界至吉首的张罗高速公路从古镇经过,对外交通较为便利。

芙蓉镇是湘西的四大名镇之一，因得酉水舟楫之便，上通川黔，下达洞庭，自古就有"蜀楚通津"之称，享有"酉阳雄镇"等美誉。

曾经"养在深闺人未识"的王村，因电影《芙蓉镇》的成功，其旅游潜力被发掘出来。芙蓉镇旅游业借此而兴，已然成为牵引当地经济发展的重要力量。镇区四周青山绿水，镇区内曲折幽深的小巷、临水依依的土家吊脚木楼以及青石板铺就的五里长街，处处透露出淳厚古朴的土家族民风民俗，外地游客到此赞不绝口、流连忘返。胡绩伟先生游览猛洞河和王村以后作词赞道："武陵山秀水幽幽，三峡落溪州。悬崖壁峭绿油油，悠悠荡华舟。烹鲜鱼，戏灵猴，龙洞神仙游，芙蓉古镇吊脚楼，土家情意稠。"

（二）芙蓉镇旅游资源

芙蓉镇不仅景观秀丽，而且民族风情浓郁，旅游管理专业综合实习在芙蓉镇计划考察两夜一日，重点对其古镇旅游资源、经营业态及文化旅游的发展形式、阶段进行调研总结，针对现存问题提出富有建设性的专业建议。

1. 五里石板街

石板古街街水沿山，蜿蜒而上，民居参差，古色古香；土家吊脚楼悬崖临水而建，吊脚楼的一端以河岸为支撑点，另一端悬在水面，高高的悬柱立于水中做支撑。这种由正屋、偏屋、木楼三部分组成的木楼很有特点，木栏上雕刻的"回"格、"喜"格、"亚"字格等吉祥图案格外醒目；屋脊均以瓦作太极图形，四角翘檐，玲珑飘逸；吊脚楼一半在河岸上，另一半却是由水泥柱支撑着直插河底，当地人巧借一片水面，建起了独特妖娆的住房。石板街历经千年风雨的冲刷和行人踩踏，早已光滑如镜（图9-1）。石板街两侧店铺鳞次栉比，小饭店、织艺店比比皆是，工艺品琳琅满目，且商铺多数集作坊与商店为一体，往往可以在店内直接看到产品生产加工过程。米豆腐店沿街就有十余家，米豆腐为当地的特色小食，看起来像面疙瘩，是以米为主料经精心配制的食品，切成 1cm×1cm 的小粒，状似蝌蚪，经水沥干，佐以小葱、豆瓣酱等，柔滑酸辣的口味，令人回味悠长。每到夜幕降临，在长街小吃店昏暗的灯光下，鲜美的桂花鱼、肥美的"天下第一螺"、清心透凉的土家族自酿的糯米酒等，和米豆腐一样成为古镇人难以忘怀的美味，总能令游客大饱口福。

图 9-1 芙蓉镇石板街

2. 溪州铜柱

现珍藏于芙蓉镇湘西民俗博物馆内的溪州铜柱极其珍贵,是国务院于1961年公布的第一批全国重点保护文物。铜柱高4m,八棱形,中空,重2500kg,柱面铭文2600多字。这一珍贵国宝是研究土家族、苗族历史文化及中国民族关系史的重要实物见证,同时也记录了五代十国时期当地发生的一场战争。芙蓉镇民俗博物馆内还有手摇脚踏的棉花机、阉猪鸣号的羊角,以及世代相传的雕花牙床等,近百件散发着乡土气息的民间用具比比皆是,展示着土家人丰富的历史。

3. 土王行宫

瀑布旁的"土王行宫"是芙蓉镇的一大亮点,这是一座吊脚楼建筑群,行宫分为酉阳宫和八部堂两大主建筑,是当年富甲一方的土司王的避暑山庄。行宫侧面是悬崖峭壁,宫前溪水长流,飞瀑直泻,气势磅礴。

4. 宗教遗址

芬兰牧师梅先春于清光绪三十四年(1908)来到永顺县设教堂传教。美国籍神父梅怡、鲍世希、惠泽民等传教士也把天主教堂设在了芙蓉镇,这些教堂遗迹如今依在。

(三)芙蓉镇当前主要开发旅游产品

1. 遗产怀旧旅游产品

古街怀旧旅游产品以酉水码头为西端,从水路登岸后,沿石板古街而上,以荷花广场为终点,整个古街游线长约2.5km。古街分3段,即西段古街(从码头登岸至江夏府第);中段古街(从江夏府第至荷花池广场);东段古街(从荷花池广场到古街东出口)。主要体验内容为古镇休闲、影视摄影、作坊购物等。

2. 文博修学旅游产品

结合民俗文化系列主题博物馆,古街成为生动而鲜活地展示土家文化的活博物馆。主要体验内容有文博旅游、专题博物研学等。

3. 土家民俗文化体验旅游产品

对土家民俗文化进行集中展示和展演,主要体验内容有土家民俗、土家宗教、土家节庆等民俗风情。

4. 土家新生活类旅游产品

结合现代人新生活的需求,深度挖掘土家传统文化,开发反映土家新生活类和沉浸式深度体验的旅游产品。主要体验内容有土家美食、土家艺术、土家传统保健等特色旅游产品和古镇浪漫之夜旅游产品。

四、实习思考与研讨

(一)芙蓉镇旅游业发展现状与问题剖析

芙蓉镇的旅游业发展历经自发组织、政府主导和企业运营3个阶段,在不同发展阶段均出过不同的问题与矛盾,需要通过一定的协商和利益分配机制来协调各方的需求。例如,近年芙蓉镇的违章建筑增多,对历史风貌和景观造成严重破坏,古镇风貌逐渐淡化,土家民族风情逐渐消失;古镇的许多建筑被翻新成仿古建筑,存在一定程度的视觉污染;

有些旅游活动与土家文化不协调，不能作为展现土家民俗文化意境的产品等。

总体来看，芙蓉镇的旅游景区规模还有些偏小，市场重游率不高。芙蓉镇的景点整体体量规模不大，游人主要活动于五里石板街，新兴的人文景观不够充分，二次以上到访的游客不多。同时，芙蓉镇的旅游商品过于集中于手工艺品，而且地方特色产品不多，与周边地区的景区存在雷同与相近商品，又因为凤凰古城、张家界等地的市场知名度远大于芙蓉镇，所以芙蓉镇迫切需要打造一条能体现自己特色的旅游商品及相关文创产品的产业链。

芙蓉镇还需要在深度挖掘土家文化的基础上，充分展现丰富多彩的土家民俗文化和古色古香的古镇历史风貌，塑造和推广"千年古镇、水陆商埠"的旅游形象，开发以"古镇遗产休闲游"为主打的系列旅游产品，同时，需要建立的解说系统，对古镇文化进行可读性阐释。

调研时可能会遇到一些其他问题，这就要求学生站在专业视角思考问题产生的根源、处理矛盾的方法与机制建设，努力做到课堂的理论学习与社会实践紧密结合。

（二）新媒体经济影响旅游地形象与产品传播

近年来，由于抖音短视频的传播热度，芙蓉镇通过互联网的网红现象而再次"火"起来。伴随着移动终端、电子货币等在互联网出现，消费者逐渐习惯了网络购物和移动支付，虚拟空间成为现实社会可流量变现的重要场所。互联网时代，用户以微信、微博、抖音等自媒体平台为媒介，随时随地发布、转发和评论焦点内容。公众在互联网上迅速了解现实生活或网络热点，能够在短时间内快速提升事件、人物或地点的知名度（陆九天，高娟，陈灿平，2021）。自媒体和短视频逐渐成为网络营销的重要工具，其作为信息传播载体的价值越来越得到认可。抖音、快手、小红书等短视频直播平台迅速崛起，与传统媒体相比，它们具有更强的亲密性和黏性，能够激发用户与主播之间的情感共鸣；与传统营销手段相比，能够把更多的情感交流融入目的地营销中，从而更加有效地传播目的地文化，更容易打动潜在游客。随着自媒体平台的不断发展和完善，网红现象正在以一种更加多样化的全新营销形式展现在人们面前，如"网红酒店""网红餐馆""网红景点"因为自媒体吸引了越来越多的用户参与全民分享的过程，随着浏览量、点赞量以及大数据的推送，具有极高人气的短视频和直播平台会有针对性地推荐给用户，自媒体平台开始更新用户体验，添加产品推荐等功能，吸引了越来越多商家入驻平台，为用户有针对性地推荐商品；随后，平台将自身、企业、网红、潜在游客连为一体，有效地闭合区间，实现网红营销，提高网红旅游地的热度。

网红现象借助网络媒介的桥梁转变成网红经济，能产生巨大的经济利润。将地方的旅游资源和产品，结合网红人物进行深耕细作，真正引导围观流量并将其转化成实实在在的新经济发展动能，借助网红经济带动当地旅游业整体发展，可为当地带来更稳定且可持续的市场关注。越来越多的旅游者倾向于基于他人的旅游体验做出出游决策，希望从其他旅游者的旅游过程和评价中了解旅游目的地的真实信息。可充分使用新媒体进行网络营销，Facebook、Twitter、Instagram等社交平台可以为国际游客创造消费体验和评价的虚拟沟通社区。游客不仅在这些社交平台上获得了有效的旅游信息，而且在积极互动中形成了对旅游地的初步印象，通过更直接、更深入、更多元的方式强化旅游形象。有研究表明，游客对网红旅游地普遍持有良好的目的地形象，认为网红旅游地的某些特质能够满足其心理需求，或者通过网红景区"打卡"能够获得社交认同，这种心理预期有助于提升游客容忍度，使游客获得较高的满意度评价及重游或推荐意愿。有些游客为了获得社交认同，在旅游体验不佳的情况下依然在社交媒介上发布积极评价，"势利忠诚"也能为网红景区带来更多流量（周学军，吕鸿江，2022）。网红旅游地打卡行为使社交媒体成功拓宽了旅游消费的空间和领域，构建了一个复合"个性"与"从众"的新型旅游消费市场，这个潜在市场涵盖了极大的消费者和社会阶层跨度。

旅游类短视频按照生产内容的不同和生产用户的不同，主要分为 UGC（用户生产内容）旅游打卡短视频和 PGC（专业生产内容）旅游短视频，自媒体用户为了再度博取关注度，会开拓新的网红旅游景区，逐渐地，旅游企业、旅游部门会更加主动地刻意打造短视频"网红"，甚至利用自媒体平台，建立自己的官方营销账号，发布高品质的短视频和文案，因此，通过 PGC 旅游短视频打造网红旅游地能够从中受益。但与 PGC 相比，UGC 旅游打卡短视频对区域性旅游业发展和旅游形象塑造影响会更大，UGC 能激发受众进行分享传播的内生动力，具有更强的身份认同感，会让旅游社交平台变得更有温度，不断增强客户黏性，通过受众自发的传播，不断激发人们探索目的地的兴趣，使旅游市场营销的效果能够最大化（吴耀宇，2018）。

在移动互联网时代，人们对信息的获取和分享更加便捷，人们也逐渐习惯通过短视频来了解和确定旅游目的地。随着越来越多的消费活动由"实体空间"（the real）延展或转移到"网络空间"（the virtual），今后的旅游市场营销，要深入研究游客基于网络和手机的行为习惯和决策路径，明确各类新媒体营销方式的优缺点，在不同年份、不同时段，针对不同目标受众的特点和行为属性，选择最佳的营销方式。

第十章　漂流旅游产品体验地——猛洞河

一、实习目的

通过参与式体验学习漂流旅游产品，了解漂流产品设计要求，掌握旅游安全管理知识及监管要求。

二、实习要求

1. 体验猛洞河漂流旅游产品，考察其产品现存问题，思考质量服务提升措施；
2. 基于主客关系视角，访谈旅游发展利益相关者，调查互动式体验对旅游产品游客参与性与市场满意度的影响；
3. 研讨旅游安全管理相关责任方可能实施的政策与措施。

三、实习地点与内容

(一) 猛洞河漂流体验

漂流旅游(rafting tourism)是一项集观光、休闲和惊险体验于一体的特色旅游项目，不仅满足游客与自然接触的需求，还代表着一种爽快的愉悦体验。漂流旅游产品主要是以自然河流的大型生态漂流为主，乘坐橡皮艇竹筏等，带领游客探寻大自然的奥秘，亲近自然，受到游客的普遍欢迎。游客置身于激流缓滩中，峰回路转，有惊无险，感受急流、瀑布、漩涡、水位落差和地势起伏跌宕带来的快感，游客相互泼水、嬉闹，感受大自然带来的刺激体验，享受身在其中的无限乐趣。

猛洞河位于湖南省湘西土家族苗族自治州境内，地跨永顺、古丈两县，因其位于龙山县猛必村的源头处有一洞，水从洞内流出，故名猛洞河。猛洞河为酉水支流，全长逾200km。猛洞河漂流景区位于湖南省湘西自治州永顺县境内，全长17km，风景优美、滩险流急，成为全国漂流旅游的胜地，著名社会学家费孝通先生誉之为"天下第一漂"。猛洞河漂流由哈妮宫起漂，到牛路河结束。漂流全程17km，沿途经过捏土瀑布、回首峡、落水坑瀑布等十余个景点。司河是猛洞河最主要的支流，河道狭窄，水急滩陡，两岸峭壁刺天，古木森森，浓荫蔽日，风光迷人。哈妮宫位于司河中游，从哈妮宫出发，途经捏土瀑布，前面便是回首峡，滩陡水急，河道狭窄，橡皮舟上下抛跌，左右猛拐，惊险刺激，畅快神奇。落水坑瀑布是猛洞河景区内最大的瀑布，落差220m，飞流直下，溅珠喷玉。瀑布下面有一水潭，俗称落水坑，瀑布因此得名。过了落水坑瀑布，河水稍显缓，一路搏浪闯滩，惊心动魄，至此可以缓一口气。过了猴儿跳瀑布，河面渐宽，水平如镜，至牛路河大桥，漂流结束。从哈尼宫起漂下来的游客可上岸乘车去王村(芙蓉镇)。有惊无险、紧张刺激的猛洞河漂流多年来吸引了国内外四面八方的游客到访，拥有巨大的潜在消费群体。

(二)猛洞河漂流旅游产品发展现状调研

猛洞河漂流产品由旅游开发公司经营,目前漂流旅游区的旅游配套设施不是十分充足,漂流起始站哈妮宫码头空间比较狭小拥挤,拥有充气橡皮筏和游船,漂流河道沿途的临时歇脚点提供少量餐食服务,设施比较简陋。能提供160个床位的猛洞河宾馆坐落在牛路河漂流出口处,设有会议厅、餐厅、舞厅及美容保健等设施。对外旅游交通方面,从王村(芙蓉镇)到哈妮宫的西哈公路为乡镇级公路,路面狭窄,旅行大巴车行车经常遇到错车较困难的情况。

四、实习思考与研讨

(一)漂流旅游产品开发影响因素

早期的研究一般将漂流旅游作为隶属于探险旅游(adventure tourism)、水体旅游(water-based tourism)、自然旅游(nature-based tourism)、生态旅游(ecotourism tourism)、乡村旅游(rural tourism)及体育旅游(sport tourism)的一种旅游活动类型进行探讨。漂流是旅游者直接参与的旅游活动,在乘坐漂流筏时,既可以观赏沿途的美景,又可以亲自参与与江河的搏击,体验漂流的刺激,体验大自然的力量,具有极高的参与体验性。现在,漂流旅游已经成为一种大众旅游产品,是普通旅游者获得与亲朋好友共度时光、结识新朋友、以令人羡慕的"探险者"身份获得尊重等旅游体验的主要形式之一。因此,优质的漂流体验是通过漂流设计、沿途风景营建、游客适度参与等多因素共同作用形成的一个结果。

漂流旅游产品开发受自然环境、游憩者需求、社会经济发展等诸多因素的影响。漂流旅游产品一般季节性较强,受季节性影响很大。由于流水量受季节影响大,漂流的季节性特征非常明显。一般来说,大型河流雨季水位上涨会使漂流旅游无法正常开展,中小河流在枯水期和结冰期也无法开展漂流活动。在进行漂流旅游产品开发时,应该既对自然条件(包括对河流的斜坡、平整度以及河流构造、河床宽窄度)进行充分考虑,也对河流体积顺流而下的水量进行考察。在进行漂流旅游产品开发时应该保证河流落差处于合理地段内,保证漂流的安全发展;应该选择河段较为平整的地段,保证漂流的稳定运行;选取河流较为宽阔的河段发展漂流活动;还应考虑对河流中的水生动植物的保护,保证河流水的清洁、无污染。此外,漂流从业人员的素质和安全设施配备情况也是影响漂流旅游产品开发成功与否的重要因素。

(二)漂流旅游产品安全管理

漂流作为高风险的一个旅游项目,可以让游客在体验刺激的同时观赏河流两岸的自然人文风光,在给游客带来刺激和快乐的同时,也让游客置身于安全风险的考验中。在有效的监督和管理中安全、有序、有品质地运行,是漂流旅游产品开发时必须首先重视的问题。

加强漂流安全管理,不仅要提高硬件设施的质量,还要从组织的角度、从多方面加强安全管理。

1. 加强游客教育

要加强培训漂流游客的"硬技能"。"硬技能"是指游客具备的漂流技能和急救培训等必备技能。

在漂流准备阶段，游客应根据自身身体素质选择是否参与漂流，应了解天气变化情况，树立漂流安全保险意识，做好安全防范工作，将自己的权益损害降到最低程度，并进行必要的漂流技术和自救知识学习，做好必要的着装和物品准备，不可贸然行动；漂流过程中应严格遵守漂流公司的安全要求，听从工作人员的指导，切勿擅自行动，同时做好应对漂流风险的心理准备，减少漂流刺激给自身带来过度的心理和生理压力，防止因过度惊慌或体力不支等造成的漂流风险，防止坠落水中等意外发生。

2. 旅游经营者加强风险管控

漂流旅游经营者应通过网络、景区解说为游客提供详细的漂流安全注意事项，提供近日天气变化和河流环境变化，指导游客提前做好漂流安全防范准备，漂流公司在下水前对游客再次进行漂流必要的安全教育。依据水量和急流等级，对漂流产品进行风险管理，对员工进行安全行驶、检查设备、协调游客、执行安全条例、执行抢救和应急操作等专业化培训。以安全为第一标准，慎重选择漂流船只；保证头盔、救生衣、潜水服、应急抛绳、安全带等装备齐全。高水位情况下的漂流活动会让事故发生几率大增，经营者应制定最高水位限制对策；采取适当的、必要的人身保险措施（赵飞，章家恩，陈丽丽，2014）。

3. 管理部门加强监管部门

应从保障旅游者人身安全出发，完善漂流旅游监管制度，加强对漂流景区的引导。可以考虑引进先进的漂流分级制度，制定相应的分层次监管制度，对各等级的漂流产品开发进行指引。推动漂流导游认证与考核制度的建设，导游应通过管理部门组织的文化知识与技能考试方可上岗，并为在岗导游提供定期培训。

（三）互动体验是漂流旅游产品常见形式

"刺激急流的体验"则是影响漂流旅游产品市场满意度的主要因素，游客互动在漂流中是非常常见的。有相关研究表明，有90%以上的游客会在漂流体验时与其他游客发生互动。游客互动形式包括语言交流和行为互动，游客通过互动交流进而达到情感上的交流。这些旅行者之间有相似的动机，所以交流互动起来会很容易。当然有些游客并不喜欢被打扰，也不喜欢和其他人进行互动，但在漂流旅游中这种情况并不常见，不喜欢被打扰的游客通常会选择去一些安静的景区，并不会选择类似漂流的旅游活动。一些旅游者进行漂流旅游体验的目的就是体验新事物、寻求刺激，而游客间的互动会增加游客的愉悦感和刺激感，游客会更享受漂流体验。漂流游客之间从刚开始彼此陌生到完美交流和互动，只需要一次泼水、一次合作或是相互鼓励和帮助。在漂流过程中，漂流者会体验到恐惧、兴奋和自信，并且乐于克服各种挑战、从中获取乐趣（李卓，解雨萌，胡迎春，2018）。

第十一章　工业遗产更新与活化利用示范——朱砂古镇

一、实习目的

了解旅游发展促进资源枯竭型地区经济转型发展的方式与途径，总结分析朱砂古镇发展的成功经验，思考文化旅游融合发展在工业遗产活化、城市资源再生中所发挥的作用，理解旅游业对资源枯竭型地区经济振兴的促进作用与推动效力，总结工业遗产旅游产品设计方法与相关经验。

二、实习要求

考察资源枯竭型工业遗产资源活化的典型案例，理解矿山公园、遗产博物馆及工业遗产区的再生和产业组织形式；讨论文旅融合对资源枯竭型地区产业转型发展的促进作用；完成朱砂古镇旅游经营者的访谈或问卷调查，基于利益相关者视角分析各方的发展需求与利益协调机制构建。

三、实习地点与内容

(一) 朱砂古镇的发展历程与渊源

朱砂古镇位于贵州省黔东地区铜仁市万山区，与玉屏县、湖南怀化市相邻。朱砂古镇曾经是我国规模最大的汞矿产地（原万山汞矿），汞的储量及产量曾居全国第一、亚洲第二、世界第三，享有"中国汞都"的美誉。相传在西周时（公元前1100～前771年），有梵氏女子在崖壁上沿着丹脉敲凿取丹，将凿得的丹砂献给武王，武王服之，不仅治好了心悸不宁的毛病，而且神清气爽、面色红润、智慧超人、体力倍增，便敕封产丹之山为"大万寿山"，在元、明、清代简称"大万山"，民国开始简称"万山"。自秦汉采掘朱砂始，万山的汞矿开采冶炼史已逾2000年。作为重要的自然资源在生产作业时期为国家创造了巨大的经济价值。20世纪50年代以来，万山累计生产汞和朱砂逾3万吨，上缴国家利税逾15亿元，为国家偿还苏联外债作出巨大贡献，当年被周恩来总理称作"爱国汞"。但由于长时间超负荷开采、后期投资失败等，于2001年10月18日申请了政策性破产，自此万山汞矿的自然属性也落下帷幕。2002年因资源枯竭而全面关闭破产。自1985年被列为贵州省文物保护单位，万山汞矿就开始逐渐建立自身的遗产体系，基于它完善的遗产类型，是所在省区内甚至国内为数不多的工业遗产的典范，在2012年就被列入中国世界文化遗产预备名单。2012年7月6日，西班牙、斯洛文尼亚联合申报的"水银遗产——阿尔马登与伊德里亚"项目申遗成功，由于相近类型的遗产在世界遗产名录中重复性较少，直接导致万山汞矿工业遗产申遗项目暂时停滞，但它作为工业遗产进行保留是极其正确的，是研究汞业发展不可多得的科技史、经济史和社会发展史（闫俊，2021）。

2009年3月，万山区被国家列为第二批资源枯竭型城市，也是贵州省唯一享受资源枯竭型城市转型政策的地区。2013年5月，习近平总书记对万山转型发展作出重要批示，鼓励万山加快推动转型可持续发展。2015年，万山引进江西吉阳集团，投资20亿元对朱砂开采遗址进行整体连片开发，建设中国第一座矿山休闲怀旧小镇——朱砂古镇，努力把朱砂开采遗址打造成全国工业文化的精品典范和矿业遗址的示范。经过多年的打造，目前朱砂古镇旅游业态已经初具规模，能够为大众观光游客、康养旅居游客、研学团体及党团建设提供不同的文化旅游产品。如今，朱砂古镇已经形成了以5km²的汞矿遗迹为核心的景区，包括万山汞矿工业遗产博物馆、苏联专家楼、黑硐子、仙人洞古代采矿遗址、时空隧道、玻璃栈道等25个景点。古镇内初步形成了集朱砂工艺品、餐饮、酒店、休闲娱乐于一体的景区服务体系，年接待游客超过600万人次。此外，万山区还建成朱砂工艺品产业园，把全区28家朱砂工艺品加工企业聚集起来进行集中生产，建成全国最大的朱砂工艺品线上线下交易中心，年产值突破6亿元，吸纳就业创业2000多人。至此，朱砂古镇完成了从资源枯竭地区向文化旅游转型发展的华丽转身（曹雯，2021）。

（二）调研对象与调研重点

1. 朱砂古镇发展的旅游产品

朱砂古镇以申报世界文化遗产为抓手，以工业文化旅游为核心，深入挖掘丹砂文化，已建设万山矿山综合服务区、万山汞矿创业展示区、三角岩工业文化生活区、汞矿坑道展示区、万山大观园和矿山休闲远动体验区，成为集工业文化体验、宗教文化旅游、户外远动、康体养生、休闲度假等功能于一体的工业文化旅游生态休闲度假区。

（1）万山汞矿工业遗产博物馆科普研学

万山汞矿工业遗产博物馆位于万山镇土坪社区，由原贵州汞矿矿部办公大楼改建而成，共5层，建筑面积逾3500m²，2007年5月4日成立万山汞矿博物馆（2011年9月更名为万山汞矿工业遗产博物馆），博物馆可利用楼层为三层，面积逾2400m²，其中，一楼为序厅，设有万山汞矿沙盘模型、形象墙、贵宾室、多功能厅、会议室、办公区；二楼为陈列厅，主要陈列、展示世界和中国汞矿资源分布情况及万山汞矿采冶历史，重点为贵州汞矿历史及产品；三楼为演示厅，主要陈列、演示万山地域的民族风情、人文景观及自然资源（图11-1）。

（2）新时代爱国主义教育基地红色体验

新时代万山爱国主义教育示范基地展示馆总建筑面积5395.95m²，展陈面积2000m²，共分"序厅""红色万山""丹心报国""万山担当""冰雪中的温暖""转型中的困惑""前进中的灯塔""新思想引领新征程"和"新时代新万山"9个部分，将万山朱砂文化、红色文化元素融入其中，充分展示了万山实施"两个转型"发展战略、认真践行五大发展理念所取得的巨大成就。

（3）丹砂谷道生态体验

丹砂谷道是核心景区的统一称谓，包括岩鹰窝、时光隧道、水墨丹青、万丈深渊、狗擎岩观景台、威灵寺、仙女石、仙人硐、董郎石、仙人床、英法水银公司遗址、黑硐子、

图 11-1　依托矾矿旧址建设的时光隧道体验项目

玻璃栈道、水井口等景点。

(4)"那个年代"场景体验

将汞矿职员的住宅区、原苏联专家楼、科研所、大礼堂、电影院、原矿区道路进行重新修缮，在对原有工业遗产保护的基础上，进行升级改造，通过人文塑造还原生活场景，打造"那个年代"旅游景区。该景区完好地保存了20世纪50~80年代的老建筑，按照国家5A级景区标准进行了局部修整，既完整保留了20世纪矿工住宅及苏式风格建筑，又存下了那份不舍的乡愁和记忆，国营照相馆、国营蔬菜公司、职工食堂，一件件老东西展现在眼前，将游客一下子拉入20世纪五六十年代的生活场景。在这里，可以感受当时为国分忧、艰苦奋斗、无私奉献的时代精神；重温"中国汞都"在国家艰难时期做出巨大贡献的光辉历史；寻找那些年匆匆逝去的青春；感受历史缓缓前行的轨迹(图11-2)。

(5)放下云居度假体验

放下云居采用"忘忧、裸心、放下、回归"的开发理念，回归简单自然。近处青石古木、红枫争叶，远处崖上廊桥、空谷幽怀。在此度假可以远离喧嚣、淡忘烦忧、虚怀若谷，深切感受"一念放下，万般自在"的悠远意境。

(6)悬崖泳池休闲游憩

万山悬崖泳池临悬崖而建，距悬崖底部逾200m，从泳池朝下眺望，景区栈道、远处风光尽收眼底。泳池分为儿童区、浅水区、深水区，在太阳的照射下波光粼粼，3个游泳区域。

(7)特色旅游购物

依托万山朱砂工艺产业园，打造了万山朱砂工艺品、竹雕工艺品等旅游纪念类商品，开发了以蜜枣、糯米酒、刘姐薯片、兴隆粮油、跑山牛、笋干、蕨根粉、葛根粉等为代表的土特产类旅游商品。

图 11-2　朱砂古镇的街景

2. 朱砂古镇的旅游发展相关策划

一座世界文化遗产：推进朱砂古镇申报世界文化遗产，争取早日实现，提升朱砂古镇的世界知名度及品牌价值。

一座国家5A级景区：推进朱砂古镇创建国家5A级景区，提升朱砂古镇的产业发展价值。

一座国家文化产业示范基地：依托朱砂古镇及朱砂文化，引入影视拍摄、旅游商品、文化创意、休闲度假、休闲娱乐等业态，将朱砂古镇打造成铜仁全域旅游文化产业中心。

一套朱砂形象IP：深挖朱砂文化内涵，创意设计朱砂特色IP系统，强化IP文创产业的开发价值，衍生朱砂文创、朱砂影视、朱砂动画等产业。

一场大型文化汇演：策划一场展示朱砂文化内涵以及万山朱砂产业发展历程的大型文化汇演《千年丹都·朱砂古镇》，作为朱砂古镇夜间旅游的核心吸引力。

一系列精品体验项目：在现有悬崖酒店、玻璃栈道、高空溜索基础上，继续深化开发古洞探秘、崖壁佛影、地下迷宫等精品项目，不断更新朱砂古镇业态项目。

四、实习思考与研讨

(一) 矿山等资源枯竭地区产业转型发展中旅游业的角色

我国是一个矿产资源大国，矿产资源储量和消耗量均居世界前列。矿产资源需历经亿万年的地质作用才能形成，它的枯竭对矿区当地经济的可持续发展和矿区工作人员再就业造成了很大压力。如果矿业城市中的矿产经济组分不能被其他经济组分替代，实现经济转型，矿业城市必将随着矿产资源的枯竭而没落。旅游化不仅能有效利用矿山开采遗留下来的各类资源，而且能转变当地经济发展模式、改善生态环境，对推动资源枯竭型城市经济转型、促进矿区工作人员再就业、保护矿产地质遗迹、弘扬工业文明和矿业文化具有重要意义(陈康亮,刘长武,时松,等,2019)。目前我国有90多个资源型城市,很多面临着"矿竭城亡"的转型危机。矿山的旅游开发主题特色涵盖环保、文化中心、音乐厅、酒窖、教堂、仓库、地质教育等,应当结合地质条件、地理条件、矿山既有条件,挖掘潜质,增强识别性和可持续性(戴佳铃,李晓昭,陈家康,等,2021)。

越来越多学者认为旅游业能够成为资源枯竭型城市新的经济增长点,将对资源型城市可持续发展产生巨大推动作用,随着各地工业遗产旅游项目的兴起和全域旅游发展理念的广泛普及,旅游业也被广泛定位为促进资源枯竭型城市转型的战略工具之一。旅游业能够有效解决资源枯竭型城市工业企业下岗职工的再就业问题,同时,通过发挥旅游业的综合带动能力,能有效吸纳资源枯竭型城市的剩余劳动力存量,缓解城市人口就业问题,提高城市人均收入水平,进而增强城镇居民消费能力,促进城市经济增长。随着旅游产业逐步发展壮大,城市旅游品牌影响力持续扩大,旅游市场规模不断扩大,资源枯竭型城市旅游消费需求迅速增长,成为城市经济振兴的重要推动力。同时,在旅游消费效应的带动下,越来越多的社会资本介入资源枯竭型城市旅游项目建设中,带动了旅游相关产业和基础设施投资,有效推动了资源枯竭型城市的经济复苏与振兴(张大鹏,聂亚珍,王巧巧,等,2021)。

(二)文旅融合,促进工业遗产地复兴

朱砂古镇汞矿遗迹作为国家矿山公园和世界文化遗产预备名单入选者,是我国工业遗址资源中的佼佼者,不论从资源品质、基础设施、产业特色,还是区位条件,朱砂古镇都具备了良好的文化旅游开发潜力(熊正贤,2019)。在文化旅游融合发展道路上,朱砂古镇提供了很好的样板,通过工业遗产的场景活化,给游客带来更加沉浸式的旅游体验,不断提高接待能力,进一步提升以朱砂为主打的文化旅游商品、文创产品,以旅游产业带动朱砂产业,同时,积极打造旅游线路与配套产品,使工业遗产地成功实现产业转型发展。

第十二章 湘西明珠——凤凰古城

一、实习目的

考察凤凰古城旅游发展情况，了解古城旅游发展过程中，在政府主导、市场主导等各种模式下发生的矛盾与解决路径，讨论现代互联网营销在旅游景区旅游生命周期延长中的作用。

二、实习要求

采用问卷与访谈调查的方法，对游客、旅游经营者、社区居民及管理者进行抽样调查，调查古城旅游的社会与文化影响，调查并分析凤凰古城旅游形象市场感知情况，提出抑制过度商业发展的相关对策。

三、实习地点与内容

(一) 凤凰古城概况

凤凰县位于湖南省西部边缘，西邻贵州省松桃县和铜仁市，东与本省泸溪县相连，北与花垣县、东南与麻阳县为邻，属湘西土家族苗族自治州。凤凰县古城是一个较小的山区县城，具有典型的山城地貌特征，地形十分复杂。其东部及东南角地带海拔低于500m，地貌类型以低山、高丘为主，兼有岗地及部分河谷平地，地表物质主要为红岩；从东北到西南的中间地带海拔500~800m，地貌类型以中低山为主，地势较平缓开阔，地表物质以石灰岩为主；西北部海拔高于800m，地貌类型主要为中山，地势较缓和，地表物质也以石灰岩为主。这种多变的丘陵地貌，导致当地可利用土地资源相对紧张，从而在当地大量出现了土地集约使用的建筑——吊脚楼。

湘西的地域文化充满着神秘色彩，凤凰，一如她名字般美丽而神奇，这座曾被新西兰作家路易·艾黎称作中国最美丽小城之一的"凤凰古城"，始建于清康熙年间，这颗"湘西明珠"是名副其实的"小城"，小到城内仅有一条像样的东西大街。凤凰县古称镇竿，位于湘黔边境湘西自治州境内，现有人口37万，是一个以苗族、土家族为主的少数民族聚居县。春秋战国时属楚地，秦属黔中郡，唐设渭阳县，元、明设五寨司，清设厅、镇、道、府，成为湘西军事政治中心。凤凰古城属于苗族聚集区，城内岩石板铺成的街道纵横交错，古朴雅致，仍保留明清时期的原貌。沱江两岸多飞檐翘角的吊脚楼、有戏剧"活化石"之称的傩戏、流传数百年的苗族蜡染等至今光彩照人。

凤凰古城分为新旧两个城区，老城依山傍水，清澈的沱江穿城而过，红色砂岩砌成的城墙伫立在岸边，南华山衬着古老的城楼，清朝年间的城楼仍然威武地守护着这块宁静如处子般的土地。北城门下宽宽的河面上横着一条窄窄的木板桥，以石为墩，两人对面都要侧身而过。最具特色的是沱江边一幢幢古色古香的吊脚楼，最初这里是穷人住的地方，没钱置地安家的人们不得已把房屋悬在河畔,可如今的吊脚楼大多已非本地人居住,细脚伶仃的吊脚楼充斥着商业的喧嚣,人们更多是从古城的肌理中感受着它那沉甸甸的历史。2002年,凤凰古城被国务院命名为第101座国家级历史文化名城。

1. 凤凰古城历史沿革

凤凰古城因西南有山如凤形而得名,历史上这里被称作"西托云贵,东控辰沅,北控川鄂,南扼桂边",是"牵一发而动全身"的黔楚"咽喉",是通往大西南的交通要道,为历代兵家必争之地。凤凰古城早在东汉时即为武林郡五溪蛮地,后经历代变迁,至民国三十一年(1942年)改为沱江镇,至今有近3000年的历史。古城北临沱江,东南濒护城河,西部筑城于山丘上,四周群山环抱。古城东有青龙山,南有南华山,西有凤凰山,北有雷草坡。沱江水穿城而过,使得凤凰城更加美丽神奇。

凤凰古城有着深厚的文化底蕴,人口有一半以上为苗族。农耕文化、楚巫文化和传统文化在这里相互渗透、水乳交融,形成了古城特有的地域文化氛围。

2. 凤凰古城建筑特色

凤凰古城原有东、西、南、北4座城门,东门现保存完好。城内外尚有不少名胜古迹,如文庙、三王庙、武侯祠、文昌阁、笔架城等。城的四周青山环抱,沿沱江的风土圈由自然风景、古建筑以及风土陈迹组成。黄丝桥桥石粗犷,雄浑简朴,是进入凤凰古城的门户。沱江似青蛇蜿动在黛色山峦间,清澈的江水翻起阵阵涟漪,闪烁着翡翠般的光泽。两岸一排排灰色的吊脚楼倒映水中,凤凰城楼的剪影在浅蓝色的炊烟中显得庄重而神秘。

凤凰古城的建筑特色可归结成一句话:"背水、面街、人家。"古城"四湖环绕于外,一镇包涵于中",是古代风水学中的上善之地。山区以山为龙,平原则以水为龙,这是我国古代"觅龙求吉"的信奉,实际是热爱山水的审美观。这种审美观不仅向往自然山水之大成,更是"阴阳相济"的古代环境生态意识。地是生存的必要条件,山可生林木、禽兽,又有矿藏、石材,山还有防护功能;水更是生存之本,也是古代文人"寄情山水"之故。水口指城镇的入水口和出水口,但主要指出水口,凤凰水口方位在东南方,因为"雾位为江湖之咽喉,水口之关锁"。风水认为水乃财富、财源之象征,为了留财致富,所以镇以桥台、楼、塔等建筑物以增加锁钥气势,不让肥水外流。这实际上是交通的功能需要和环境的装饰,还辅以树、亭、堤、塘作为镇物。更是为了美化环境,提高环境质量,以树木、水面作为软质景观,而以亭、塔、桥等建筑作为硬质景观。刚柔并济,构成了一幅水面映倒影的丹青画面,也颇有"桃花源"式的美景因式。为了表达更高层次的人文追求,以文昌阁、文庙等建筑物作为古城环境的精神追求,反映了中国古代对文化教育的重视,"金榜题名"乃封建社会知识分子的最高追求。这些建筑物标榜了文人功德。这种空间序列对人的视线有导向作用,而且在水口地势的低处镇以高大建筑物也平衡了自然景观的构图中心,满足了人们潜意识之中"格式塔"的需要。

3. 凤凰古城文化特色

历史上的苗汉斗争风起云涌,镇压与反镇压从未间断。为防止苗民造反,自明清以来,凤凰古城都有重兵把守。离凤凰县城不远处有一片石砌的黑房子,当地人称为"黑营盘",是当时明军和清兵驻军的大本营,也是镇压苗民的指挥部。长期以来,这些驻军和苗民相互摩擦又相互依赖,相互斗争又相互演变,于是便形成了一种特殊的生存空间。而具有磁力的汉文化却悄无声息地影响和启蒙着苗民，聪明勤劳的苗民天生具有惊人的创造力，他们从汉人身上学会了建筑、纺织和艺术。于是，一种土著文化开始形成，并一代一代流传下来，便有了今日的凤凰文化。凤凰文化是经过一次次血与火的洗礼发展起来的特殊的民族文化，是刀光剑影下再生的文化。直到中华人民共和国成立后，苗汉斗争才宣告结束，苗人和汉人平等地生活在这座城堡，凤凰的天空才是一片平安祥和的天空。

凤凰人最讲究凤凰特色，无论是凤凰的布汇、纺织、针绣、手工艺品，还是衣食住行，都带着一种浓浓的凤凰文化特色。这种文化特色贯穿了整个凤凰人的心，烙上了凤凰的印迹。所以无论走到哪里，凤凰人都以凤凰而自居。

凤凰重要历史人物众多。熊希龄（1879—1937年，字秉三，凤凰镇筸人），民国二年（1913年）8月任国民政府第一届内阁总理。陈渠珍（1882—1952年，号玉鍪，凤凰县城人），民国十年（1921年）为湘西巡防军统领，民国二十七年（1938年）为沅陵行署主任，1949年为湘鄂边区绥靖副司令，新中国成立后为全国政协第一届二次会议特邀代表，随后增选为第二届全国政协委员，并被中央人民政府任命为湖南省人民政府委员。沈从文（1902—1988年，凤凰镇筸人），当代著名文学家、物质文化史专家，著有《沈从文文集》与《中国服饰文化研究》等。黄永玉1924年出生于湖南省凤凰县，土家族人，受过小学和不完整初级中学教育。少年时期就以出色的木刻作品蜚声画坛，被誉为"中国三神童之一"，十六岁开始以绘画及木刻谋生，曾任瓷场小工、小学和中学教员、家众教育馆员、剧团见习美术队员、报社编辑、电影编剧及中央美术学院教授、中国美术家协会副主席。

4. 凤凰古城城镇空间特色

凤凰原住民在营建家园时，巧于因借，不仅从功能、经济等因素出发，还注入了城镇美学观点。他们选择优美的环境作为城镇建设用地。把环境视为一个广阔、开敞的空间，城镇即置于其中；这个空间为凤凰古城的建设提供背景。清澈的河流、连绵起伏的群山、郁郁葱葱的山林、婀娜多姿的峭壁奇峰或为群峦所限定的开阔地，都为他们所用，使凤凰巧妙地与自然环境相结合或为自然所环抱。如果说路径的延续与伸展有人为因素的话，那么江河的线型则完全是自然的。湘西为数众多的村镇是沿着江河伸展开来的，一般都选在河湾的凹处或交叉处，忌讳设村于凸处，源于风水择地术中的吉凶观念，实际上这对于形成围合城镇景观以及防洪也都是有利的，凤凰就是一个典型的例子。

凤凰吊脚楼的群体景观，以临河的最为生动。沿河商户三开间小楼，邻户用马头山墙相隔，鳞次栉比，挑出的吊脚楼，形成有节奏的横向分割。有的吊脚楼伸出河面较远，需加以支撑，长长的原木自由向下竖向支撑，垂落在河床裸露的岩石上。沿岸的建筑、河岸，与阳光、阴影构成了一幅动人的景色。间有苗女身着民族服装在江边洗衣，或是依偎着栏杆沉思，形成了饶有风趣的人文景观。

凤凰景观核心所在，即沱江沿岸的建筑群体。沿江前店后宅的建筑连绵不断，对河面来说是封闭的，但是通过建筑群体组合和单体建筑的巧妙安排，把城和水紧密地联系起来。沿江有埠头，一般设在底层，并伸向河面，便于运送货物。楼上部分对于家庭人口多的商户仍为住房；人口少的则将其作为绣楼或客房，也有的用作旅馆。临河的一面均有较大的露台挑出水面，形成了具有凤凰特色的吊脚楼群。

(二)凤凰古城基本特征

1. 凤凰古城脉络

凤凰古城受其环境之孕育,自身的脉络不断地健全与成长,城市的肌理、格局无不透着浓郁的地方特征。凤凰古城在其独特的地域环境和鲜明的民族历史文化影响下,以其特有的风采跻身于全国历史文化古城之列(图12-1)。

2. 凤凰古城城市肌理

湘西的民族人口构成,自古多以土家族、苗族为主,但因为文化冲突及统治阶级的管理需要,凤凰古城一直作为镇苗军政重地存在。民国以前,凤凰城内的居住者多为汉族人,当地苗族、土家族人则只允许生活在城外。其中,土家族人数少且多居于深山,因此,古城的建筑形态主要受干栏式建筑形态及苗族民俗文化影响而成,如苗族人把牛角作为民族图腾来崇拜。因此,无论是在服饰、蜡染等物品的装饰处理,还是在其民居的某些结构部件的装饰处理方面,都常常选择牛角作为表现题材。此外,由于凤凰古城自清代以来的统治阶层多以江西籍的汉族人为主,为迎合其喜好,故其建筑形态又不可避免地融入了徽派建筑的某些特征,如山墙、屋脊的处理手法,白墙黑瓦的色彩倾向等。另外,由于受经济条件的制约,出于最质朴的互帮互助的人性思考及生存、生活需要,凤凰古城的建筑和街巷多以简洁的形态呈现。由此可见,正是由于不同民族及地域文化的交融,造就了凤凰古城的独特面貌和艺术气质。

(1)街巷

街巷是凤凰城镇空间的重要组成,但它从不单独存在,而是与建筑和四周环境共存的,根据人们走向的需要并结合地形特征,构成了主次分明、纵横有序的古城流通空间。次要街巷沿着主要街道的两侧,向四周扩展延伸至每幢建筑或院落的门口处,就像一片树

图12-1 凤凰古城风貌

叶的叶脉，主脉联系着条条支脉，支脉又联系着每一个叶片细胞，古城的街巷就这样将城中的每一幢建筑联系起来。街巷还影响着建筑的布局、方位和形式，并使村镇生活井然有序，充满活力。街巷延伸到哪里，建筑及公共设施也会跟随至此。

灰色调的住宅院墙使幽深的窄巷变得更加深远，错落不等的灰色瓦檐装点着住宅墙面的顶部，形成了线与面的有机组合。檐墙与山墙的交替、马头墙的起落，丰富了街巷空间天际线的轮廓。沿主街道展开的店堂使不算宽阔的街道空间得以扩展到室内，使室内外空间成为整体。不仅开拓了街道空间，而且店铺中琳琅满目的货物还丰富了街道景观的色彩。垂直于等高线的街巷，在坡度较大的地段，疏密不等的石阶对窄长的街巷景观进行灵巧自如的横向划分，人在其中穿行往往会产生不同的街景景观感受。上行时街景显得封闭而景深较浅，加以踏步横向划分非常明显，而使窄长的街巷显得宽阔，同时街巷的走向变得模糊神秘；下行时街景则显得开放而景深较深，踏步的横向划分浅淡。街巷的路面材料大部分为天然片石，与住宅基部或底层的片石墙面浑然一体，使得街巷的景色融汇于绝妙的统一和谐之中，显现出凤凰古城街景无与伦比的天然质朴。

(2) 沱江

沱江是凤凰古城境内最大的河流，横穿整个县城，由西南向东北方向呈树枝状分布。其江面宽约 40m，导致沿江两岸分布的当地传统民居在视觉上比江南水乡民居更具整体、大气、质朴的特征。

地处我国西南地区的凤凰古城属武水流域，有多处冲积坪地，这里土质比山地肥厚，利于灌溉，适于耕作，成为人们宜居之处。沱江流经凤凰古城，是凤凰古城建立和发展的源头。昔日公路尚未大量开发之际，陆路交通多有不便，而沱江中可以通航的部分就构成了重要的运输通道。为了便于运输、物资装卸和人员就地集散，沿河民居多设有自家的小型码头。这种上层为居室，下层前店沿街、后库临河的建筑形式，充分体现了沱江与凤凰的生命——经济与文化活动的密切关系。城水相依的景色，在我国许多水乡村镇中并不罕见，然而由于各地环境不同，经济、文化发展上的差异，形成了各自不同的村镇风采。江浙一带地势平坦，河网密如蛛丝，水量丰沛、稳定而流速缓慢。凤凰古城地处湘西山区，河道迂回曲折，水量、流速均受季节影响，变化较大，古城建筑既要近水，又要防洪，因此，沿沱江吊脚楼很多，距河面也较高。河床露出水面的巨大岩石，构成了凤凰坚实的天然基座，在沱江枯水期尤为明显。古城的吊脚楼沿沱江蜿蜒伸展，并顺应山势坡形层层向上展开，具有明显生动的村镇空间层次和起伏多变的总体轮廓。在以层层叠叠的山峦为衬托的背景下，凤凰古城与沱江浑然一体，粗犷、憨实、质朴，富有"原始"的自然天真，保持着自然环境、人、村镇的内在联系。

沱江也被称为古城凤凰的母亲河，在吊脚楼下缓缓流淌，世世代代哺育着古城儿女。坐上小船听着艄公号子，看着两岸已有百年历史的土家吊脚楼，别有一番韵味。顺水而下，穿过虹桥，一幅湘西水乡的画卷便展现于眼前：万寿宫、万民塔……一种远离尘世的感觉油然而生。沱江南岸是古城墙，用紫红沙石砌成，典雅而又不失雄伟。城墙有东、北两座城楼，历经沧桑，依然壮观。沱江江水清澈，城墙边的河道很浅，水流悠然缓和，可以看到柔波里摇曳的水草，可以撑一支长篙漫溯。沿沱江边而建的吊脚楼群细脚伶仃地立在沱江里，像一幅诗情画意的水墨画。

(3) 民居

①吊脚楼民居　民居是传统城镇的重要组成部分，对于凤凰古城来说也不例外。在凤凰古城最能体现其特色的当属吊脚楼。在人与自然的关系上，苗族作为自然多神崇拜的民族，乐于把自己与大自然融为一体。反映在建筑形态上就是顺应环境的特征，变不利因素为创造的契机，不论体量、材料，还是造型、色彩方面都与环境十分协调，仿佛是那种特定环境中生长出来的有机体，充满了人情味。在整体与局部关系上，注重借势手法。依山而建的建筑群体，不仅消除单体建筑体量小的感觉，而且通过房屋的错落和虚实变化强调其秀美的造型风格。个体建筑汇聚成有序的群体后，借助山势增加建筑的气势，使得建筑与群山浑然一体。吊脚楼体量小巧，色彩朴素，肌理致密，宛若依附于机体中的细胞，形成历史城镇谦和而统一的空间特色，是凤凰古城具有浓郁苗族建筑特色的古建筑群。尤其是回龙阁的吊脚楼群，更是凤凰古城建筑的精华所在。吊脚楼本是苗族民居的一种，多为木结构单体建筑，房顶用小青瓦覆盖，很明显这是与特定自然环境所提供的材料资源密切相关的。同时，建造在江边的吊脚楼也是适应气候所需。凤凰古城的吊脚楼起源于唐宋时期。唐代，凤凰这块荒蛮不毛之地王化建县，吊脚楼便零星出现，至元代以后渐成规模。现今遗存的凤凰古城河岸吊脚楼建筑多保持着明、清时期轻巧、质朴的建筑风格，其建筑类型从整体形态上分析属于"二屋吊式"（在对吊脚楼内部空间进行划分时，在其竖向空间上再加建一层或多层空间）。当地吊脚楼往往傍水联排而建，建筑的部分空间大多依靠木柱支撑悬挑于水面或河岸道路之上，其建筑功能空间的组织多沿垂直方向分布。依据使用功能进行划分，凤凰古城河岸吊脚楼包括住宅和兼有商业与居住功能的民宅两种建筑类型。其中，前者主要服务于封建社会时期社会等级低下的当地苗民及穷苦的汉民，其建造目的是解决居住者的生存需求；而后者是在前者的基础上演变而来的，其建造的目的是满足居住者的生活需求。就建筑特征而言，二者略有差异，主要体现在，作为住宅的吊脚楼往往形态较质朴、简陋，建筑体量通常较小，大多为"四排三间"式空间；而作为民居的吊脚楼往往形态较稳重、大气，其建筑外观比较考究、精致，且融合了苗族民俗与若干汉式建筑特征，其建筑体量也较大，结构多表现为"五柱六挂"。

建筑是一种文化，代表着一个民族、一个地域文化的具体写实，而且有其强烈的表现性，观吊脚楼群便可体会凤凰强烈的地域传统及深厚的文化底蕴。凤凰古城开四门，坚固完好的城郭框定的面积不是 50 000m²，而是像一个漂亮精致的小木匣，里面住的多是官僚、商贾及富人。迁徙而来的贫穷外乡人在城中找不到栖身之处，只能在城外想办法立足。贫穷最能调动人的聪明才智，他们在沱江河、护城河的城墙外狭长地带，一半陆地一半水面地凌空架起简易住舍。在河岸上有着数百栋的吊脚楼群，每栋屋宇都隔有封火墙并统一安装有鳌头。谓之封火墙，实为消防之用。从古走来，凤凰的先人们就十分懂得区域的防火法。封火墙的作用是阻止火势蔓延。万一失火，损失也只是局部，不至于"火烧连营"。由于封火墙作用重大，吊脚楼主们都对此墙倍加呵护并极尽美化。他们在每堵封火墙前后都装有鳌头，鳌头都不约而同地选择凤凰鸟图案造型。远眺，一只只凤凰引项朝天、气宇轩昂，令人为之振奋。这便可以解释凤凰人对美的追求、对神鸟凤凰的崇拜，也成为凤凰古城的精神图腾。

②普通民居　除了吊脚楼，凤凰的特色民居还包括古城里的传统住宅。具有特色的檐

口处理，一直是凤凰古城的一个标志。屋檐轻松而不夸张的飞檐处理，是湘西建筑灵秀的完整体现。沿着石板街蜿蜒排列的传统民居，营造出古城特有的古朴与沧桑感。间或有一些大宅院，似乎在传递着曾经的辉煌与荣耀。

(4) 公共建筑

凤凰古城之中也散布着楼阁、文庙、塔寺等公共建筑，一部分沿沱江分布，也有部分坐落在传统社区中。这些建筑在技术、艺术上造诣很高，无论是建筑形式，还是文化内涵，都有极其重要的意义。它们多数保存完好，已经被列为文物，受到高度重视。同时公共建筑具有强大的能力场，不仅控制着周边的民居建筑，往往还承担着地域的地标作用。它们点缀在传统民居之中，是凤凰古城建筑的精品，如文昌阁、遐昌阁、朝阳宫、万民塔、大成殿、准堤庵等。

凤凰古城的公共建筑形式当然也在中国传统建筑中的亭台楼阁之列，但同时融合了凤凰当地的文化特色，与自然山水结合紧密，塑造出凤凰古城富于变化的天际轮廓。特别是在一片灰色背景的民居建筑中，更加凸现出这些公共建筑的灵秀之美。公共建筑除了建筑体态丰富之外，也对古城居民的生活有着重要影响。许多公共建筑都是居民集会与公共活动的场所。公共建筑的空间感与民居差别很大。除了提供空间以外，公共建筑在居民心中的精神地位也是相当重要的。准堤庵络绎不绝的人流、虹桥下的赛龙舟等，凝结在人们心中的是一份世代相传的情感与凤凰古城质朴的文化情结。

(5) 自然环境

在凤凰古城的营建中也十分重视建筑环境与自然环境相结合，追求"虽由人作，宛自天开"的完美境界。在这种理念的指导下，凤凰人更擅于在古城中利用各种自然景观要素。尤其是在景观资源丰沛的沱江两岸，利用地形的变化，因山就势，让建筑与水路相依，更借助前后建筑、山体叠加的层次感，来丰富古城的空间。南华山犹如古城空间的有机组成部分，与古城的建筑、水体，自然地融合在一起，凤凰古城就像俯卧在重重山水构筑的床榻之上。在视野开阔的沱江两岸，古城的建筑更像展开的长卷，展示着凤凰人工与自然浑然天成的意蕴。所以说脱离了自然环境的凤凰古城就如同失去了依托，若失去了山水的灵韵，就不可能有今日的凤凰古城。

(三) 凤凰古城及周边旅游资源概述

1. 古城八大景

沱江镇内，风景秀丽，清代文人王家宾曾记述古城八大景：

"东岭迎辉"：城东一峰矗立天表，旭日东升，映烟未散，晓辉晃荡，紫气满城，有亭翼然，峙于峰顶，凭城四望，万山尽叠，烟雾腾空，随风骤散，不啻云海。

"南华叠翠"：此峰独峻，草深林茂，翠色千层。岭南小庵，更添胜景。朝则薄雾笼青，暮则斜阳凝紫。绿螺黛髻，晴而皆宜。终日静对，谷玩未家、浓墨山水。古人有诗曰："万重紫绿淡烟遮，村绕山腰一道斜，石磴云深盘碧落，峡长林深镇暮霞，叠嶂层峦人罕到，钟声出寺是南华。"

"奇峰挺秀"：一峰突起，石磴纡回，林荫夹道，山顶贯寺，一声清磬，野鸡乱呼，江水潆回，四山环抱，提建闱阁于寺后，秀气外钟，挺生莫杰，有厚望焉。

"梵阁回涛"：两溪河流于江心寺下，红黄异色，夺流奔驰，触石旋涡，随风鼓浪，飞如两龙过峡，雨骤雷轰，亦大观也，老僧诵经于阁上，梵音与涛声相和，会心应不在远。

"山寺晨钟"：玉清阁建于半山，茂林修竹，环绕寺门，曲径通幽，回非凡境，山深地静，夜气澄清，钟声一动，唤醒尘梦，正如杜工部所云，欲觉闻晨钟令人发猛醒也。

"滨桥夜月"：桥跨沱水，长五十余丈，川平风静，皓月当空，青光荡漾。近则两岸烟村，远则千山云树，皆入玻璃世界中，桥上徘徊，恍如置身蓬岛。

"龙潭渔火"：潭水甚深，渔舟蚁集，或钩于岸，或网于渊，暮荡方浓，余霞渐散，邻村沽酒，聚饮绿扬蓼间，点点寒灯，月影星光，交相辉映。

"兰径樵歌"：青云山一带，寨寨产兰，石橙云梯，盘折而入，白云深树间，时见牧童樵叟，沤金上下，负担归来，类多良草，夕阳在山，树声人影，俨然在图画中也。

2. 凤凰古城周边旅游资源

奇梁洞：凤凰境内溶洞众多，奇梁洞以其离县城近（约 6km），交通方便（位于吉首—凤凰公路边），景观奇特而独占鳌头。奇梁洞是两湖两广境内最大的溶洞，该洞全长 6230m，洞内分为 3 层，上层、中层主要是岩溶景观，石柱石笋比比皆是，千姿百态，巧夺天工，如"仙女出浴""猛虎啸天""封神点将台"等；下层为长约 6000m 的阴河，纵贯全洞，可开发绝无仅有的洞穴漂流项目。

南华山国家森林公园：南华山位于沱江边，与县城紧紧相连，面积 690hm²，森林覆盖率 98%。据统计，有植物 73 科 325 种，其中的香果树、楠木、香榧等均属国家保护树种。境内属中亚热带湿润气候，四季分明，是春天寻幽、夏口避暑、秋凉观月、冬冷赏雪的好去处。据史料记载，南华山上的南华庵为我国七十二佛地之一，是朝香拜佛、修身养性的好地方。

南长城：始建于明代万历年间（1563—1620 年），全长 190km，北起湘西古丈县的喜鹊营，南到贵州铜仁境内的黄会营，其中大部分在凤凰县穿境而过。城墙高约 3m，底宽 2m，墙顶端宽 1m，沿途建有 800 多座用于屯兵、防御的哨台、炮台、碉卡、关门。2000 年 4 月经国家文物局、中国长城学会考古专家确认后，在国内各地产生了强烈反响，为凤凰县旅游景点锦上添花，给凤凰县旅游业的发展注入了无限生机，被誉为 20 世纪末的重大考古发现之一。

黄丝桥古城：距沱江镇 24km，始建于唐垂拱二年（686 年），距今逾 1300 年，初称渭阳城，后为凤凰营，民国二年（1913 年）改为"黄丝桥古城"，占地逾 60 亩，东西宽 150m，南北长 230m，古城主楼高 15.5m，城墙厚 9m。该城为青石结构，用石灰与糯米稀饭浆灌缝，坚实牢固，至今完整无缺。古城建筑艺术别具一格，以当地土人筑屋技艺和朝建工匠技艺相结合，具有古朴坚实的特色和重要的科研、观赏价值。清乾隆五十年（1785 年）在此建立了石头城，是我国当今保存最完整的石头城。此城堡为湖南省文物保护单位，有较高的考古、旅游价值。

3. 古城内部旅游资源

沱江古街：即东正街，白道门口至东门城楼，两侧保留了比较完整的凤凰地方传统名居与商业建筑，街道上红砂石板铺地，空间曲折丰富，风貌突出。街巷起到了凤凰古城形体的骨架作用，形成了古城独特的结构肌理。街巷也体现着古城特色。凤凰古城内的街巷一般较窄小而曲折，宽3m左右。在地形陡峭的地段常用踏步连通上下，形成了别具风格的街巷空间。曲折的街巷构成了丰富多彩的底景，而这些底景又使街巷封而不死、透而不旷，把狭长的街巷划分成明显的段落而又能使它们相互连通，组成了层层叠叠的多层次的街巷空间景观，以使景色变幻有序，尺度协调宜人（图12-2）。

北门：北门城楼建于清康熙五十四年（1715年），距今已有300多年历史。它历经沧桑，却巍然屹立，为凤凰古城增添光彩。它位于沱江南岸，城墙上有两层楼，古砖瓦建筑，有八孔炮台。北门为半圆形，深7m，宽3.4m，高3.5m，内孔高4m，有两扇大铁门。城门由紫红砂石砌成，门上方刻有"璧辉门"3个大字。其上方有十多幅《三国演义》中人物和怪兽的浮雕，工艺精美，栩栩如生。两端沿江岸筑有城墙，高约6m，由红色沙石砌成。此段沿江城墙，因为防洪而一直保存完整。它临江而立，像一条长龙卧于江岸，又像一段小长城古雅庄严。北门城楼，几经风雨，古貌完整，雄伟壮观。站在城楼上，可观全城风景，可览沱江秀色。

万寿宫：位于东门外，原为江西会馆。万寿宫规模宏大，崇衡垣高阁宽阔宏伟，坐落在风景秀丽的东门沙湾。始建于明末清初，原名水府宫，又称水府三宫殿。清乾隆二十年间（1755年）又大规模义工，依山势层次叠建殿宇，成为建筑群。建筑物古朴典雅，风韵别致，雕梁画栋，绿树成荫，为县城幸存的古建筑物。宫前为沱江，依山傍水，更显古朴幽雅。万寿宫建筑群北靠东岭，面临沱江，朝向西南，前有宽阔的坪坝，登上9级台阶是高大的门楼，开设3个拱门，正与虹桥三拱遥遥相对，在"东岭迎晖""奇峰挺秀""南华叠翠""溪桥夜月""梵阁回涛"凤凰八景的五景之中，青山绿水，绝妙异常。

遐昌阁：万寿宫内有遐昌阁一座，高阁临风，飞檐翘角。遐昌阁坐落在虹桥对面，为六方木质阁楼式结构，高20m，三层重檐，共有12根朱红大柱（支顶外6根内6根），每

图12-2 沱江边的街景

根柱粗约 1m，皆雕梁画栋，飞檐翘角，精美挺秀。

陈氏宗祠：位于古城西南，西门坡脚下，始建于民国四年（1915年），占地540m²，为典型四合院建筑。由戏台、厢房、回廊、正殿、后殿组成。正殿戏楼为亭式立空建筑，藻顶重受，飞檐流彩，古香古色，别具一格。房屋建成后，专用于每年族属祭祖聚会议事之地。民国十二年（1923年）统帅陈渠珍仕官竿镇，为宗族繁衍计，修戏台一座，扩建至今规模。整个建筑小巧玲珑，精雕细琢，古朴典雅，是原数处宗祠至今保留最完好的一处。由于它独特的风韵和历史文化价值，1996年1月被列为湖南省省级重点文物保护单位。

文庙（大成殿）：位于熊希龄故居的对面，建于清乾隆四十九年（1784年），道光十九年（1839年）改建。文庙雕梁画栋，飞檐翘角，殿前有双龙抱柱，多级石阶，殿内绘有孔子圣像，为凤凰保存较好的古建筑之一。大成殿是文庙内仅存的古建筑，位于古城北，规模宏大，气势壮观，是县内最古老的建筑之一，至今已有逾270年的历史。大殿正中礼设"大成至圣先师孔子神位"，两原则礼设"回配"十二哲，其上总悬有康熙、雍正、乾隆、嘉庆、道光、咸丰、同治灯光御术匾额。前面植以金银双桂，时至金秋，清香四溢。

沈从文故居：位于古城中营街24号，是座典型的南方四合院，建于清同治五年（1866年），系沈从文祖父置办。该建筑是凤凰城内早期四合院式建筑的典型。房屋建筑均为当地穿斗式木质结构，两边配建有"品"字形封火墙，飞悬鳌头。房屋矮小，虽无雕龙画凤，但显得小巧别致，古色古香，特别是雕花的木窗带有湘西特色，格外引人注目。1982年，由凤凰县人民政府收回并投专款加以维修，1988年沈从文病故后，故居成了沈从文事迹物品的陈列室。1995年10月，沈从文故居被列为湖南省重点文物保护单位。

熊希龄故居：熊希龄是我国杰出的政治家、社会活动家、教育家、民国第一任内阁总理。熊希龄故居是一座很简朴但具特色的木结构建筑群，坐落在凤凰县沱江镇北门内文星街，始建于清咸丰年间。清同治九年（1870年）熊希龄诞生在这里。故居占地总面积800m²，是一座由堂屋、卧室、厢房等组成的平房建筑。房屋系南方古式的瓦木结构，门、窗、墙大部分均为木结构，且雕花富有浓郁的传统色彩，制作小巧、朴实、精美，具有典型的湘西传统民居建筑特色。熊希龄故居已被列为湘西土家族苗族自治州级文物保护单位。

文昌阁（文昌阁小学）：又称文昌庙，位于城南虎尾峰下。这里古木参天，风景旖旎秀丽。入口为一广场，广场右边一条宽约2m的石板路直达春晖亭，而后拾级而上达一土坪。土坪边老榆古槐相掩，翠竹芭蕉相映，南面有一荷花池古称"月池"，池中荷花数株，翠竹千竿，更有一座古老的石拱桥跨池而立。古藤老树，山柳荷花，小桥流水，一幅天然而又古朴的风景画。著名作家沈从文、著名画家黄永玉，原中宣部席务副部长、作家刘祖春，中国人民解放军高级将领、中央军委办公厅原副主任朱早观和武警部队政委李振军，中国社会科学院院士肖继美都在这里就读过。现在的文昌阁小学已建校百年，是省州名校。

朝阳宫：位于西门巷，建于民国四年（1915年），又名陈家祠堂。前有高大门墙，粉红色的墙壁上有12副浮雕。宫内四合大院，头门有一座大戏台。整个院落朱漆金纹、浮雕飞动，宛如宫殿。朝阳宫内的戏台是现今保存最好的戏台，造型端庄典雅，工艺技术精湛，是具有浓郁地方建筑色彩的艺术建筑。

万民塔：遐昌阁的旁边是新八景中的万民塔，塔为六方、七级，每层6个翘角悬挂铜铃，精美秀丽。万民塔耸立在沱江河岸，宛如亭亭玉立的少女。绿水名塔，相映成趣。

准提庵：位于凤凰古城回龙阁古官道南侧，是一栋单檐砖石抬梁式硬山顶古建筑。此庵建于清康熙五十四年（1715年），嘉庆十二年（1807年）重修。面阔20m，进深15m，高10m。石大门为半圆形，门上方绘有花卉草虫等彩画。入大门沿扇形石级而上为内门。内门也为半圆形，采本地红砂石为基，青砖砌墙，两侧各有石柱两根。石门两边各有一个圆形雕花木条窗，相传是准提庵的眼睛，与江对岸的万寿宫相望。庵后是风光秀丽的天马山，古木参天，郁郁葱葱。

（四）凤凰古城保护中所面临问题

湘西古城在历史的发展长河中不断地发生着变化，早期的发展成形与中期的自我更新多是缓慢而有规律的，与社会的发展、经济基础相关。由于建筑物大多为木结构，其更新速度大大高于欧洲的砖石建筑，但就总体而言，其更新换代是渐进式而非激进式的，这也是中国建筑传统形态能够延续的一个重要原因。大量湘西城镇的原有风貌在现代发生了急剧的变化，至今仍保存良好传统风貌的湘西历史城镇已经不多，如凤凰古城、德夯苗寨等，其原因是多方面的，既有人为因素，也有城镇发展的客观规律。

1. 影响湘西小城镇形态演变的因素

（1）"文化大革命"的冲击

1966年开始的"文化大革命"给中国的传统城镇（市）带来了巨大的冲击，许多城镇的城墙在当时被拆毁，湘西小城镇自然也不能幸免。

（2）新旧建筑的碰撞

改革开放以后，随着城镇化的加速与经济基础的增强，收入日增的普通百姓要求改变自己居住条件的想法得以实现。这一切本无可厚非，然而由于缺乏规划与政策引导，使相互攀比、贪大求洋的城乡住房建设高潮一浪高过一浪。材料、结构和建筑形式变化，使新建筑从体量和形体方面都与原有建筑有着很大的差异，首先是建筑高度的增加；其次是建筑风格的改变（新建筑的风格大多比较简洁，即使采用传统的建筑形式，也比较单调）；最后是建筑肌理相异。由新建筑组成的城镇肌理同旧建筑组成的城镇肌理有着明显的不同，繁杂的肌理被简单的肌理取代。两种不同肌理的建筑群组合在一座小镇上，使小镇显得很不和谐。新建筑的材质也发生了很大变化，很多建筑采用瓷砖贴面、色彩明快的涂料粉刷，但原有建筑大多数是古朴、淡雅的灰色调，生硬地结合极不自然。由此可见，大多数新、旧建筑之间缺乏协调统一的风格，老镇区中的新建筑大多成为破坏湘西小城镇原有风貌的主要原因。

（3）交通方式的变更

汽车、火车等现代交通工具的出现，使人们的出行速度大大提高，船只退居一个相对次要的地位，除了比较偏远的村镇仅靠船只到达，大部分交通依靠公路解决。主要交通工具的变革使城镇形态在多方面相应地起了变化。

首先，交通方式与小城镇的形态结构密切相关。许多湘西城镇出现了明显的古镇风貌变化。为了经济发展的需要，当有公路通过城镇时，即需拆除一部分传统建筑。当河道作为主要交通线时，城镇沿河道发展；而当公路作为主要交通线时，城镇则沿公路交通走廊方向发展。其次，汽车交通的发展对传统城镇的形态影响，除了反映在总体形态方面外，小城镇内部街道系统分级和功能优化在一些经济发展较快的城镇已经形成，城镇内外交通的衔接也近完善。

(4) 旅游活动的开展

随着旅游热潮的不断升温，大量游客涌入凤凰。人们从沈从文的书中看到湘西边城的美，从黄永玉的画中看到湘西凤凰的灵秀，于是有独特边城魅力的凤凰古城成为当今旅游的热点地区。旅游为湘西历史城镇带来了可观的经济收入，也为当地的经济发展注入了新的活力，这种现象一方面为致力于古城保护的城镇带来了回报；另一方面也带来了一些负面影响。凤凰古城曾经是一个自给自足的小城镇，相对封闭，传统的空间氛围较易保留。但旅游的开放性对于古城是一个不小的挑战。如何在开放与封闭之间寻找平衡，成为古城空间情景保护面临的重要问题。

以湘西历史城镇为背景的旅游业的发展，使城镇的经济成分发生了较大的变化，城镇当地除了从旅游景点的门票中获得一定的直接经济收益外，旅游业还为历史城镇带来了不可忽视的间接经济收益。

游客的大量涌入一方面使小镇获益匪浅，另一方面却打破了小镇宁静的气氛。古城用地小，旅游景点集中，大量游客挤在小镇的一些主要街道上，一些游客也会进入居民区，甚至进入居民家中，对小镇居民的日常生活造成了一定的影响。宁静、淡泊的小镇生活一去不复返。伴随着旅游开发，在人们的思想意识、现代化交通方式等诸多因素的影响下，凤凰古城与湘西诸多传统小城镇在不断发展，城镇形态在不断变化。作为世界文化遗产的凤凰古城在保护和发展中，所面临的如何保护的问题也就更加突出。

2. 凤凰古城文脉保护应关注内容

(1) 思想意识

有一种意见认为，凤凰古城的保护是与现代化社会相脱离的，可以与文物古迹的保护相提并论；而一些城镇的官员则单纯地把历史城镇的保护理解为发展城镇旅游业的需要，因此在行动中出现了一些短期行为。如短期投资过大，虽然修复了一些文物设施，却未能吸引游客，导致城镇财政困难。应当把凤凰古城的保护作为一个系统工程，单纯地修复一些零散的景点所起的作用是有限的。而一般群众对保护部分老房子可能不理解，因为住在老房子的居民需要改善自己的居住质量。尤其是当城镇提出保护时，居民的感受是以前政府不帮助他们改善居住条件，现在连自己改造都要受到限制。必须从多方面来理解凤凰古城保护中所面临的问题，同时，对历史城镇的改善建设必须自觉发掘、保护、继承和发展当地的文化特色和建筑特色，全面改善城镇环境质量，提高城镇建设的整体水平，以保证城镇空间的整体性和艺术性。规划管理部门也有责任让当地的居民真正了解和认识到保护的目的与意义。

(2) 继承与发展地域文化

由于信息技术、现代传媒、交通技术等高新技术的迅猛发展，促进了全球社会、经济、文化方面的交流，世界正成为"地球村"。这无疑是人类社会的一大进步，但同时也对创造过去伟大文明的文化资源起着销蚀作用。因此，每个具有民族传统的国家和地区都面临着一系列关键问题：如何在走向现代化的同时，保存并发扬使这个民族得以存在的古老文化传统；如何既现代化，又不失去自己的源泉。这使世界各地区正在越来越有目的地、自觉地去发展地域文化。更多具有民族传统的国家和地区认识到"民族的才是世界的"。

湘西的历史城镇之所以受到重视，一方面是因为湘西城镇特有的民族文化与历史积淀，保持了自己特有的建筑形式与城镇空间；另一方面也与政策的影响与关注密不可分。凤凰古城是湘西传统城镇的精华所在，体现着湘西传统文化的精髓，也孕育着湘西的明天。前人创造的深深扎根于凤凰古城的生活文化，是适应当时凤凰特殊生活方式的。随着时代的发展，凤凰古城的特殊生活方式也应有所发展。致力于传统生活文化的保护，重视研究，认真思考明日的生活文化并进行规划与设计，是今天人们应当承担的重要课题。

(3) 居住环境与城镇设施

居住环境的舒适性不是指单一的某种特性，而是许多综合价值的集合，是指整体上的舒适状态。今天的凤凰古城在居住环境舒适性，特别是城镇设施方面，还存在着许多不足之处。由于凤凰地区地形复杂，交通不便利，所以居民生活水平的改善相对较慢，但是人们对自己生活基础设施改善的要求还是越来越高。同时，旅游业的发展也要求齐全的城镇公共配套设施，在保护基础上的建设与更新自然在所难免。

确实，由于年代久远，以木结构为主的城镇民居(以吊脚楼为主)日益破旧，居住环境不断恶化，尤其是与现代高舒适性的居住环境相距越来越远。保护(修复)、改建或更新旧民居，提高居住环境质量迫在眉睫。从目前情况来看，改建或更新旧区大多采用零星改建和成片开发两种方式，而湘西历史城镇老建筑的改建以零星改建为多，许多地方呈现了新旧不一的尴尬局面。这一方面是由于城镇的居住地段总体面积不大，另一方面也是财力不足使然。零星改建带来的直接后果是城镇的整体风貌被破坏，新、旧建筑大多无法协调。对旧建筑的维修也存在非常复杂的问题：一是居民们大多不愿再维修已历经近百年的破旧建筑；二是用旧的方法再维修建筑并让其保存原有风貌，对于无专业指导的居民来说也是很困难的。因为他们认为这些东西已经落后，在此生活不便，不如推翻重来，建设一个新的"家园"更为方便，而维修则不能很好地达到提高其居住舒适度的要求。由于旅游开发，在凤凰古城的滨水区域，有的居民自己动手改建房屋，也有部分将住宅出租给外地投资商。几乎所有的民居都被改造成了旅店和商铺，经济收入可观，但同时对于原有民居面貌的保存造成一定困难。

(4) 保存城镇特色景观

景观的保护是对湘西历史文化保护的实质体现。城镇景观是城镇形体环境和城镇生活共同组成的各种物质形态的视觉形式，是通过观察者的感觉和认知后获得的形象，属于城市(镇)美的研究范畴。因此，凤凰古城的保护与设计也可以说是城市美学在具体时空中的体现，是创造高品质、个性化的城镇景观的基础。景观感是人们对城镇景观的感觉反应，不同人的景观感不同。在鉴赏城镇景观的过程中，城镇中的景物是城镇景观的客观条件，时间、地点及鉴赏者的个人情况则是城镇景观的主观条件。

随着现代城镇生活质量的提高，人们希望生活的环境应具有内在的意义，具有美感，因而对城镇景观的要求越来越高。如何保留有千年历史的古城文化特色景观，同时在发展与建设中提高城市的现代化水平，是凤凰古城面临的首要问题。因此，在城镇建设时要把建设项目的景观形象及其对城镇原有环境景观的影响也作为评价设计项目的主要依据。

3. 凤凰古城景观核心空间保护与更新所面临具体问题

(1)旅游开发过度的冲击

旅游发展带来的过量游客和大量旅游设施建设也给古城脆弱的生态环境和居民独特的生活方式造成了很大冲击。造成设施开发过度的根本原因是当地政府对短期经济利益的过分追求，同时还出现了过度商业化倾向。在现今的社会经济条件下，古城开展一些适于其环境和文化要求的经济活动无疑是必要的。但一味追求经济效益，大规模从事商业活动，就会导致古城商业化过度的倾向。人们的观念也在不断地商业化，除了开设大量店铺以外，许多人开始倒卖劣质，甚至是假冒的手工艺品。

当古城被列为文化遗产时，往往以是否保留完整的传统历史文化与原有生活方式作为标准。古城内居民的生活方式、价值观念、文化习俗和传统生产劳作方式，与其所依附的实体环境不可分割，共同构成了完整的世界遗产。相对于固态形式的建筑而言，传统的空间氛围、居民的生活观念与文化习俗更容易在旅游开发的冲击下流失，也更不易恢复。

(2)建筑改造度把握失控

传统文化与现代文化的冲突，导致了新的文化载体与传统空间的矛盾。传统文化形式是与传统文化载体相契合的。在凤凰古城的发展中，伴随新文化形式的出现，现代文化载体对传统文化载体的冲击也是不容忽视的。现代文化更加开放，对信息的敏感性要求高，与传统文化的内向性格不协调。在保护传统空间外观的同时，又要求它可以承载现代文化形式，改造度的把握成为当今面临的主要问题。传统的空间所容纳的文化形式与以往有很大不同。例如，酒吧、网吧、宾馆大都要求空间大、变化多、空间有特色。对于空间的特色，是传统建筑擅长的，但是在大空间的提供上，就需要在设计改造中琢磨一番。

内部空间的变化也要求外部建筑形式的改变。但是改变过大就会影响古城景观核心区的整体面貌。但故步自封也不是正确的保护思路。所以，用积极的态度去把握改造度，协调改造后的古城面貌，也是改造和保护中遇到的一大课题。

(3)古城空间情景丧失

城镇的不断发展，引起了城镇结构的变化，古城在旅游开发的推动下成为凤凰的主要旅游区，即旅游活动集中的区域。旅游业改变了凤凰原有的产业结构，使居民的生产、活动方式发生变化。变化中有些是由于受到积极发展因素的影响，也有些是由于不当的保护措施改变了原有空间的特性，如尺度感、开敞或封闭的属性等，让居民的活动没有可以展开的场所，造成古城氛围的改变。尤其是一些具有凤凰特色的民俗活动或日常活动等，也是凤凰古城的保护重点，因为除了可以看得到的古城外貌，更多的感受是身临古城中，或通过与当地居民接触才可以了解到的。

凤凰古城曾经是一个自给自足的小城镇，相对封闭，传统的空间氛围比较容易保留下来，但旅游的开放性对于古城而言是一个不小挑战。如何在开放与封闭之间寻求平衡，成为古城空间情景保护面临的重要课题。

近年来，越来越多的世界各地游客来到湘西，一方面说明湘西正在为更多地区的人们所知晓；另一方面也说明湘西历史城镇作为历史文化遗产，确实受到更多的关注与重视。而保护的目的在于在现有基础上尽可能多地留下那些典型、完整的湘西历史城镇，特别是像凤凰古城这样有着深厚文化底蕴的历史城镇。同时，湘西历史城镇的物质环境和人文环境所体现的湘西特色少数民族文化是人类不可多得的文化资源,也是湘西今后发展的重要资源之一。作为已经在湘西存在了上千年的凤凰古城,发展到今天,每个人都有责任、有义务将其发扬光大,让古老、优秀的传统文化得到弘扬。

4. 凤凰古城保护举措

(1) 保护古城整体格局

保护凤凰古城,着重保护其整体风貌、特色。街巷、历史街区和节点是古城保护中的重要因素。保持原有的建筑和街巷的尺度,在老街区的保护和更新中,遵循其固有的连贯性和延续性的发展规律。保持凤凰古城街巷狭窄、绵长、曲折的空间感受。保存完整、有代表性的商业街区及传统民居群,总体上把握古城风貌。在保护中还应注意提供各种机会让居民参与,提高居民对本地区文化价值的认识,使居民的多样性活动在此得以开展,使人和环境、人和人之间产生交往,为活动提供适宜的空间。

(2) 保护房屋建筑

对民居建筑群的保护与更新应贯彻"重点保护、普遍改善、合理保留、局部改造"的原则,并对更新改造后的建筑形式、风格、高度等予以规定,以保证古城的总体风貌不受破坏。

古城的特征是由古城的整体风貌决定的,并不是某一个单独的民居或其他建筑。将古城的建筑,大致分为保护、改善、保留、更新、整治5类进行:

①保护 城镇中有风貌特色、建筑质量较好的传统建筑可以确定为保护。其中包括:防御建筑(如沱江镇古城墙与城楼,黄丝桥古城与城楼,南方长城沿线防御设施等);宗教祭祀建筑(如万寿宫、天王庙、文庙等,以沿江吊脚楼群为核心的建筑民居和名人故居);桥梁建筑(如虹桥北木梁桥等)。对这些有特殊意义的公共建筑应予以重点保护。

②改善 对城镇中风貌特色较好而建筑质量一般或较差的,或者作为居住建筑而配套设施不齐全的传统建筑,可以予以改善。主要针对古城区内年久失修的民居。

③保留 对采用传统建筑形式、传统建筑材料的民居建筑和较好体现凤凰古城风貌的一些新建筑,凡结构完好、设施基本配套的予以保留。如文城大城庙、万寿宫、东正街及南正街各处商业铺面。

④更新 对建筑质量差、设施落后、风貌与大片民居不协调的危旧住宅,按现代生活要求进行更新,更新后建筑的形式、风格应与古镇的总体风貌协调统一。

⑤整治 对一些建筑质量完好、设施配套与传统风貌不协调,又难以马上拆除的新建筑,可对其外部形象进行装修或重新设计外部空间环境,以达到与传统风貌相协调。

(3) 保护空间界面

沱江的沿江界面是由民居(吊脚楼群)与城门、城墙、叠翠楼、准提庵等共同构成的。不只是简单的一个平面,而是由远近几个层次的建筑物共同构成。它们彼此叠加,相互衬托,才形成了沱江沿岸秀丽的风光景色。

沱江沿线空间界面的保护包括对轮廓天际线进行总体保护,对沿江建筑群的完整性和连续性的强调,对北门码头和虹桥等开放空间的保护。

(4) 营造及保护古城意境

意境营造是构筑城市文化环境的重要手段,是历史文化名城保护的深层需要。只是单

纯的外观保护是远远不够的，一个只有外皮存活着的古城，失去了人的活动，失去了原有空间所带来的丰富感受，也就失去了意义。

古城传统文化是凤凰古城生存的基础，保护了民俗文化活动的凤凰古城，才是有湘西特色文化的凤凰古城。在凤凰古城，一年中的每个月都会有各种各样不同的民俗文化活动和特色民族民间文化。对这些民间文化艺术加以保护、弘扬，是凤凰古城特色文化保护中重要的一环。同时，还要保护反映凤凰古城特色的商业活动。凤凰古城内店铺林立，有手工作坊，有当地特色小吃，在湘西特色扎染店里，有反映苗族、土家族生活的艺术作品。在旅游业不断发展的今天，这些商业活动除了带来可观的经济效益外，更让人体会到古城文化底蕴的深厚。对于旅游区来讲，保护商业活动不难，难的是做到保护有凤凰古城特色的商业活动，尊重有乡土特色的商业活动。不应该大规模、无节制地开设商店，店铺要贵在质优，而不是量多。要防止古城过度商业化倾向，因为失去乡土特色也就失去了古城的吸引力。

思考题

1. 在实习过程中，注意思考以下凤凰古城旅游线路的合理性与现实应完善之处：

(1) 古城城内：

名人故里游线：沈从文故居—沈从文租居—熊希龄故居—文昌阁小学。

古城文化游线：朝阳宫—万寿宫—北门城楼—东门城楼—虹桥。

山水风景游线：沱江漂流—沙湾—南华山国家森林公园。

(2) 古城城外：

边城古迹旅游线路：凤凰古城—南方长城—黄丝桥古城。

民俗风情旅游线路：凤凰古城—德夯。

2. 旅游区位包括资源区位、市场区位和交通区位。试从区位分析的角度思考凤凰古城如何扬长避短，延长旅游产品的生命周期，促进旅游业可持续发展。(提示：从资源区位来看，凤凰在湘、鄂、渝、黔边区与张家界、梵净山等著名风景区形成了一种独具特色的优势互补关系，但在市场和交通区位上居于十分不利的位置。)

第十三章 世界自然遗产——梵净山

一、实习目的

了解世界自然遗产地生态旅游发展对生物多样性保护的意义与作用；调查生态旅游在促进遗产地生态保护与社区发展方面的成效，以及社区参与生态旅游发展的机会与现状；掌握旅游解说在自然遗产地旅游发展中的作用，以及自然遗产解说体系规划设计内容。

二、实习内容

考察世界自然遗产地在严格生态保护的前提下进行有效分区管理的措施，以及世界遗产地缓冲区适度发展生态旅游的生态与社会影响。主要考察内容如下：

1. 世界遗产地生态与资源保护的分类管理

世界遗产地美学景观价值的保护管理；

世界遗产地生物生态过程价值的保护管理；

世界遗产地生物多样性价值保护管理。

2. 世界遗产地空间保护管理

世界遗产地分区保护管理；

世界遗产地缓冲区的保护。

三、实习地点与内容

(一) 实习地点——梵净山世界自然遗产地

在2018年7月2日召开的世界第42届遗产大会上，联合国教科文组织世界遗产委员会审议通过，将中国贵州梵净山列入《世界遗产名录》，自此梵净山正式成为世界自然遗产。

梵净山世界自然遗产核心区范围包括梵净山国家级自然保护区和与其相邻的印江洋溪省级自然保护区的茶园片区，总面积40 275hm²，核心区内，贵州梵净山国家级自然保护区于1986年经国务院批准成为我国首批17个国家级自然保护区之一，也是"人与生物圈"保护区网络成员；印江洋溪野生动植物自然保护区于2000年成立，2015年升级为省级自然保护区；缓冲区范围内分布有梵净山——太平河省级风景名胜区、印江木黄省级风景名胜区部分区域及其他区域，东部从核桃坪开始沿太平河往南区域属于梵净山—太平河省级风景名胜区范围，北部金厂以北部分区域属木黄省级风景名胜区范围，缓冲区面积37 239hm²；梵净山世界自然遗产保护地的总面积为77 514hm²(775.14km²)(图13-1)。

1. 社会状况

(1) 社区人口

梵净山世界遗产涉及江口、印江土家族苗族自治县和松桃苗族自治县3个县、7个乡(镇)、22个村。人口共5692户、21 905人，其中核心区内居民718户、2637人。核心区

图13-1 梵净山金顶的蘑菇石

及缓冲区除汉族居民居住外,还是少数民族聚居地,有土家族、苗族、侗族、回族、壮族、彝族、仡佬族等多个少数民族世居。

梵净山世界遗产核心区跨江口、印江、松桃三县,人口分布于紫薇镇、罗场乡、太平镇3个乡(镇)的团龙村、大园址村、靛厂村、岭峰村、快场村5个村,共718户,2637人,人口密度7人/km²。其中,团龙村、大园址村、靛厂村、岭峰村四个村均位于核心区西部,人口相对集中。但随着城镇化发展及为更好地进行核心区保护管理,居民逐步外迁,核心区内居民人数呈减少趋势。

梵净山世界遗产缓冲区跨江口、印江、松桃三县,面积37 239hm²,人口分布于太平镇、德旺乡、紫薇镇、木黄镇、缠溪镇、罗场乡、乌罗镇7个镇(乡)的快场村、凯文村、梵净山村、寨抱村、坝梅村、豆凑林村、大面坡村、袁家林村、张家坝村、芙蓉村、平所村、金厂村、金星村、居龙村、冷水溪村、茶元村、桃花源村、半坡台村18个村,共4974户,19 268人,人口密度51人/km²,且集中分布于东南部太平镇、东北部乌罗镇、北部木黄镇、西南部德旺乡(资料来源:《梵净山世界自然遗产提名地保护管理规划》)。

(2)经济状况

根据《梵净山世界自然遗产提名地保护管理规划》调查数据,梵净山世界遗产核心区和缓冲区内村寨每户人口3~4人,现有家庭人均收入约5788元。劳动力数量占总人口数的65.05%,外出务工人数占劳动力数量的40.73%,旅游从业人数占劳动力数量的5.25%。外出务工是核心区和缓冲区内村民收入的重要组成部分,主要收入来源以茶叶、烤烟、水果蔬菜、牛羊、特种养殖等为主的种植、养殖业。其中,靠近梵净山南山门的梵净山村人均收入接近全国同期均值线,接近和高于贵州省同期均值线的有寨抱村、冷水溪村。梵净山周边村寨农民收入水平较低,人均收入在核心区周边村寨同期均值线以下的村寨总数超过1/2,当前该地区的精准扶贫与乡村振兴工作开展顺利,村民生活水平与生活质量提升较快。

核心区及缓冲区内村寨经济收入地域差异明显，位于核心区内的农户生计状况最差，处于缓冲区边缘的稍好，而在旅游线上的农户生计状况最好。原住民主要经济来源有务工收入、生态旅游收入、林业经营及传统种植收入、养殖收入以及转移性收入和借贷收入。其中，务工收入是家庭现金收入的主要来源。核心区的保护属性较大程度地限制了原住民对自然资源的利用，而缓冲区东南部以梵净山村为代表的村寨，旅游产业发展较为活跃。《梵净山世界遗产提名地保护管理规划》数据表明：核心区居民经济收入（约4068元/年）明显低于缓冲区（约6041元/年），但缓冲区内居民经济收入也表现出较大差异性，人均年收入最高的是梵净山村（9800元/年），冷水溪村、寨抱村、桃花源村、岭峰村、靛厂村等村寨次之，人均收入较低的是袁家林村、大面坡村、大园址村、豆凑林村（约2580元/年）。

梵净山周边社区森林资源十分丰富，人均拥有森林面积较高，人均林地面积达4亩。但林业收入很少，主要是毛竹、茶叶及公益林补助，楠竹资源在保护区内分布不均，集中在保护区东北部。林副产品收入来源有养蜂、林下养鸡等，但其所占家庭收入比重较小。

核心区范围内人均耕地面积达1亩左右，传统种植仍是原住民的主要经营方式之一，种植作物主要为水稻、玉米、红薯、烤烟等，种类较单一，粮食产量低而不稳，加之位于保护区周边，生产活动受野猪破坏较为严重。养殖业是林缘社区居民主要生产活动之一，畜牧业近年来发展较快，但发展极不平衡，大部分农户主要发展家庭养殖，基本停留在自给自足的状态，仅极少部分农户发展规模养殖业。农户养殖的家禽和家畜主要包括猪、牛、鸡、鸭，且大多采用圈养的方式进行养殖，其食料主要是村民种植的玉米、红薯、土豆和剩余蔬菜。遗产地现有基础设施和农村社区医疗服务设施不能完全满足社区居民生产生活的需求。

2. 资源赋存现状

梵净山是著名的自然保护区、世界一级生态保护区、全国野生动物保护科普教育基地、省级科普教育基地，现存世界上少有的亚热带原生生态系统，现存有生物种类2601种，其中，植物1800种，列入国家重点保护的珍稀植物17种，占贵州全省受保护植物总数的43%；动物801种，列入国家重点保护的动物19种，占贵州全省受保护动物总数的68%；并存有7000万~200万年前的古老孑遗珍稀物种。

梵净山独特的地理位置和地貌特征、优越的气候条件和极少人类活动干扰使得梵净山核心区拥有极其丰富的生物多样性，保存了大量的古老孑遗、珍稀濒危和特有物种，是黔金丝猴和梵净山冷杉唯一的自然栖息地和就地保护的最关键场所，是具有突出普遍保护价值和科学价值的水青冈林保护地。

梵净山遗产地是黔金丝猴种群全球唯一的自然栖息地和就地保护的关键场所。黔金丝猴在灵长类物种进化中处于关键地位，属世界自然保护联盟（IUCN）物种红色名录濒危物种（EN），濒危野生动植物种国际贸易公约（CITES）附录Ⅰ物种，核心区特有物种，它在全球金丝猴中种群数量较少（仅800余只），栖息地面积最小（全部在核心区范围内），核心区是黔金丝猴在全球范围内仅存的和最重要的自然栖息地，是该物种就地保护和科学研究的最关键场所。

梵净山遗产地是梵净山冷杉唯一的自然栖息地和就地保护的最关键场所。梵净山冷杉是亚热带仅存的四种濒危冷杉属植物之一，属世界自然保护联盟（IUCN）物种红色名录濒危物种(EN)。核心区还保存着全球唯一位于亚热带的冷杉暗针叶林类型,梵净山冷杉及其林下物种构成的群落具有不可替代性。

梵净山遗产地是全球水青冈属植物的现代分化中心和多样性中心。梵净山保留了大面积原生水青冈林,成为水青冈植物的关键避难所,为研究水青冈的起源提供了绝佳的试验基地。梵净山水青冈属物种丰富,集中连片且在亚热带分布面积大。

梵净山遗产地生物物种多样性丰富。核心区分布有裸子植物36种,是全球裸子植物物种最丰富的地区;核心区的苔藓植物有791种,是东方落叶林生物地理省最丰富的地区。此外,核心区是台湾泡桐(CR)、伯乐树(EN)、大鲵(CR)、穿山甲(CR)、林麝(EN)等230种珍稀濒危植物和115种珍稀濒危动物理想的栖息地。核心区还是46种地方特有植物、3种地方特有脊椎动物、245种地方特有无脊椎动物栖息演化的重要场所。

(二) 遗产地管理现状

当前,铜仁市颁布并施行了《铜仁市梵净山保护条例》,明确规定梵净山世界自然遗产保护管理局、梵净山国家级自然保护区管理局为梵净山保护管理机构,具体负责梵净山保护、利用的统一管理工作,这两个部门会同县、乡级人民政府和相关主管部门建立梵净山管理执法协作机制、社区共管共建机制。梵净山世界自然遗产保护管理局与梵净山自然保护区管理局为正处级全额拨款事业单位,已初步建立"遗产保护管理局——保护管理站——保护管理点"的三级保护管理体系,遗产核心区遗产与缓冲区的管理系统较为健全、管理站点布局较为合理。

(三) 遗产区(核心区与缓冲区)产业发展情况

梵净山世界遗产的核心区与缓冲区内人类居住历史悠久,尤其是太平河两岸人类活动相对强烈,散落着村落民居及社区居民,地区除生产粮食外,其他产业较少,采矿业完全停止,仅有少量手工业和粮果加工业,原住民主要经济收入来源有务工、生态旅游、林业经营及传统种植、养殖收入以及转移性收入和借贷收入。其中,务工收入是家庭现金收入的主要来源。

地区最大的产业目前是旅游业。随着其旅游业的发展,游客数量逐年增长,从2010年的18.18万人次增长到2019年的138万人次,但游客数量季节分布不均,主要集中在4~10月,11月至翌年3月相对较少。当前的旅游观光活动主要在黑湾河口—苗香坪—金顶—护国寺—张家坝一线,还涉及游客服务中心、标本馆等。当前主要的观光形式是徒步沿旅游步道爬山和乘缆车游览山体植被、云海等自然景观。

现状展示和教育设施主要有游客服务中心和标本馆两处场所。此外,还设置了有标牌1454块,包括山顶森林栈道、旅游步道和周边村寨连通公路两侧设置的宣传梵净山自然价值和警示性的标识标牌。

针对可能的旅游压力,遗产地对游客活动区进行了分区保护和限制性进入,严格限定每日游客安全容量为8000人,并对游客数量和游客活动进行密切监测,如当天游客量接近饱和,景区将停止售票。此外,核心区还采取分时段开放的措施,限制所有旅游活动仅在白天开展,且不允许游客在山上居住,减少游客对动植物栖息地的影响。设置了一些标识牌以减少游客带来的噪声影响。编制并实施了一系列生态旅游规划，并参照国家相关法律法规对遗产地进行严格保护。通过采取以上措施，有效缓解了旅游活动所带来的生态环境压力。管理部门允许游客数量在合理范围内逐渐增长，并坚持对游客数量的严密监控，一旦发现游客数量增长开始对遗产地突出普遍价值造成威胁，立即采取措施停止游客增长，并适当减少游客数量以保持承载力的合理水平。

（四）梵净山世界遗产周边地区（世界遗产辐射区）基本情况

梵净山遗产辐射区包括沿梵净山环线公路的11个乡（镇），即江口县的双江街道办事处（原双江镇）、怒溪镇、闵孝镇、太平镇，印江县的罗场乡、木黄镇、紫薇镇、缠溪镇；松桃县的孟溪镇、乌罗镇、寨英镇，遗产核心区+缓冲区+辐射区面积约为1540km²。

从环梵净山地区的整体情况来看，区域城镇化率接近10%，主要以乡村地区和农业人口为主，区域主要以农业和旅游业为主，矿产资源较丰富，但受限于自然遗产与自然保护区的保护要求，矿产开发受到很大制约。茶、果、花等特色农业具备相当的发展潜力，森林覆盖率很高，但林业与林下经济发展情况一般，受制于生态保护要求，竹材与木材传统林业发展很受限。近年来，随着环境保护、扶贫开发、生态移民和社会事业的发展，环梵净山地区现代服务业发展迅速，增加了就业机会，以旅游业为主导的新型发展格局正在形成。

与农、林、水、矿、工等产业相比，本地区最具发展潜力的应为以旅游业为主导的现代服务业。首先，本区域旅游资源丰富，文化底蕴深厚，不但旅游资源数量众多、类型丰富、分布集中，而且资源品质高端、组合良好、特色鲜明，加上区域良好的气候条件和适宜人居的自然生态环境，构成了环梵净山立体的旅游资源组合开发优势。凭借世界自然遗产的美誉，环梵净山地区在发展自然风光、民族文化、生态旅游、康养旅游、乡村旅游的同时，具备打造国际乡村休闲度假旅游目的地的资源优势与巨大的市场潜力。

经过多年的旅游开发，梵净山目前已形成了在国内外有较大影响力的"梵天净土、桃源铜仁"的旅游品牌形象，梵净山享有世界自然遗产、国家级自然保护区、联合国"人与生物圈"保护网成员、全国著名弥勒道场、中国傩文化发源地、中国十大避暑名山五大桂冠；拥有"中国民间文化艺术之乡""中国民间特技表演艺术之乡""中国民族民间绝技绝活研究基地""中国花鼓艺术之乡"松桃，以及"中国苗王城"和国家文物保护单位寨英古镇等著名景区；享有"中国书法之乡""中国名茶之乡""中国长寿之乡"等美誉的印江，是"黔东特区"红色根据地和中国工农红军红二、六军团会师地；江口更是"众名岳之宗"，其观光、休闲、度假、养生的乡村旅游产品在区域已具有较高的知名度。众多的旅游资源与国际化旅游品牌，使环梵净山地区形成了具备打造国际级乡村旅游目的地的新优势。

环梵净山11个乡（镇）作为区域核心旅游圈，近年来发展布局坚持"保护优先、点上开发、面上保护"的原则，坚持发展以名山观光、生态体验、乡村休闲和佛教文化旅游为重点，突显"山上作吸引力、环线作生产力、品牌作竞争力、城镇作支撑力"的旅游产业发展格局。

梵净山地区（世界遗产主要辐射区）涉及3个县11个乡（镇、街道），这一地区紧靠梵净山遗产，山水风光秀丽、生态环境优良、气候宜人宜居、旅游资源禀赋多样，特色鲜明，按照梵净山保护与利用一体化发展的要求，实行统筹布局、整体开发、统一管理，利用各自的资源特色，形成区域发展合力。

(五) 自然遗产地旅游解说系统规划

近年来，随着人们经济水平的提高，闲暇时间的增多与国家交通网络的完善，世界遗产地旅游已经成为民众最受欢迎的旅游形式，它成为提高文化、增长知识、陶冶情操、磨炼意志和增加人的心理机能的重要一环。旅游解说(interpret)不仅是旅游管理与服务的重要组成部分，也是游客体验的关键环节(罗芬，钟永德，吴忠宏，等，2008)。

解说的发展源于教师对青少年游学过程的说教和探路者为后人提供的导引信息，信息传递成为其根本起源，解说被视为旅游需求过程中跨越认知障碍实现身心平衡的潜在方法，是在事物信息与景观内涵呈现的基础上，以不同的方式和形式引导受众与周围环境的沟通，激发其对更广泛空间认识与内化和情感共鸣的手段。旅游解说是通过引导游客游览和交流来提高其对景区环境和所经历的各种自然和文化现象的理解和欣赏的过程(柯祯，刘敏，2019)。

1. 旅游解说的功能

旅游解说的功能主要集中于服务、教育、管理、经济和情感功能。教育功能是旅游解说的基础功能。通过教育功能的实现来引导游客行为促进景区设施的保护和合理利用，达到了间接管理的目的。旅游解说是游客与景区形成情感和知识的联系，在保护自然和文化资源方面发挥了至关重要的作用。成功的解说结合情感信息促进提升游客对资源保护方面的意识，与此同时，能够引起游客对景区景观学习经验的启发和满足。从社会层面来看，解说在游客与景观之间架起了无形的情感桥梁。个人情感与地方价值观的联系致使游客欣赏与关怀地方文化，从而产生一种超越感知的地方感和保护欲望。解说与教育服务带给游客的绝不仅仅是形式和内容，它会促进某种情感在游客内心深处的升华，从而实现精神层面的提升(王辉，张佳琛，刘小宇，等，2016)。

2. 旅游解说系统构成

旅游解说系统可以分解为解说内容、解说方式与媒介、解说受众3个部分。旅游解说内容主要由3方面构成，即导引解说内容、警示解说内容和具体解说内容。导引解说内容为旅游者提供明确方位，以顺利完成旅游活动，帮助游客合理安排旅游活动线路、调整旅游活动时间。警示解说内容旨在规范游客违规行为，并提醒安全事项，进而促进可持续旅游的发展。具体解说内容可以分为网络解说内容和景观解说内容。网络解说内容是互联网发展过程中衍生出来的非专业性解说，包括官网介绍、网络评论和游记等内容；景观解说内容是通过对吸引物的介绍来增强游客对景区内一切事物的理解，导游词、解说牌文字、视听图片和声音等都是其内容的体现。景观解说内容以科学性和情感展示为主，尤其是自然遗产要为非专业人士提供通俗、科学的解说内容，赋有情感展示策略的解说内容更能引起游客对保护地教育的重视。解说方式侧重于信息的表达，按照表现形式的不同，可分为口头交流形式和非口头交流形式、显性旅游解说和隐性旅游解说以及有声解说和无声解说；按照信息流向的不同，可分为交互式解说和单向解说；按照功能导向的不同，可分为目的诱导型解说、说明型解说、环境地图型解说、警示型解说和设施指示解说。学者针对不同解说方式对其效果应用展开了研究。从年龄方面来看，对年长者采取诱导式讲解、对中年人采取深入讲解、对青少年采取循循善诱式讲解、对儿童采取提问式讲解效果更佳；从职业特色和文化水平方面来看，学生和离退休人员偏好科学式解说、公务员偏好传授式解说、文教人员和农民则对故事式解说感兴趣。解说方式是内容呈现的技巧，而媒介则是展示解说信息的工具。目前，向导式解说和自导式解说是国内广泛认同的解说媒介分类方式。其中，向导式解说主要指人员解说，自导式解说则包含了牌示、解说手册、导游图、语音导览器、录像带等，不同媒介具有不同的展现形式。旅游解说媒介在科技支持下呈现多元化发展，以移动信息系统为背景的解说服务得到广泛应用。旅游解说受众多以游客特征为趋向性进行划分，关注市场营销细分中游客的需求，根据游客情感涉入的体验程度将受众分为业余爱好者、体验探索者和精神体验者；根据游客出行特征，将家庭团体受众与个人解说需求进行区分；根据解说的使用情况和结果将游客进行区分，可以探寻异质性群体在解说选择与偏好上的差异。

3. 旅游解说系统规划

旅游解说规划设计首先需要界定目标战略，必须提前确定总体方向和优先事项；其次，需要考虑解说目的、游客的动机，满足旅游者的新观念、新需求。针对特定的游客对象设计相应的解说信息，从而加深游客对旅游景区的认识或了解，提高游客满意度。已有研究发现，游客地域、性别、年龄、文化、职业、动机、目的、兴趣、收入水平等因素的不一，对旅游解说媒体偏好与解说主题兴趣也会有差异（罗芬，钟永德，2008）。

旅游解说系统规划的基本模型中有六大要素，即是什么（what）——解说的资源、主题和副主题；为什么（why）——解说所应当实现的具体目标；谁（who）——景区的游客；如何将我们的主题与他们引发联系；如何/何时/何地（how/when/where）——提供我们的解说项和解说服务；实施及操作（I&O）——全面实施计划将付出哪些成本（时间、资源、预算和人力）；后期评估（for what）——如何对规划的各个部分进行计价并确定是否所有的目标都得以实现。在解说系统规划中要明确以上几个部分，解决每个部分的相关问题，把解说规划过程作为一个整体来研究，并对每一个规划过程进行有效的整合，运用系统研究方法，帮助不同类型的景区对其最适合诠释的特定内容进行解说（罗颖，2011）。

四、实习思考与研讨

（一）梵净山世界自然遗产地的旅游压力及应对措施

成功列入世界遗产地名录对梵净山保护工作提出了与以往不同的和更高的要求。原国家自然保护区按照分区域保护，即严格保护区、一般控制区的保护要求十分明确。梵净山世界自然遗产地以动植物保护为主，保护工作与一般自然保护区差异较大。

遗产地美学景观价值、遗产地生物生态过程价值、遗产地生物多样性价值等，往往都不能够在划定的保护区内完全保护和体现。例如，按照遗产地美学景观价值的保护管理，基于原有保护属性，提名地美学价值得到了很好的保护，但是其更关注重要景观单元及文化景观，而对提名地内整体的美学景观结构及保护管理考虑较少。加之提名地旅游仍处在发展阶段，美学价值的保护在某些方面还存在不足，若不采取积极的保护措施，在未来一段时间也可能受到来自人类活动及自然灾害的双重威胁。

旅游业的发展给提名地美学价值展示带来一定压力，尤其在"黄金周"期间，部分景点出现游客周期性超载和瞬时性超载现象，影响提名地的景观审美。

原住民受到外来文化的影响，对原有住房进行扩张或重建，其使用的建筑材料、装饰材料都与自然环境不相协调，人为建设活动对提名地周边景观风貌产生一定影响。[摘自《梵净山保护管理规划》（住建部2016）]

显然，上述保护管理问题不能够在遗产地内完全得到解决。涉及游人规模、区外环境与景观协调等，必须超出遗产地范围考虑。

在联合国教科文组织（UNESCO）对世界遗产的管理要求中，对遗产的保护不局限于遗产本身，而是包括所有缓冲区和更广泛的背景环境（可以是遗产的地形、自然环境与建造环境以及其他元素，如基础设施建设、土地利用模式、空间组织、视觉关系等，也可以是相关的社会与文化实践、经济发展进程以及遗产的其他非物质层面）。

由于梵净山地处中国东南山地和横断山之间，大巴山以南、南岭以北，分属于不同生物地理区系的物种在此交汇。如主要分布于华中—华北落叶林区的白冠长尾雉，主要分布于华中山地的红腹锦鸡，主要分布于横断山区的红腹角雉以及主要分布于东南山地的白颈长尾雉，均分布于梵净山，但见于不同类型的林地中。而孤岛状地形也形成特有亚种及特有（子遗）物种的庇护所，如小麂江口亚种和黔金丝猴。这种物种分布格局中的"十字路口"特征使之不同于位于同一生物地理省中的其他自然遗产地，尤其是中国华中地区的神农架和华东地区的武夷山。

梵净山遗产地河流生态系统丰富，并且流经居民居住点，居民生产、生活所产生的污水对提名地局部和缓冲区河流生态系统造成一定威胁。

梵净山遗产地周边有部分原住民仍在从事传统农业生产活动，遗产地内的牲畜放牧活动，以及粗放的管理方式会给遗产地内生境带来潜在的或者破坏性的影响，并对河流生态系统产生污染。

随着旅游业的发展，旅游设施的修建（包括索道建设）、游客的进入，对提名地的生态系统造成破坏，并且带来了固体污染、气体污染以及噪声污染等多方面的污染源，给生态循环、旅游沿线生物活动及群落构建等方面造成威胁。梵净山遗产地缓冲区内基础设施的大量修建将直接破坏野生动物生境，导致动物生存空间缩小，取食、繁殖和隐蔽范围受限，增加种群间的竞争和伤害。冰冻雪灾、干旱和洪涝等极端天气气候条件对珍稀濒危植物生存繁衍造成一定威胁。梵净山冷杉分布范围小，自然更新能力差，自然灾害和人类活动对其物种和生境都可能造成影响。

总之，梵净山在漫长的地质历史中形成了一座喀斯特浅丘中的庞大孤岛，孕育了兼具多样性和独特性的生态系统，而这一生态系统自进入第四纪以来依然处在活跃的演化过程中，是东方落叶林生物地理省中亚热带山地森林生态系统的杰出而独特的代表。[摘自《梵净山保护管理规划》（住建部2016）]

梵净山遗产地整体环境难以用"划范围线"的方式涵盖，遗产地缓冲区只是最基本范围，针对梵净山动植物保护、环境保护、生态保护等，不能够局限于保护区划线范围内，应当实事求是，以科学依据最终确定。

梵净山是我国一张重要"名片"，植根于科学保护基础上的合理利用是梵净山的必然选择。申遗成功后，梵净山旅游逐年快速发展，必须特别关注，防止梵净山世界遗产地"旅游化",为此,应当拓展梵净山生态、环境、景观等资源"视角",开辟遗产地外围地区优良资源,依托和借助近年来广泛修建的通村、通组公路,以乡村振兴为工作目标,寻找和发掘区域旅游资源,合理开发利用,缓解梵净山旅游压力,有效保护梵净山世界自然遗产地,促进梵净山"名片"对铜仁市旅游业的发展带动。

按照《梵净山保护管理规划》(住建部2016),梵净山要"明确遗产地容量上限,确保游客接待量符合遗产地环境承载力;研究游客行为时间、空间分布规律,优化游线组织,实行不同旅游线路系列景点错峰分流游览,避免局部环境压力过大;公开游览游客数量,可采用预约游览的方式引导游客空间行为;进行拥挤地段游览状况监测,建立、完善环境容量瞬时超载预警体系。"虽然在遗产地内的"遗产展示区",但是此展示区是囿于旅游观光的现实存在而硬性从遗产地核心区"挖"出来的,从实际位置来看,这一展示区自东向西贯穿了遗产地,对区内动物尤其是南、北都有栖息、活动的黔金丝猴,难免造成侵扰。

(二) 以乡村振兴为契机,发展"大梵净山"旅游

乡村振兴是我国国策,可以结合梵净山保护和利用,集中乡村振兴的动力资源,创新、快速、高效启动梵净山周边地区乡村振兴工作。依托梵净山"名片",通过生态环境改善,合理调整乡村种植和居住空间,逐步将梵净山周边地区打造为优美宜人的美丽乡村,成为全国乡村振兴的典范区、全国乡村旅游和生态度假必选地。

第十四章 传统村落——云舍古村

一、实习目的
调查传统村落的保护、传承与利用。

二、实习内容
维护并延续云舍古村的风貌特点，继承和弘扬古村的传统文化，为保护和整治古村提供技术法规依据和措施；思考乡村振兴背景下，云舍村文旅融合的乡村旅游发展策略。

三、实习地点与内容
（一）实习地点——云舍村

贵州省江口县太平镇云舍村坐落在梵净山太平河风景名胜区内被誉为"天堂河谷"的太平河畔，云舍村距江口县城7km，距梵净山南山门23km，全村总面积4km²，439户1717人中，98%的村民都是杨氏后裔，是江口乡村第一大寨，云舍土家族仍然保留着自己民族的风情习俗，因而被称为"中国土家第一村"。村子位于梵净山下，风景优美，是第一批全国传统村落，也享有"中国历史文化名村""中国最美村镇""中国少数民族特色村寨""全国特色景观旅游名镇名村"等美誉。

"云舍"寓意为"云中的房舍，仙人居住的地方"。"云舍"二字实际上来源于土家语，意为"猴子喝水的地方"。以前的云舍曾是一个不起眼的土家山寨，2002年被纳入文化旅游部（原国家旅游局）、省旅游局帮扶点，通过几年的发展，云舍村的乡村旅游现已初具规模，2004年被贵州省政府定为"全省乡村旅游示范点"，2005年被国家旅游局批准为"全国农业旅游示范点"。2017年12月，云舍村获得2017名村影响力排行榜（300佳）荣誉。2017年12月17日，获评2017中国最美村镇50强。2019年7月28日，入选首批全国乡村旅游重点村名单。

云舍土家族拥有上千年的悠久历史，战国时记载有"楚子灭巴，巴子兄弟五人流入黔中，汉有天下，名曰：酉、辰、巫、武舞、沅五溪，各为一溪之长，号五溪蛮。"云舍土家族为辰水先民在此繁衍生息。而今特点和独到之处就是，通过历史演变，土家先民与其他民族先民交往、融合，通婚联姻，云舍土家族仍保留着自身民族遗传、遗留的民族习俗。云舍村丰富的土家族文化、完好的土家四合院、古朴的傩戏民俗文化、风景秀丽的龙塘河，十分具备发展乡村旅游优势。

云舍村目前的主要旅游资源赋存情况如下：

神龙潭：在云舍村东边，流经一华里，注入太平河。神龙塘之所以神秘神奇，是因为千百年来历史均有记载。《贵州通志》称"云舍泉在（铜仁府城）省溪北十里。岁旱，祈祷即雨。"道光《铜仁府志》称："云舍泉（省溪司）北十里，岁旱，血涂之，即雨。"神龙潭总结起来有三奇：一是深不可测；二是能预报天气；三是不定期的泉水倒流。

龙塘河：由神龙潭水顺流而成，堪称世界上最短的河流之一。泉中及河中特有的珍稀鱼类，以及每年六七月江鱼逆流而上，洄游神龙塘的奇景，更增添了神龙塘的神秘感和传奇色彩。

轰鸣泉：在神龙潭左侧约30m处有一泉，泉水是靠声音控制的。人想用水，大叫一声"水来"，水即出；用完后，水即回。

土家筒子屋：云舍的古民居多是以筒子屋、三合院、四合院为主的干栏式建筑，翘角白沿，廊椽相接，青瓦若鳞，气势恢宏，十分古朴壮观。特别是吊脚楼各色各样的雕花栏杆，虽被岁月的烟尘熏得黢黑，但巧妙的构思，精湛的工艺，着实让人叹服。在造型设计上，方、圆、斜、万字格、福寿图、花卉、动物及各种水果皆可入图画。虽千差万别，但均栩栩如生，充分体现了历代土家族人民的勤劳智慧和对生活的热爱与追求。

古法造纸坊：土家人的祖先拜蔡伦为师，精学造纸，自元末明初传入几百年来沿用至今。

仙人洞：传说云舍土家族的祖先们原居住在省溪司，通过几代人的辛勤劳作，家族不断强大，但却很难找到一块更好的地方供后人居住，于是杀猪宰羊祈求上苍，仙人们看到他们如此忠诚，便将原居住的云舍让给他们建造新居，自己却退居后面的山洞里，故称"仙人洞"。

四十八脚庵第一脚庵：旧时人们到梵净山朝拜，要拜五大皇寺、四十八脚庵，云舍下河头庵是朝拜人烧第一炷香的庵，在此烧了第一炷香后，才起步登山朝拜，相传能保一路平安。

久旱潭涨水、久雨水回流：神龙潭每遇天旱，潭中会忽然涌出大水，蔚为大观；而每遇久雨，潭中水下沉，呈倒流之势。

巷道似迷宫：各个筒子楼之间相互串联，构成一体，巷道相通，外来人若没有向导几乎走不出去。也是因为如此，从来没有土匪敢踏步云舍，多年来便保有了一方净土。

拦门酒：有贵客来访时，云舍全寨人身着盛装，吹着唢呐，打着响鼓，唱着欢歌，远在寨门迎接，并由长者端着米酒送到贵客嘴边，待酒喝完后才让客人进寨，以示对贵客的热烈欢迎。

红蛋吊坠：用红线绑一个红鸡蛋编成吊坠饰品，拦门时戴在客人胸前，以示对客人吉祥、发财的祝愿。

伴嫁歌：土家女出嫁前一晚，待嫁姑娘的亲人和朋友为表达惜别之情，在堂屋摆两张大桌，媒人坐在一边，姑娘的小伙伴坐在另一边，共唱伴嫁歌，以祝愿姑娘未来幸福美满。

劝酒歌：是土家人待客的最高礼仪，土家人用歌声加美酒来表达对尊贵客人的欢迎和祝福。

按照《江口县全域旅游发展总体规划》，云舍村定位是"以土家族社会生活展示为特色，是梵净山地区集自然风光、农耕文化、土家民俗展示及文化旅游一体的具有代表意义的传统村落，是大梵净山景区的重要组成部分。"

(二)考察调研的主要内容

1. 云舍村保护与利用现状

江口县对传统村落的保护非常重视,于2005年颁布《江口县古村落保护管理办法》并编制了《江口县太平乡云舍历史文化名村保护规划》,对云舍村的保护强调了以下几点。

历史环境痕迹保护:对有形痕迹,如整个古村的道路和水渠布局、龙潭水井、石碑、家谱和地契等,力求充分保护。对无形痕迹,包括不可能恢复的历史环境,则采取多种手段保其脉,留其痕。

历史文化体系保护:采取保护恢复、强化、充实的多种手段,使云舍村成为承袭本土历史文化积淀的"博物馆"。

历史空间环境肌理保护:以地方性、亲和性、和谐性、人性化及自然性为特点,使山、水、林、木、街、巷、院落具有村落历史空间环境肌理的典型性。

历史文物价值保护:文物古迹的确定等。

传统工艺、技艺保护:云舍土家族手工造纸有着悠久的历史,于元末明初传入,相传是土家族的祖先拜蔡伦为师学艺,精学造纸,传承至今。

优秀传统道德和民族精神保护:在整体中保护弘扬尊贤敬祖、敬老爱幼、爱国爱家等优秀的传统道德和民族精神。

传统民俗风情保护:保护和恢复村落茶楼酒肆、商街铺面、招牌幡子、家具陈设等民俗风情和活动,激活古村的传统生活气息(图14-1)。

整体环境保护:自然山体、水体,以及名村水系和连接山体、水体的历史文化保护区保护和继承山水村寨的格局,强化环古村山水绿化带与名村空间格局的关系,强化道路和沟渠的走向、名村的主要建筑群位置及外部空间,以及古树名木、具有民族特色的人文景观。

2. 云舍村的旅游产业发展布局

云舍村旅游空间布局划分为"一核心、一环、三游览区"(图14-2)。

图 14-1 云舍村清静安宁的生活状态

图 14-2 云舍村旅游资源现状图

1. 村入口广场；2. 亲水平台；3. 龙珠含碧；4. 迎宾道；5. 第一脚庵；6. 村文化中心；7. 梵净天书；8. 石虹春涨；9. 造纸作坊；10. 龙潭宝镜；11. 白虎归堂；12. 核心环道；13. 乐溪烟雨；14. 喊话井；15. 村舍夕照；16. 仙居涌泉；17. 石来运转；18. 楠荫半亭；19. 北峰石林；20. 古道清幽；21. 停车场；22. 夏鹭犁田；23. 花海景区

"一核心"是指云舍土家村寨建筑群；"一环"是指村寨观光体验旅游环；"三区"是指根据道路和水渠的走向不同，划分成三个分区，即龙塘景观区、土家民俗活动区、农艺观光区。

3. 主要开发的乡村旅游产品

（1）云舍土家族民族文化旅游产品

以土家云舍为主要的旅游吸引物，对土家族的民俗文化进行集中展示和展演。向游客展示各种民间绝活，通过具体的体验感受土家族民俗传统文化。产品包括民间传统杂耍技艺表演、民间工艺品购买及学做、民间手艺绝活展示、土家宗教、民间庙会体验、土家节庆等。

（2）新土家族生活类旅游产品

结合现代人的生活需求，深度挖掘土家族传统文化，开发反映土家族新生活类的旅游产品（包括土家美食、土家艺术文化、土家族生态博物馆、土家族服饰、土家族歌舞与民俗表演）。

四、实习思考与研讨——乡村振兴背景下传统村落发展乡村旅游的机遇

（一）传统村落保护意义

"暧暧远人村，依依墟里烟。狗吠深巷中，鸡鸣桑树巅。"传统村落真实反映了农耕文明时代的乡村社会生活，也是中国传统建筑的重要组成部分，体现了一种人与自然和谐相处的文化精髓和空间记忆（潘铎印，2021）。传统村落是指拥有物质形态和非物质形态文化遗产，具有较高的历史、文化、科学、艺术、社会、经济价值的村落。传统村落承载着中华传统文化的精华，凝聚着中华民族精神，是维系华夏子孙文化认同的纽带，它保留着民族文化的多样性，是繁荣发展民族文化的根基。但随着工业化、城镇化的快速发展，传统村落衰落、消失的现象日益加剧，有研究显示，我国的传统村落正以1.6个/天的速度消失（李畅，匡成铭，2020）。加强传统村落保护发展刻不容缓，为促进传统村落的保护和发展，住房和城乡建设部、文化部、财政部于2012年组织开展了第一次全国传统村落摸底调查，确定将具有重要保护价值的村落列入中国传统村落名录。2013年和2014年分别印发了《传统村落保护发展规划编制基本要求》《关于切实加强中国传统村落保护的指导意见》《关于做好中国传统村落保护项目实施工作的意见》等相关政策法规，防止传统村落的盲目建设、过度开发、改造失当等破坏现象的出现，对积极稳妥推进传统村落保护项目的实施、保护与发展起到了良好的指导作用（石勇美，黎程骏，叶强，等，2019）。铜仁市江口县太平土家族苗族乡云舍村为第一批列入中国传统村落名录的村落。

（二）乡村旅游在传统村落保护与乡村振兴中作用与角色

随着2021年《中华人民共和国乡村振兴促进法》的颁布实施，全面实施乡村振兴战略成为国家重要的发展战略之一。乡村旅游作为富民兴村实现乡村振兴的重要途径，对推动乡村生态与文化资源的活化创新和乡村特色产业的旅游赋能，对推动乡村振兴工作的高质量发展具有重要的现实作用。中共中央、国务院印发的《乡村振兴战略规划》明确指出，历史文化名村、传统村落、少数民族特色村寨、特色景观旅游名村等自然历史文化特色资源丰富的村庄，是彰显和传承中华优秀传统文化的重要载体。把农耕活动与休闲农业、传统农业文明与现代乡土文化有机结合起来，能够促进农村一、二、三产业融合发展，推动乡村生产、生活、生态三位一体发展，从而有力推动乡村振兴。

传统村落要活化，要保留传统文化，但不要一味、被动地保存或者原封不动地保存，要实现传统要素和现代功能的有机结合。活化是有效保护、积极保护，好的活化一定是本地文化，但并不意味着一成不变。旅游业在传统村落保护的领域中具有作用空间，用乡村旅游来拯救传统村落是最朴素的思想（陈聪，王军，2021）。传统村落除具备一般村落所拥

有的乡村要素外，还是传统文化的富集区，具有发展旅游产业的优势。发展旅游产业能够调整乡村经济结构，提升各类资源的利用效率。

民族传统村落是历史文化传承、延伸和见证的载体，是各民族生活生产的重要地域，有着多姿多彩的民俗文化和充满了独特的民族风情。传统村落是在长期的农耕文明传承过程中逐步形成的，具有历史文化传承、推进农业现代化进程、推进生态文明建设的重要价值。传统村落也是发展乡村旅游、创新农村农业发展道路的基础，是广大农民社会资本的有效载体。传统村落旅游业发展的重要驱动力来自游客感知到传统村落聚落空间及其服务的乡村性（陈慧灵，徐建斌，杨文越，等，2021），乡村性是指乡村空间、发展特征、民俗民情、乡村文化与记忆、乡村生活方式等乡村特征。

（三）传统村落乡村旅游健康发展的关键环节

1. 坚持统筹保护、利用与发展的关系，保持村庄的完整性、真实性和延续性

切实保护村庄的传统选址、格局、风貌以及自然和田园景观等整体空间形态与环境，全面保护文物古迹、历史建筑、传统民居等传统建筑。尊重原住居民生活形态和传统习惯，加快改善村庄基础设施和公共环境，合理利用村庄特色资源，发展乡村旅游和特色产业，形成特色资源保护与村庄发展的良性互促机制。传统村落可看作是特殊的文化遗产地。乡村地域相较于城市封闭偏远，较少受破坏侵占，随着旅游的深入发展，乡村发展外部驱动因素增多，乡村地域系统演变剧烈，对乡村地域文化遗产资源和社区主体生存环境影响深切。乡村旅游发展背景下，为实现旅游地空间再造，存在将乡村社区居民迁出乡村的现象，通过重新改造乡村社区空间，将社区作为展演文化的场所。而社区主体缺失的文化遗产地再造，原真性要素易于流失，社区实体易被瓦解（陈新新，李伯华，窦银娣，等，2021）。

2. 提高村民文化认同感，促进文化自觉

尊重当地村民合理、健康的要求，让村民既能住得安全、舒适，又能享受现代文明所带来的成果。尊重村民的主体地位，在发展与保护的过程中能够与村民一起探讨科学合理、因地制宜地发挥村民主观能动性的机制，提高村民对本土民族文化和本村文化的认同，这样更有效地保护好古村落，才能真正留住文明记忆（石勇美，黎程骏，叶强，等，2019）。以村民需求为首要内容，有计划地保持村落原生态的环境、文化和生活方式，让当地村民生活得更舒心，做到村域的环境、民居的外观不变和提升民居的内部品质，保持保护和发展的持续力，形成保护与发展的良性循环。在让村民生活质量提高的同时，宣传传统村落的精神品质、文化内涵。

3. 逐步进行社区增权，加强社区参与

社区参与是指社区权利主体运用制度化的组织与途径公开表达利益诉求的过程，在旅游情境中探讨社区参与，旨在决策、开发、规划、管理、监督等过程中，充分考虑社区需求，并将社区视为开发主体和参与主体，以保证旅游可持续发展和社区发展（陈新新，李伯华，窦银娣，等，2021）。旅游发展过程中易出现社区去权问题，需要通过"社区赋权"过程，将其转变为"社区增权"。社区赋权方式包括权力合作（power to）、权力支配（power over）、权力共有（power with）和权力激励（power from within）等方式（Rowlands，1997），其中，权力合作旨在提高社区主体抵抗和挑战权力的能力，达到所有相关主体共赢的局面；

权力支配是指将权力当作市场资源，在权力供应有限的前提下，(话语)权力由占据主导地位且文化水平更高的主体掌握；权力共有指通过合作或集体力量提高满足需求和利益的能力，强调社会群体整体权力提升(权力合作则强调社区个体之间权关系属性)；权力激励是指通过激励机制，使社区从自我接受及自我尊重扩展到尊重接受他人的过程，单凭个人力量很难实现权力激励，需要政府制定政策鼓励扶持(陈新新，李伯华，窦银娣，等，2021)。权力共有路径下，强化政策透明度和社区话语权，有助于社区主体参与治理；权力合作路径下，扩充资源分配渠道、强化主体合作关系，有助于社区治理渠道扩展；权力激励路径下，规范治理主体、治理对象及监管方式，有助于社区治理政策细化(陈新新，李伯华，窦银娣，等，2021)。

4. 推进农文旅融合，改善村落旅游服务条件

传统村落当地居民积极参与到旅游活动中，是传统村落保护的有效途径之一(唐子清，石谦飞，2021)。传统村落农文旅融合主要表现出生活功能旅居一体化、生产功能旅游化、生态功能景观化、旅游功能多样化的旅游适应性特征，通过生活空间的人文景观营造、民俗文脉挖掘、高质旅游服务模块构建、乡村生态环境保育与自然景观修复，实现乡村农文旅融合发展。在符合村落保护规划的前提下，优先安排传统村落基础设施和公共服务设施的建设，改善居住条件，提高村民生活环境品质和水平，推动旅游业发展。

5. 建设长期维系景民利益关系的长效机制

传统村落旅游业的迅速发展，还会有大量资本涌入乡村以追求获益，在此情况下确保"景民"维持长期的利益关系就十分重要，至少需要做到努力提高村民文化素质，争取让有能力的村民进入更高的管理岗位中；随时就"景民"关系进行评估，纠正可能出现的各种偏差；提供就业培训的机会，保证村民的基本就业选择权利。

传统村落旅游业发展为乡村脱贫和乡村振兴提供了有效助力，但由于旅游资源的易损和不恰当的开发方式，部分村落的自然和人文风貌在旅游开发中遭受破坏性冲击。传统村落的保护是一个涉及多个领域众多复杂因素的综合工程，只有建立起全方位的传统村落保护体系，让村民怡然自得地生活在其中，传统村落才是真正"活"着的村落，才是弥漫着人间烟火气息的令人向往的村落(李畅，匡成铭，2020)。应以尊重传统村落发展规律、守护文化传承、保持历史价值为底线，更好地延续乡村文化脉络，守住乡村文脉的根。本次实习考察调研的云舍村进行旅游化发展，一方面让外来人知道和了解到土家族民俗文化、土家族建筑文化；另一方面也帮助村民树立了旅游发展理念，增加了村民的收入，让村民从被迫要求保护走向自觉保护之路，有效促进了传统村落的有机更新、有序发展。

第十五章 沉浸式场景体验地
——洪江古商城

一、实习目的

了解洪江古商城的历史地位,学习沉浸式旅游解说历史文化旅游景区资源展示过程,掌握物质文化遗产与非物质文化融合打造文化旅游产品的方法。

二、实习内容

(一)旅游活动中沉浸式场景展示方式

随着人们消费观念的转变和大众旅游的日益繁荣,现代旅游活动已不再局限于走马观花式的自然观光旅游,而是向着内容丰富、形式多样的文化旅游方向发展。旅游者越来越关注旅游地居民的生产和生活方式,注重感受和体验旅游地文化。旅游活动中的场景是一个综合性的概念,它实际上是由客观的场所、景物、空间、氛围和主观的认知、情感、审美等共同组合而成的一种"情境",它是在保留旅游目的地地方文化、民族文化精华内涵和基本形式基础上的一种艺术加工和场景呈现。旅游地通过场景打造展现的旅游地文化,使旅游者获得一种仿佛置身于其间的美好体验。"场景化"打造旅游产品,不但可以将旅游目的地的文化展示在旅游者面前,以吸引和招徕更多旅游者,也可以使旅游者深切地感受和品味旅游地的文化蕴涵,进而提高旅游体验的质量(谢春山,2019),这种旅游产品开发设计方法,通常被称为沉浸式旅游产品设计。沉浸式旅游产品设计是为旅游者创造全面的体验,即通过塑造感官及思维、情感体验、吸引旅游者的注意力,并引起旅游者的情感共鸣或思维认同,为旅游产品和服务找到新的价值和生存空间。

(二)沉浸体验质量测量方法

沉浸体验既可以通过构建度量指标进行问卷调查,也可以通过高唤醒、眨眼率和脑电波信号等生理量度指标的方式来进行测量。一般来说,沉浸体验的测量方法有描述性调查法、活动调查法和经验抽样法。描述性调查法是由被试者描述一段沉浸体验,然后用调查工具来评估这段经历;活动调查法主要是由被试者先参与指定的活动,使用调查工具回溯评估他们的沉浸体验;经验抽样法是指由研究人员事先了解或者获得个体比较真实的体验感受,为增进研究结果的精确性和相对客观性,选择这些典型的个体用于研究被试活动中的沉浸体验。沉浸体验状态包括清晰的目标、明确的反馈、技能与挑战的平衡三个前因条件,和注意力集中、行为与知觉的融合、感知控制、感知时间感变化、自我意识的丧失、自成目标的体验六个维度(Csikszentmihalyi,1990)。针对沉浸体验包含的内容维度有诸多观点,有五维度(Engeser,2012)、三维度(Bakker 2008)、二维度(Rheinberg Vollmeyer,Engeser,2003)之争,Jackson 等编制的沉浸状态量表(flow state scale,FSS),提出沉浸体验的9个维度为：目标明确、反馈及时、挑战—技能匹配、行动—知觉融合、集中、无意识的控制感、丧失自我意识、时间失真、自觉体验。总的来说，沉浸体验的延伸应用研究都是基于Csikszentmihalyi提出的三个前置条件和六个维度。与此同时，也有研究者提出不同观点，认为沉浸体验是一种单维结构，是集中精力完全专心于某种活动的积极体验，伴随着行动与意识的融合，注意力高度集中，自我意识暂时丧失（Remy，2002），多维度的变量只是对同一种心理状态的不同语义描述，变量的测量由于受不同因素交互作用的误导显示出多维结构（Schiefele，2013）。

三、实习地点与内容

（一）洪江古商城

沈从文在《沅水流域识小》（后更名《湘西》）中开篇便道："由辰溪大河上行，便到洪江，洪江是湘西的中心……通常有'小重庆'的称呼。"在《常德的船》中又曾这样描绘："在沅水流域行驶，表现得富丽堂皇，气象不凡，可称巨无霸的船只，应当数'洪江油船'。这种船多方头高尾，颜色鲜明，间或且有一点金漆饰……下行可载三四千桶桐油，上行可载两千件棉花，或一票食盐。用橹手二十六人到四十人，用纤手三十到六七十人。"

洪江区位于湖南省西南部雪峰山区，东、西、北与黔阳县（今洪江市）接壤，南与会同县毗连，城区位于沅水及其三大支流渠、舞、巫三水汇合之地，三面临水，既是我国中南地区的最后一道商门，也是进入大西南的第一道门户；既是古称五溪蛮的核心区域，又是湘西南重要商埠之地，素有"小南京"和"小重庆"之称。从地图上看，洪江是个弹丸之地，步行一个小时不到就可穿越城东、城西。然而就是这弹丸之地，汇聚了直通洞庭入长江的沅水、巫水和舞水，上扼滇、黔、蜀的颈口，下开洞庭、长江的航道。地理位置十分有优势。洪江古代就是连接湖南、湖北、贵州、云南、广西的重要通道和物资集散转运地，历来有"五省通衢"的称号，明清两代，洪江已发展成为湘黔边境地区的商品转口贸易市场，是湘西重要的水运码头和繁华大商埠。在此基础上，众多人文旅游资源实体形成并保留至今。

1. 历史沿革

据出土文物证实，早在新石器时代洪江地域已有人类活动。夏代为荆州之寺，周代末年隶属于楚。秦代属黔中郡地，西汉为武陵郡镡成县地，南北朝属武陵郡舞阳县，隋代属辰州龙檦县地，唐代属巫州郎溪头，五代属楚，后被置洪江铺，元贞三年，设洪江巡检司，并移绥瑶务州判驻洪江，明时设洪江驿，清时会同县若水巡检司移驻洪江，隶属靖州协。民国初，称洪江镇，国民党统治时期是湖南省第四区、第七区、第十区行政督察专员兼保安司令部公署所在地。抗日战争后期，在此设立湖南省政府洪江行署，辖第六、十两个专区。1949年10月4日洪江解放，解放初，置洪江市，隶属会同专区。以后市镇建制交错更迭频繁，至1979年9月经国务院批准，恢复洪江市，属黔阳地区（1981年6月30日改为怀化地区）。1988年11月，经湖南省人民政府批准为省经济计划单列市，1998年与原黔阳县合并为洪江市，1999年市区分治，2002年设立怀化市洪江区。市区设河滨路、沅江路、高坡街、新街4个街道办事处，共31个居民委员会；郊区辖桂花园、常青、横岩3个乡28个村。洪江古商城为洪江区一处最重要的景点。

2. 洪江文化发展脉络

(1) 洪江文化渊源

洪江先民为瑶畲族，是五溪蛮中最早同化的一族。因"北人南迁"的各方移民，将各地的传统文化、习俗、文明带到这里，与五溪土著文化融汇一体，洪江地域文化不仅兼容了中原、荆楚、巴蜀、百越文化的补养，对各民族文化包括汉民族文化也均有承传，其历史底蕴与内涵十分丰富，文化沉淀与含量极为厚重：源于人类野蛮时期的自然宗教——土著巫教，堪称一绝；号称古化石的目连戏及濒临消失的傩祭，独成风景；盘瓠神话、龙犬图腾，有据可考；华夏民族、北人南迁，驿道可寻；古墓雕刻、牌坊石兽，随处可见；山城风水、"河山太极图"，神奇壮观。

(2) 五溪文化

五溪指沅水上游的五大支流：雄溪（巫水）、㵲溪（渠水）、酉溪（酉水）、舞溪（舞水）、辰溪（辰水）。五溪文化就是五溪地区以汉、侗、苗、土家为主的多民族人民在长期的生活、生产、实践中创造的一种地域文化，是湖湘文化的重要组成部分。

五溪文化是一个多民族的多元文化。神秘诡异的巫文化在五溪文化中占有重要地位。王逸在《楚辞章句·九歌序》中说："昔楚国南郢之邑，沅、湘之间，其俗信鬼而好祀。其祀，必作歌舞以乐诸神。"如今此风犹存，在五溪各民族中，至今仍流传着有中国"戏剧活化石"之称的"傩戏"，它与"辰河戏""阳戏""傩技""巫技"等，都有着鲜明的巫风。

五溪文化一个重要的来源是楚文化。"乘船余上沅兮，齐吴榜而击汰。"当年，被顷襄王放逐到江南的伟大爱国诗人屈原曾流离沅水，行吟泽畔。屈原还根据当地祭神歌曲，创作了光耀千古的诗篇——《九歌》。

少数民族创造的神奇瑰异的文化，成为五溪文化中最富魅力的部分。如以盘瓠文化为内容，集传统的苗绣、剪绣、宗教画、木版画等民间艺术为一体，成为中国美术的一朵奇葩。

(3) 巫傩文化

古巫生巫风，洪江为古五溪蛮地，巫傩文化颇为明显。其实巫傩文化在北方称为萨满文化，是宗教活动。洪江开埠早，接受汉族文化早，因此，汉文化占主要地位。

洪江的巫傩文化主要体现在会馆文化上，明清两代以后，各地迁来洪江并集资组织会馆的商会，为了祭祀祖先和神灵的保佑，都建有寺庙，都有自己专门的崇拜对象。如江西祀许真君；福建祀天后；浙江五府祭关帝；贵州祭福主张端之等，所祭都是本族的崇拜对象。

这些客住洪江的商人，仍沿用旧俗，重宗族、论辈分、重男轻女、迷信神鬼。每逢时令节日，都会虔诚地祭祖、拜佛、敬神。筹办红白喜事，则择月选日，重门第、讲排场、礼仪繁多。洪江的巫傩文化在商人心里有一定的分量。如逢旱做的罗天大醮，就是一种非常有代表性的巫傩文化活动。水予以洪江人特殊的意义，不但农民们靠水发展农业，商人们也靠水发展商业，因此求雨很受重视，过程也很讲究：设坛求雨，称打雨醮；祈求平安称打清水醮；驱邪又求雨称打罗天大醮（48天夜以继日不停敲明钟，还要在通衢水陆码头放48个焰口，每天换一个地方）。

今天，我们走在洪江古巷中，常常可以看到人家门上贴着"鬼画符"及门口的"泰山石敢当"等，就是为了避邪。另外，洪江人也迷信巫傩面具，那些画着各种神像的面具常见于一些活动上。

(4) 沅神文化

沅神文化是指以洪江为中心的沅水流域河神崇拜形成的巫傩文化、戏剧文化的泛称。150年前，在湘西南与黔东南接壤的广大地区，无人不知杨公菩萨。这位威震一方的土著神祇在人们心目中无比神圣与崇高，在杨公面前，人们顶礼膜拜，祈求他赐予吉祥平安。据各方史志记载，杨公本名杨漱，亦名杨五，有兄弟三人，籍贯洪江市托口，清朝时"平苗有功"，殁后敕封为神，后又被封为镇江王，即保佑水上人平安的河神，在杨公家乡托口侗乡，流传有"杨素(漱)用纸人、纸马与朝廷官兵打仗，寡不敌众，被敌军削掉下巴而死"的故事，后来为纪念杨漱，便把青木村改为今天的托口镇。杨漱埋葬在托口的豹雾山下，并修建了杨公庙(也就是后来各地数以千计杨公庙朝拜的总庙)。民间有诗云："各县修座公庙，年年月月显威灵。托口修座杨公庙，历来巫冈盛行。"每年五月端阳日，沅水各地杨公庙均由巫师主持庆庙祭祀，搭台唱戏。按照当地的民间祭祀习俗，对杨公的崇拜不在儒、释、道任何一教的范畴，而属于民间巫傩系统。在杨公庙里，巫师班演唱傩戏的锣鼓声常年不歇。在会同侗乡，每年正月初二，有抬杨公神像游乡的习俗，所谓可保一方平安。因此，杨公自宋代出现、几经演变到清代中叶以后不但成为沅水上游少数民族群众广泛信奉的河神，而且成为这一带群众信奉的地方保护神。

3. 洪江古商城的发展脉络

(1) 战国驿站

在春秋中叶，诸子各国都出现了私商，那时的商人"能金玉其车，文错其服"，煮盐业以齐国最为著名，漆器以楚国最为发达。而此时的洪江属楚国，是楚国"洪油"(即漆油)的主要产地和加工场地之一。战国时期，各国的市场已是店铺林立，商业兴旺。到西汉时，民间有了"用贫求富，农不如工，工不如商，刺绣文不如倚门市"的谚语，黄河、长江流域繁华起来，尤其是长江流域各大支流的沿岸，因为物质流通而形成了大小各异的货物集散地与城市。洪江因为地处西南门户，从贵州而来的江河在此汇入沅江，而沅江又是洞庭湖汇入长江的主要水系，因而形成重要的驿站。四川的物资汇到三峡前就由长江转入酉水，经酉阳、秀山进入沅陵(古黔中郡府地)的沅水，在湘西洪江换苗船经贵州黄平(古且兰国旧址)到达清水江的源头，再换马帮进云南；各地物资由大船运到洪江再改小船运往各地。

(2) 唐代草市

在唐代，我国已经有市场管理机构和行业组织的形式。如市内的店铺称"肆"或"铺"，出售同类货物的肆集中在一个区域内称"行"，行有行头，负责交纳官税。"行"是同业工会组织，如金行、铁行、油行、盐行、药行等，以水域为主干线，长江、运河、淮水以及南方许多湖泊构成纵横交错的水道网，并将许多城市串起来，形成全国整体的经济动脉。如唐代官府当时设置的官驿就有1639个，四川的成都、江苏的扬州、浙江的杭州、福建的泉州、广东的广州等都成了繁华的都市。

当时离县郡府地有一定的距离，但交通便利，因货物集散所需形成的集市称为草市。洪江就是那时的草市，工商业已有雏形，也有了最初的商城特征，如有了"铺"(即商业贸易的场所)。

(3)明清商城

我国历史上有数次全国性人口迁徙,富饶的荆楚大地自然成为北方移民的主要去向。"安史之乱""靖康之乱"及朱元璋"调北征南"使得北人南迁愈演愈烈,荆湘之地人口激增。而世居的楚人只得一次又一次向西南的巴蜀腹地转移。但更多的荆楚移民却选中了西南边陲的崇山峻岭和江河险滩定居下来,同时也将多姿多彩的荆楚民间风俗和传统的楚文化带到了这里,曾是五溪蛮的洪江,其生活习俗、服饰、饮食、语言话音至今仍保留着"楚声西移"的痕迹。历史上的动荡和战乱,虽给我们的民族带来过难以弥合的创伤,但却造就了洪江古商城的长盛不衰。明代嘉隆年间(1802—1820年),正值资本主义萌芽之初,商品经济初具雏形,传统的"四民地位"由"士农工商"转化成"士商农工"。商业这种备受冷落的末业,便被移民而来的洪江人首肯认同,作坊、店铺、客栈、钱庄、寺院、殿庙、宫馆等应运而生,全城3.76万人,经商者就有1.3万人。清康熙二十六年(公元1687年),著名文人王炯在《滇行日记》中记载了"烟火万家,称为巨镇"的洪江,以"商贾骈集,货财辐辏,万屋鳞次,帆樯云聚"的水运交通便利,吸引了全国二十多个省的商贾游客和流寓之人纷至沓来。行商流动,来往返复;坐商久住,了孙繁衍,商客们为联络族谊之情,维护同乡利益,各成一帮,相继设立了一大批以"十大会馆"为代表的商业会馆。这些会馆大都始建于清康熙、乾隆年间,几经翻修,馆舍更是巍峨堂皇、气势不凡,各馆均置有大量房地产,收入颇丰。除祭祀宴会外,大部分用来兴办公益事业,以示慈善。

随着商品经济的形成和各行各业的拓展,商客们在以同乡相聚的同时,又以同业相聚组织行会,建立了以粮食业的炎皇宫、药材业的药王宫、屠宰业的三义宫、木作业的鲁班宫和嗣后发展成大行业的钱庄、油号、盐业、木业、布业、衣业、烟业、酒业、纸业、苏广、南杂、瓷铁、首饰、金号等"五府十八帮",并根据洪江的地理环境,以山为骨架,以水为血脉,先后建造了一大批寺院、古庙、会馆、钱庄、油号、洋行、作坊、店铺、客栈等建筑(窨子屋)群,使洪江古城形成了"七冲、八巷、九条街"的格局。清乾隆十六年(1751年),据《洪江育婴小识》记载:"当是之时,列肆如云,川楚之丹砂、白蜡,洪白之胶油,木材之坚美乘流东下达洞庭,接长江而济吴越,连帆大舳衔尾而上,环货骈积,率以花布为大宗,南连桂林,西趋滇黔,利市三倍,居市者长子孙,百工技艺之流襁至而辐辏,地窄人众,至劈山湮谷,连屋层楼,栉比而居,俨然西南一都会。"

洪江凭借水运交通的便利,开创了属于自己的鼎盛时期,造就了独特的商业文化氛围,发展成为滇、黔、桂、湘、蜀五个地区的物资集散地,成为大西南地区的物资吞吐枢纽、金融中心和政治、军事、经济、宗教、文化中心;地处显要,历代为兵家所争夺,是各省军阀的发祥地、财源地、镇守地。也可以说,军事武装力量使洪江古商城得到了较好的保护,也让洪江商业得到了从容发展。

洪江以交通集散地而得名已达数百年,近代商业文明也因得地理之优势而率先发展,是近代商业发展的标本,是中国内陆资本主义萌芽的活化石。古商城商贸行业涵盖各个方面,手工作坊、商行、商号、钱庄、镖局、货栈等应有尽有,还有相应的行会组织,各行各业协调稳定发展,这在中国可以说是一个奇迹。值得研究的是洪江当时基层组织管理模式。在民国之前,中央没有在洪江设过政权组织,其军事、治安都由机构管理,其民政、教育、建设、保甲、民事纠纷全由十大会馆出面办理，这种宽松、粗放的管理模式为经济兴盛创造了条件，并促成了洪江古商城资本主义萌芽的产生。洪江区别于其他古城最大的特点是商品经济发展衍生而成的完整的手工作坊系列和商行、宫馆系列。徜徉于商城内，驻足于码头，依然可以触摸到封建社会晚期经济结构逐步向近、现代商品社会转变的脉络，感受到当时洪江商贸的繁荣景象。

4. 洪江古商城商业特征

洪江古商城的"商"，有着丰富的内涵。

(1) 五府十八帮

洪江的行会几乎涵盖各行各业，有油号、金号、盐业、木业、布业、衣业、烟业、酒业、纸业、瓷业、铁业、首饰业等，被称为"五府十八帮"。每个行业有各自的行规和行业暗语。在这些行会中，最有财源的是木材和洪油。木材行是老字号，是宋代以前就有的行业，只是在明清时更加繁荣昌盛。洪江的木材，早在明清前就"木材之坚美，乘流东下达洞庭，接长江而济吴越"的记载。在洪江古商城的窨子屋院里，一根根顶梁圆头木柱上有着许多镌刻得很深的篆体字，那是鲁班宫木业行先祖们发明的行标，叫"斧记"，是老洪江"水客"商特有的标记。为了不混淆各行的货物，也为了不让小偷偷走自己的木材，洪江经营木材生意的"水客"们便发明了"斧记"，即用铁器在木材上锉个属于本行的字作为区分的标志。有了"斧记"，再聪明的小偷也不敢偷木材，因为从贵州到汉口，大凡是"水客"都知道不同"斧记"的主人是谁。在木材上凿"斧记"也就逐渐变成了约定俗成的行规和独特的商业品牌标志被传承了下来。

洪江出洪油，洪油以洪江而得名。先秦时期五陵蛮地桐油就备受沿海船商、建筑者和帝王宫殿的青睐。洪江的洪油以初炼之桐油经过加工而成，因色泽金黄明亮，能防腐蛀。晚清时，洪江经营洪油的大商号有张积昌、高灿顺、肖恒源、庆元丰等十几家，其资本占洪江全市商业资本的三分之一，常年产销10万担，多时达20万担，到中华人民共和国成立之时，洪江的油号还有11家。

(2) 行业公会

旧时洪江的各大行业都成立自己的行业公会，也称同业公会。每个公会订有各自的规章制度，凡本公会的成员都得严格遵守。老会员要按时缴纳会费，新会员要交纳入会费后才可以营业，会费多少由各工会自行议定。有些公会用收得的会费购置会产，修建会馆，并按期举行祭祀行业祖师爷的庙会。祭祀大典的程序一般是：开祭、唱大戏、办宴席，少则一天，多则三五天，会员和弟子都有权参加。

洪江各行业公会祭祀的祖师爷以及时间不一样。例如，商业公会七月二十二日在财神殿祭祀赵公明；米业六月初六在炎皇宫祭祀炎皇；药材业四月二十八日在药王宫祭祀孙思邈；屠宰业二月初八在三义宫祭祀张飞；泥木业五月初七在鲁班宫祭祀鲁班；造纸业在蔡伦宫祭祀蔡伦等。

(3) 旧时金融

①钱庄、银行 洪江的商贾多了，钱庄就应运而生。钱庄从一两家发展到23家，就连湖南省主席也到洪江开办一家复兴银行，这不仅在洪江是一大奇迹，在整个湘西、湖南甚至全国也是一大奇观。

②票号　当时洪江的票号在全国很有影响力，据说平遥的票号"汇通天下"，而洪江的票号是"天下汇通"。

③银号　洪江大银号有裕通祥、裕通恒、义孚康、久大庄等，汇兑遍全国。据1920年长沙大公报载，洪江每一比期(半个月)与汉镇汇兑总数在十万元。

(4)服务业

客栈。洪江小，从城东走到城西不用一个小时。但是，就是在这一座小小的山城里，从有历史记载的清代到民国，这里的客栈多逾百家。那灯连着灯、门挨着门、墙贴着墙的客栈，迎来送往，是洪江一道亮丽的风景线。

洪江的客栈，从明清开始，往来的客商多住在专业的行栈，如木商住木行；油商住油号；米商住米行。到清末民国时期，闲人游玩的多了，旅舍成了专门供过路人临时住宿的地方。据《洪江志》记载，当时较大的旅舍有洪江大旅舍、悦来客栈、湘黔旅舍等，小的客栈遍布街市，主要接待过境的放排工、船工、赶场商贩等。

(5)古商行行语

洪江的商行延续了逾千年，从萌芽发展到兴旺，形成了很多约定俗成的商业行当的民俗与俗语。这些行语形成洪江特殊的文化。

①"山客""水客"和"木牙"　老洪江的木行分"山客""水客"和"木牙"。从产地贩运来洪江出售者称"山客"，买方称"水客"，专为"山客"和"水客"联络的叫"木牙"。清代鼎盛时期，洪江的"山客"就有151户，"木牙"15户，"水客"200多户。

②牙行　是洪江经纪人的一种职称。牙行就是用嘴、牙齿说话的行业。牙行专门为买卖双方牵线搭桥，成功后收取一定的手续费。

③劝盘　木行行语。负责与买卖双方协商购销价格，并派出围量手丈量木码、计算货款等。旧时的洪江，凡是河上的木排交易，都必须经过木行介绍，买卖双方不得私自交易。事成之后，木行向卖方收取成交额的3%作为手续费，向买方收取0.6%的围量费。

④提篮子　旧时洪江把个体经纪人称作提篮子。他们经常在市场活动，深谙行情，了解什么人需要什么货，一旦生意对口，便提篮子前去撮合。成交之后收取一定的酬金，旧时的洪江非常讲究商业道德，即使买卖双方不见面，由提篮子人中间经手，也不会发生"窃盘戴帽"、少报多收或多报少收之事。

⑤定店员　洪江旧时的"定店员"，用现在的话解释就是"炒鱿鱼"。旧时洪江定店员还有一个俗称叫谈生意。每年年初，商店老板备办一桌酒席宴请店员，入席前，每个店员都提心吊胆地揣摩着老板的心思，害怕自己被请到首席，因为首席是为新年的解雇员准备的。虽然老板会在酒过三巡之后才明白地说出请君另谋高就，但老店员一看就明白老板的决定。这种酒也叫"钱行酒"，定店员一般一年一次，油号则是一年两次。

⑥打牙祭　意为老板给员工开一次荤，吃肉、喝酒。在旧时的洪江，商店、手工业者、作坊，每月初一、初八、十五打牙祭。油坊、油号每月四次牙祭，即初七、十五、二十三、月底，每人每次半斤肉半斤酒。

(6)洪江人经商之道

洪江商人注重信誉，无论在外地或本地，无论是批发或零售，多为赊销。赊销的方式是早上赊，晚上付款；平时赊，按期付款或约期付款，很少发生赖账、少付等现象。

洪江有许多深刻的经商哲理。有句老话叫"客无三代富，本地无财主"，说的是洪江发财的人都是外籍商人，但再富也不过三代。这块黄金土地上淘金者太多，竞争非常激烈，每天有暴发户，每天也有破产户，稍不留意就会被淘汰。因而留下了许多富有哲理的商业铭言和警训。太平缸诗词以"孝、悌、忠、信、礼、义、廉、耻"为主题，梁家曾祖父一代创下的家业曾占了洪江的近四分之一，但到他祖父那代，家境开始破落下来，等到了他父亲那代，守着的家业就是那栋嵌着古卷体字的院子了。洪江四大巨贾之一的朱志大有句家训道："子孙强似我，要钱做什么？子孙弱似我，要钱做什么？"看似无情，却很有哲理。

对洪江商人颇有影响的还有清代扬州著名书法家郑板桥的名言"吃亏是福"，镌刻在古商城青石板巷塘冲1号的古窨子屋墙壁上，题头写的是"吃亏是福"，内容写的是"满者损之机，亏者盈之渐。损于己则利于彼，外不得人情之平，内得我心之安，继平且安。福即是矣。"这里有一段故事：据说洪江有一位著名的书法家叫郑煊，是郑板桥的远亲。他早年随家乡经商的队伍来到洪江，没想到在五溪蛮地竟然有这么一个繁华的商城。于是一时兴起，举家迁居洪江。有一次，郑煊做木材生意，货已运到外地，价却狂跌，如果卖掉，必将血本无归。郑煊痛苦至极，以为自己的末日到了，将苦恼告诉郑板桥。于是郑板桥便送给郑煊这幅勉词。郑煊精神上得到安慰，心境也逐渐平静下来，便带着自己的货船回到洪江，没想到回洪的路上，木材价格突然上涨，郑煊意外发了财。回家后，郑煊静静地思考着郑板桥的题词，从中体会出人生哲理，并将之作为家训刻在窨子屋的高墙上以示后人。

由于郑板桥名声在外，在洪江，不仅文人墨客会在此大大感慨一番，连洪江的商家和路过洪江的商人也会专程来瞻仰郑板桥的墨迹，并深思其中的寓意。

(二) 洪江古商城考察学习内容

1. 了解洪江历史文化特点

从民俗角度来看，洪江区强烈的个性反映在其民俗文化的融合性、多样性和质朴性上。具体反映为三条主要线索：一是利用其作为古代水上交通要道而发展起来的商业文明；二是伴随商业繁荣的各民族文化撞击；三是承担起宗法伦理的湘西民风民俗。

(1) 民族融合缩影

我国历史上数次全国性的人口迁移，富饶的楚荆大地是北方移民的主要去向。历史上"安史之乱""靖康之乱"及朱元璋的"调北征南"使得北人南迁愈演愈烈，荆湘地区人口剧增，而世居的楚人只得一次又一次向西南巴蜀腹地转移。但更多的荆楚移民却选中了西南边陲的崇山峻岭和江河险滩居下来，同时也将多姿多彩的荆楚民间风俗和传统的楚文化带到这里。曾是"五溪蛮"的洪江，在经营习俗、生活习俗、服饰饮食、语言话音等方面仍保留着"楚声西移"的痕迹。如民间传统戏剧有常德汉戏、祁剧、京剧、木偶戏等；民间曲艺有快板、渔鼓、三棒鼓等；民间传统娱乐有下棋、养花种草、斗鸡、放风筝等。

(2) 开放、包容典范

古代城市往往筑有高高的城墙、森严的城门，这在一定程度上保证了居民的安全，但也往往制约了对外交流。洪江作为明清时代的重要商埠，没有城墙，不见城门，取而代之的是繁忙的码头群，永远向外打开的水运通道。水道把洪江文化带到全国各地，同时，也把各地文化带到这里，这就造就了洪江文化的开放性。洪江原本是个少数民族聚居地，却在历史发展中成为一座拥有"四方来客"的商城；洪江人注重文化教育，小小的一座城内，就有数十家师塾、学堂；洪江在很早就有照相馆、洋房等舶来品。

(3) 水运文化发达

大量考古和史书资料证明，中国最早的丝绸之路是三千年前商代开始的海上丝绸之路。四川的物资汇到三峡前就由长江转入酉水，经酉阳、秀山进入沅陵(古黔中郡府第)的沅水，在湘西洪江换苗船经贵州黄平(古且兰国旧址)到达清水江的源头，再换马帮进云南、入缅甸或越南，最后经由陆路或印度洋抵达西域。

沅水是海上丝绸之路的重要通道，洪江是海上丝绸之路非常重要而且必经的中转之地。因为洪江是沅水改巫水进贵州的瓶口之地，外来的大商船必须换成苗船进贵州。

据湖南省文物局的有关学者介绍，在洪江至沅陵的沅水流域出土的春秋晚期到战国初期的文物中，有许多是从西域来的琉璃珠、海贝、海螺等；沅陵的历史书上有缅人骑象朝贡过驿站的记载；在舞溪桥上至今还存有一副对联："扫尽五溪烟，汉使浮槎撑斗出；辟开重驿路，缅人骑象过桥来。"

洪江地处沅水上游，沅水、巫水在境内汇合，水运得天独厚。巫水直达绥宁；沅水向下流到桃源、常德。重要的航道有两条。一条是沅水航道，它源出贵州，自西向东流经市辖黔城乡、横岩乡，至大溪口进入市中心，在回龙寺蜿蜒向北至萝卜湾，又西折至滩头，在境内流程逾40km。黔城到洪江区段，滩多水急，最大流速为3.5m/s，枯水季节还能通行10吨木船。另一条是巫水航道，它源出广西，经绥宁、会同自南向北至黄矛进入市辖区，在犁头嘴与沅水汇合，境内航程4km，河床滩多水浅。

在古代，沅江上游水运有旅运(民间客运)、漕运(民间客货混合运输)、驿运(官方物资运输)3种。因河滩险峻，曾流传"三脑九洞十八滩，滩滩都似鬼门关，纤夫命薄多辛苦，只盼老天保平安"的沅水谣。

洪江航运物资的吞吐量大，其中以桐油、木材、食盐、布匹、百货等运量最多。而在洪江又以犁头嘴最为繁忙。洪江犁头嘴是重要的物资交易集散市场，店铺林立，作坊成片。湘西的那句"汉口千猪百羊万担米，比不上洪江的犁头嘴"，就是形容这里的。据记载，西南山区的木材、桐油、药材、土纸由此经水道外销。清代咸丰年间，仅著名的"洪油"(洪江桐油)一项每年便由此输出二十万担(约合7 000 000kg)，值银百余万两。运至镇江、上海转销海外市场。从沿海运回的食盐、布匹、百货则散向湘、黔、鄂、桂、滇边远山区，被称为"五省通衢"，是大西南山区走向世界的第一站，或者说，是现代资本主义商品经济于沿海地区外最初的一株萌芽。据1930年统计和1933年《中国实业志》载，当时洪江市的货币流通量居湖南第二位，仅次于省会长沙。除了桐油，贵州和湘西的优质木材也是从洪江集散，成为特供皇家、贵族的上等栋梁之材。

洪江在最繁荣的时期，沅水上有"见船不见水"之说。洪江水运的发展，必然带动码头及渡口等的建设，据记载，洪江最繁华时光有名有姓的商用码头就有48个，更不用说许多大大小小的无名码头了。

(4) 民俗文化丰富多彩

洪江的民俗文化多姿多彩，既传承了湘西民俗，又融合了各地民间的艺术特色。

①洪江号子拉苗船　苗船又称雀船，它是一种船头尖尖，船尾如麻雀扇形尾且翘得很

高的船，苗船是洪江、黔城、沅河一线对古船的统称，洪江老人也将过去从贵州下来的船称苗船。过去的商船很漂亮，船尾像鸟的尾，船身像宫殿，当年许多达官贵人、富商每每商谈要事、商机、请客都是在商船上进行的。

旧时的商船、放排，有一种来自原始的声乐，就是洪江的号子。洪江的号子为洪江船工、排工、建筑、搬运工人在劳动中所唱的歌曲。多数由一人领唱，多人同声相和，起句高亢激昂，和声则配合默契、低沉、有力。这种劳动号子主要用来统一指挥、协调动作、鼓舞士气。湘西河多激流险滩，旧时没有机动设备，洪江一天水上进出量如穿梭，靠的就是拉纤、放排，洪江号子也随之产生。洪江水上流传的排号有托排号子、拉木号子、摇橹号子、拉纤号子、编排号子等20多种。这些号子歌声铿锵、节奏明快，充分表现了沅水滩多流急、水上运输工人常年与险滩风浪搏斗的情景。

另外，洪江的号子还有推车号子、打夯号子，也非常响亮、雄浑。洪江的号子不单纯只是简单的几声吼叫，洪江的沅水号子内容中还有历史故事的述说。如船工号子中有"天牌摆下天门阵，天门阵上有能人，能人就是杨宗保，破阵还靠穆桂英"等。

旧时的船工，已经在人们的脑海里消失了，但是号子是沅河的魂，沅水的号子伴随着沅河在这块土地上生生不息。

②踩高跷 不是湘西的本土文化，它是由落户湘西的商家带来的会馆文化中的一种，湘西人称之为高脚码。洪江人的踩高跷主要是节假日孩子们玩的道具。男孩子们踩着高脚码，跑步比赛、"挤油唖"，在高跷上跳舞、跳马等。

所谓踩高脚码，就是取两根大约1.5m长的木棍，再在踩地的那头往上走不到一尺的地方扎两块破成两半的木棍，年龄大的再扎高一些，这就叫高跷。踩高跷不仅是一种游戏，还是一种运动，一种冒险，一种勇敢的挑战。

洪江人踩高跷踩出了文化，不仅对孩子有很大的诱惑，对成年人也具有同样的吸引力，除了一般人玩的花样外，洪江人在节假日或喜庆日，把踩高跷视作吉庆活动，过去不同的会馆利用同乡崇拜，对踩高跷的孩子或大人进行包装，使得整个场面更喜庆。

③舞蚌壳 是洪江姑娘们玩的节目。蚌壳是用竹篾扎成骨架，依照蚌面绘上白绿相间的椭圆，涂上光油。蚌中的蚌精是由十五六岁小姑娘扮的，玩耍中，还有打鱼郎、驼背和尚及丑旦一道逗乐。

④接灯 洪江人有接灯的习俗。春节期间，迎接龙灯、狮灯进屋。接灯的形式有两种：一是没有事先约好，当狮灯队龙灯队路过自家门前时，便放鞭炮迎接；二是事先有约，接灯时，主人家要点燃香烛，燃放鞭炮。而龙狮队则先是麒麟灯进屋，象征麒麟送子，主人家则给其披上红衣，送上红包，再是龙灯、狮子灯都要上红。农村还要请宴酒。

⑤舞龙 洪江人舞龙有个讲究。龙分草龙、布龙。布龙又分本地龙和湘绍龙。草龙是用稻草扎成的龙。这种龙少的有6节，多的有12节，是孩子们玩耍的龙。布龙的龙头、龙身、龙尾都是以竹棍作骨架，龙头龙尾蒙以绢帛或棉絮纸，涂明矾着色。龙身用彩绘的布蒙住，中间空缝节扎有木把，可以插烛，燃时全身通明。

⑥山歌 洪江地区流传的山歌一般是七句，间有三三七的长短句，四句一节，多在山上、田间劳动或休息时对唱，也有多人连唱内容。多为抒发情怀，或青年男女互相斗嘴斗智，暗示恋情。

⑦曲艺　民间曲艺有围鼓、渔鼓、三棒鼓、霸王鞭、快板等，多为业余爱好者在婚丧喜事或集会时演出。围鼓是一种清唱的文艺形式，沿用汉戏唱调，伴以简单乐器鼓、锣、钵等，演唱戏剧传统剧目，也有即兴编唱祝词、贺喜等。三棒鼓，又称花鼓，从安徽凤阳传入，由1~2人演唱，演出者手持3~5根中间夹以铜线的鼓棒，一边敲击小鼓，一边将鼓棒轮番上抛，口唱颂扬吉祥的唱词，以博赏钱。

2. 考察洪江古商城建筑文化遗存

洪江的建筑既有湘西共有的风格，又有新的特点。

这里的民居多为木构架，而且全系抬梁式大木构架，木柱承重。墙壁，特别是隔墙皆为木板，这是南方古建筑的突出特点。多有封火墙，又称马头墙，起防火作用。这一建筑风格与江西民居或庙宇建筑风格相同。

宗教建筑延承了中国传统的建筑形式，比如布局一般都是山门—山门殿—天王殿—大雄宝殿—藏经阁、祖庙、生活区等，有些小的寺庙可能没有后面几个，但顺序一般都这样。不过，洪江的寺庙建筑多依山而建，顺山势变化。早期的寺庙多为木构，讲究曲折、反宇、斗拱飞檐。

在这些建筑中最有特色的要数窨子屋，它们高大实用，如果说黔阳古城是小家碧玉，凤凰民居是大家闺秀的话，那洪江的窨子屋就是豪门霸气。窨子屋多依山而建，以山为骨架，以水为血脉，往往不是坐落在深巷就是吊脚于岸边低洼处，屋檐连着屋檐，高墙挨着高墙，曲径通幽的青石板和高低错落的石级码头相连，贯穿整个古商城。

洪江的明清窨子屋形似四合院，多为两进两层，也有两进三层或三进三层的，三层上南北间有天桥连通。高高的封火墙内，屋顶从四围成比例地向内中心低斜，方形小天井可吸纳阳光和空气。

古商城窨子屋由于大小不一，风格各异。有的如宫殿，高梁楼宇，大气磅礴；有的是回字形院落，外围是老青砖砌成的封火墙，墙内是木质结构的堂屋和厢房。窨子屋的中堂极为宽敞，廊阶用平平整整的石板铺就。中堂、厢房两侧的墙体多为双头马头山墙。

由于庭院幽深，为了弥补阳光的不足，大多窨子屋都有一个晒楼。洪江古城与其他地方的古城窨子屋不同的最大特征在于它的商业特性，铺面连着门墙，豪商居住的窨子屋进门不是平常的长方形平面直角开门，而是呈现几何等边的双斜角开门。进入庭院后，窨子屋的建筑结构也与其他古城的建筑不同，洪江的窨子屋一层为店面，高而宽畅，二层多是通达的仓库式结构，三层有小间，或者前院二层为大厅及仓库，后院三层为居室。

洪江古窨子屋还有三个特点。一是窨子屋院中的天井由狭小变大，冉由大变小；二是门窗装饰由简入繁，由粗变细；三是墙头彩绘与挑梁简洁明快，有着商行特有的性格。在古商城窨子屋的高墙上常常可以看到嵌进墙壁内的会馆烙印，如"苏州馆""江浙洞庭社"之类的嵌印，如其中有一座古窨子屋的通风孔上还可以看到有蝙蝠浮雕的雨罩。大多窨子屋楼进门通道都用条块的青石板镶嵌。

晒楼：由于庭院幽深，比较阴暗。为了弥补阳光的不足，大多窨子屋楼都有一个晒楼（台）。

门墙：洪江古城的窨子屋最有商城标志的是那一扇扇门墙。洪江的古商城中豪商居住的窨子屋，进门的门墙不是平常的长方形平面直角开门，而是呈现几何等边双斜角开门。

天井：古窨子屋堂内天井有三种，干天井、湿天井和半干半湿天井。

门钉：有名望的人家门上都有门钉，门钉多代表人气旺，旧时人家祖辈辛苦就图个人气，故有"添门钉"之说。门钉的钉法也有讲究，主要表现在整个图形上，有的是两个花瓶，代表平安；有的是福字，代表福到财到。

除此之外，一些农村还有吊脚楼。这种吊脚楼一般为两层，其总高度不能超过正屋。吊脚楼的一个突出特点是上层面积比下层大。因此，上层的楼板要超出下层房屋构架，形成悬空，形成悬空的上层楼板是靠上下穿枋承挑，悬出部分的大立柱均从支撑的横梁向下伸出 0.3m 左右，悬吊在半空中。突出楼板之下悬吊着的这部分立柱下端，一般都予以雕刻，刻成兽头或花卉或其他形状，使其呈现艺术性。上层面积较大，因此上层有走廊（两侧走廊或三面走廊）。这种吊脚楼多建在溪旁高坎之上或竹木掩映之间，小巧玲珑，因依山就势，可减少土方量，节约用地；又因住市离地较高，既可避免潮湿，又可防毒蛇野兽的伤害。这种吊脚楼上层多为客房或住市，下层一般不住人，用作谷仓或畜舍。不过，这种建筑目前不是很多。

小小的商城，光戏台就有 48 个半，其中的半个戏台位于洪江司门口（即现在的国税局宿舍），称为洪江司戏台，因戏台只有两根柱子落脚，也没有化妆室，故称半个戏台。戏的门类也繁多，有京剧、话剧、祁剧、汉剧、辰河高腔、阳戏、棒棒戏、渔鼓、三棒鼓等。他们有的在正规豪华的戏院专门为有钱人演出；有的在庙宇、祠堂、会馆中为穷人们表演；还有的在大街小巷、茶馆酒楼中表演，即使再穷的人也可坐地欣赏，无需门票。逢年过节或富人家的红白喜事、祭祀还愿，他们雇请戏班在巷口搭高台表演棒棒戏，一演就是 10~15 天，人们端着饭碗，驻足就可以观看。

古商城最著名的戏院要数天钧戏院，它位于现在的育婴巷，主要表演京剧。当时在洪江的京戏班闻名黔东南，有享誉三湘的猴王陈俊伦、刀马旦云丽霞，他们在这里的演出经久不衰，富人们常常在这里享乐观赏。位于现在勤俭巷内的普乐戏院，主要是话剧和无声电影演出的场所，全国著名话剧演员段秀芩抗战期间曾来此献艺。演出剧目主要是《屈原》《火烧红莲寺》及一些抗战的剧目，能容纳四五百位观众的戏院经常爆满，知识界人士是这里的常客。和平戏院和民众戏院位于现保险公司巷口左右两侧，门户相对，这里表演的是祁剧和汉剧，是劳动人民的娱乐场所。

3. 调查当地旅游商品

洪江古商城的旅游商品大致包括菜品饮食、传统手工产品与工艺品、日用工业品三个基本类型。

菜品饮食包括洪江甲鱼酒、血粑鸭、灯盏粑、猪油粑、葛粉、托面、甜橙、蜜柚等。"洪江甲鱼酒"挖掘民间酿酒奇方，参考长沙马王堆汉墓帛书《养生书》《杂疗法》记载的先秦医用药酒酿造工艺，结合现代生物技术，推陈出新。它以传统方法蒸制甲鱼胶液，浸渍药材汁，利用现代生物酶法处理甲鱼肉，再经糯米黄酒醅养陈酿，甲鱼鲜味悠长，酒质稳定，是一种老少皆宜的低度营养滋补酒；血粑鸭是洪江人最爱的食品，有句俗语是"凡是吃子鸭，定要吃血粑"。制作方法是：将糯米加盐水浸透，杀鸭时用鸭血淋在浸透的糯米中拌匀、压紧，再把生血粑倒扣在有茶油的碗中，蒸熟后倒出，切成一寸见方的薄片或方块，放在油锅中稍稍炸酥，然后同子鸭拌炒，既柔韧耐嚼，又香酥可口；洪江人爱吃粑粑,灯盏粑就是其中的一种。做法是:将拌有香葱丝、香十丁、五香粉及食盐的粑粑捏得像旧时的灯盏一样大小,放在油锅里炸熟,倒出,色香味俱全;将面粉皮包以干笋丁、瘦肉丁、香葱、辣椒粉,放在平底油锅煎熟,就是猪油粑;托面是以茼蒿或南瓜花拌上放有食盐的面浆,放在油锅里炸熟而成。葛粉,是用葛根浆炸成细条,煮熟,吃时凿以香葱、姜米、酱萝卜丁、油辣椒和麻油。洪江寺庙道观的斋饭种类丰富,如佛天茶斋。

传统手工产品与工艺品包括东方茶具、竹器制品、洪江瓷器等。东方茶具因具有浓厚的东方民族特色而得名。有茶壶、糖缸、奶缸、杯、盘案辉映,玲珑可爱。茶具选用我国唯一、世界仅有两处的大球高岭土,采用两次烧成,釉下彩绘精制而成,底胎薄、白度高、明如镜、热稳定性强、吸水率低,质量技术优于高级瓷标准而蜚声世界。洪江的瓷器,在美国和法国深受好评,洪江瓷器媲景德。主要产品有玉碟、珑娜、丽玟、微波炉瓷、新洪、艺洪、牛奶杯等十六大系列200多个品种。洪江瓷厂的瓷器具有白度高、釉面柔和、造型新颖、配套能力强等多个优势。在国际上赢得了"雪一样白"的美称。

日用工业品有洪油。洪油是洪江区特产,以桐油作原料,加入桐子炒枯之后炸出的子油、洗油熬炼而成。因其色红,海关称为红铜油。洪江最鼎盛时期有油号十六七家,洪油售往上海、江苏、浙江等地。

4. 考察重要历史文化景点

(1)古商城城市布局与城垣

便利的水运交通,为古洪江商业贸易的发展提供了有利条件。早在手工业空前发展的周代,洪江便孕育和产生了商城的机遇;春秋中叶,洪江位于以漆器闻名的楚国,是洪油的主要产地和加工地;战国时期,洪江又是物资流通而形成的货物集散地,并形成西南最早的古商城,当然只是雏形;宋时出现"铺",这时的洪江草市、墟场发达。

明清时期是洪江商城的成熟阶段。这时随着市场网点的延伸扩大,生产关系也随之扩大,城乡的阶级关系更为明显,许多商人兼营着手工业,大量使用较为固定的技术工人,形成"机主出资,机工出力"的资产阶级模式,这也促进了中国资本主义的产生和商城的出现。

洪江古商城位于洪江区中心位置,成型于元末明初,依沅、巫两水而建。明万历年间,洪江犁头嘴已形成初具规模的物资交流集散市场,店铺林立、作坊成片,吸引了州、府内外各地商贾前来经商,使古商城逐渐发展成港口商埠。自明清以来,各地客商所建的会馆便有十五家。先后拥有七家银行,二十三家钱庄,十七家报社,四十多家戏院……同时,又必然地成为湘西南的军事、政治中心。民国时期,湖南省第四、七、十保安司令部与第七、十行政督察专员公署和省政府洪江行署均曾驻此。古商城建筑风格十分别致,典型的明清江南营造法式又具有显著的沅湘特色。星罗棋布中有许多富商巨绅的宅第,有的是货栈兼招待客商住宿的商行。

(2)湘西山城典型

洪江是一个山城,它以山为骨架,以水为血脉,故素有"小重庆"之称。四周群山连绵、高低起伏、首尾呼应。古城就坐落在盆地中央。老鸦坡珠峰突起,直插云霄,是古城的靠山,左右有密岩尖、南岳山为护卫,前面的天柱峰作屏障;沅水、巫水清澈如带,穿城迂回而过,形成"背负龙脉镇山为屏,左右砂山秀色可餐,前置朝案呼应相随,天心十道穴位均衡，正面临水，环抱多情"的风水模式。从高空看，洪江整个城像一张八卦图，迂回曲折的巫水、沅水就是其中的阴阳鱼。也许是一方山水养育一方人，洪江人相信洪江的风水造就了洪江的繁荣。

布局：古商城布局自由，不遵循轴线，依山就势而建，或筑于高坡，或坐于深巷，或吊脚于河边，通过曲折迂深的青石板路和高低错落的石级码头相连接，屋宇大多按"井"字形排列，也没有像传统建筑一样坐北朝南。

街道：人口聚居的地方必然有街市形成，在洪江古商城内的每条青石板铺就的老街道上，我们都能找到许多古老的历史痕迹。洪江古商城的街道一般分为两种，平整、稍直且长的称之为"街"，沿山沟而建的叫作"冲"，冲、街之间因地势变化所形成的走道称为"巷"。洪江素有"七冲八巷九条街"之说。街巷密集交错，石阶遍布，狭窄弯曲，除正街外长度最长的逾500m，一般在200~300m，宽在2~4m，路面全是用石板铺设，是典型的古代商城建设模式。古商城的街道名称颇有意思，有一甲巷、二甲巷、三甲巷、大船冲、龙船冲、愈家冲、季家冲、牛头冲、里仁巷、皮匠街、高坡宫街、财神巷、育婴巷、寿福巷等，几乎每个名字都有典故，如一甲巷是因为那里出一甲状元而得名；皮匠街是做鞋、皮革生意的街；财神巷是因为此地财神殿比较重要；里仁巷取名于"里仁为美"。

(3) 太平缸

古巷中随处可见的是那雕有精美的鱼龙花鸟图案或刻有名家书法诗词的青石板组成的水缸，是古商城又一道风景线，古城人称之为"太平缸"。作用一是储水防火，二是养鱼观赏。北方的太平缸一般为圆形，用土烧制而成。洪江的太平缸全用青石板镶嵌，有方形、六边形、虎爪形等，石缸约长1.5m，宽1m，高1.2~1.5m，一般可以蓄水2t左右。太平缸主要用来蓄水防火，虽然洪江高墙深院的窨子屋外面是砖砌的墙壁，可以防火，但是屋内都是木质结构，一旦失火，后果还是不堪设想。而因洪江人特别警惕，除了在院内置缸外，在各街巷、会馆前都放置一大石缸。久而久之，石缸还成为洪江人特殊的家庭装饰品，或养鱼或雕刻。它们雕工精美，题材丰富，有以梅、兰、竹、菊为主题的，代表四季常青；有以龙腾鱼跃、双龙抢宝为主题的，表示吉祥如意；有的还以"孝、忠、廉、信、礼、义"为主题，作诗赋词，表露自己心境。

(4) 码头群

据"洪江街市全境图"模板上雕刻显示，洪江有名有姓的水码头有28个，还有很多小码头和旱码头。所谓的旱码头，是指陆上商品集散地，据说总共有48个。在洪江这小小的城市里，沅水迂回境内却有46km，巫水在境内流程有5.6km，舞水境内流程5km，公溪河境内流程也有6km。这4条主溪河的源头一是从贵州，二是从广西，三是从湖南的绥宁汇入乾城再通过洪江入洞庭。由于洪江的水域宽阔，利于大船航行，所以在明代洪武年间，朝廷就在洪江"设洪江驿，属会同县，置驿丞，有驿船四艘，水夫四名"。随着商贸的发展，私家码头越来越多，形成码头群。

水上古老王国的码头是洪江当年最繁荣的地方，洪江商业网点大部分靠近港口、码头。如古老的木行业均设在洪江最早的商业繁华发起之地犁头嘴至大湾塘河边。主要是便于接待木客，照管木排；米行、米店集中在米船停靠的宋家码头至廖家码头一线，旧称米厂街；纸行则设在姜雨街至三甲巷至一甲巷码头；宋家码头和三甲巷码头也是主要装卸瓷铁的码头；绸布、百货、南杂等较大的商店则集中在犁头嘴至廖码头。当时街头巷尾不足1000m，商店林立，百货纷呈。洪江的码头从明代开始繁忙，到清代的康熙、雍正年间更是进入繁华的鼎盛时期。

其实洪江的码头也没有确切的数量，不过倒有48个码头的传说，它的来历与神秘的湘西巫傩文化有着直接关系。旧时，洪江人在遇旱无雨、年成不好时，便会请高僧、道士、巫师设坛念经作法，洪江人称为打醮，驱邪求雨的称为罗天大醮。按照老规矩，罗天大醮要48天夜以继日不停地敲明钟，还要放48个焰口，规定放焰口的地方必须是通衢水陆码头，而且每天要换一个地方，故有48个码头之说。

然而由于近年来洪江的城市建设，很多水码头在人们的视野中消失了，沿沅江路和新民路的码头群被一条宽阔的沿江路代替，只留下城内一些旱码头。

(5) 会馆

洪江依托着地理优势和便利的交通，各地商人纷纷来此"淘金"，他们大多来时两手空空，白手起家，然而不出十年，就腰缠万贯，富甲一方。他们怀着"亲帮亲，邻帮邻，家乡人关心家乡人"的心情，成立"同乡会"，建立会馆。会馆从事筹集资金、创办天产、出租收课、修建房屋、购买墓地、发展商业、兴办教育、攒攘公益事宜。

就在这小小的洪江城，早在明清时代就落户了黄州会馆、江西会馆、徽州会馆、福建会馆、保庆会馆、辰沅会馆、七属会馆、贵州会馆、衡州会馆、湘乡会馆十大会馆。清代末期至民国的鼎盛时期，洪江又接纳了来自全国20多个省县的商贾游客和流寓之人，行商流动、来往返复，商业会馆也由清代的十大会馆发展得更多，如山西会馆、新安会馆、陕西会馆、四川会馆、长沙会馆、常德会馆、湘阴会馆、麻阳会馆、苏州会馆、湖州会馆、池州会馆、南昌会馆、永州会馆等。

每个会馆都有自己的特色，会馆或坐落于深巷，或筑于高坡，格式乃宫殿而兼楼宇。每馆都有一个宫名，如江西馆称万寿宫，福建馆称天后宫，宝庆馆称太平宫，七属馆称关圣宫。会馆设有正殿、偏殿、正厅、客厅、客房和戏台等，设施极其讲究，桌椅门窗都雕以花草鸟虫。

会馆的建筑布局：从大门进去就是戏台，正对着天井的下方，天井两边两层看楼。天井后为第二个相连的院子，对着天井的叫正厅，右边叫右厅，左边叫左厅，是祭菩萨的地方。正厅后是后厅，再后面是后花园。

会馆是商业活动的场所，一般前厅接见商客、交换货物，后面为仓库、储藏室，所以房屋都比较宽敞高大，多为窨子屋。

会馆还是生活区，一般在楼上或偏房是住处和厨房。

会馆兼容了宗教功能，每家都立有一座小神庙、祀一尊菩萨，借神的力量和职首威望，以管理约束会众。一般来说，祭祀的都是他们家乡的崇拜对象，如江西祀许真君、福建祀天后、浙江五府祭关帝、贵州祭福主张端之等。

会馆内戏台供富贾商人、军政要员娱乐、休闲。

有时一些民事纠纷也在会馆内处理。

洪江"十大会馆"富甲一方，统领商界，集政治、经济于一体，不仅承担了经济组织的职能，还代替了政权组织的作用，俨然一个统治、管理百姓的政权机构。

现在，洪江古商城内保存较好的会馆有福建馆、新安馆、四川会馆、常德会馆、永州会馆、苏州会馆、江西会馆等。

(6) 寺庙

洪江地区有佛教、道教、基督教、伊斯兰教及巫教，是一个多宗教融合的地方，又因有钱人的支持，洪江的寺庙众多。

嵩云山大兴禅寺：位于洪江嵩云山。明末清初，建嵩云庵，一位郝姓和尚（法号无意）在此修炼。清道光十七年（1837年）正月初七日，庵焚毁殆尽。后洪江十馆和佛教信徒捐资建嵩云大兴禅寺。寺宇气势宏伟、流金溢彩，共三进：一进为韦陀殿，供奉关圣帝；二进为大雄宝殿，供奉如来佛；三进为祖师殿，供奉无意祖师。右侧偏殿为观音堂，供奉千手千眼观音。相传祖师殿供像系肉身成佛，寺内香火鼎盛，曾有高僧在此剃度纳徒，讲经说法。党的十一届三中全会后，宗教政策和文物保护政策得以落实，寺宇和其他设施逐步得到恢复，现已被列为市重点文物保护单位。

大佛寺：位于洪江区古商城中心的岩码头正街，占地面积逾1100m^2，建筑面积865m^2。建有一栋两层寮房，共有8间斋堂、往生堂，屋外墙壁为青砖窨子，内为木质结构。内设大雄宝殿，为嵩云山慧海和尚的徒孙野云和尚在明万历年间所建。寺内共有34根直径40cm，高11.5m的大柱构筑着整个大佛寺。殿内供奉的佛祖有释迦牟尼、阿兰、伽叶尊者、千手千眼大慈大悲观世音及十八罗汉等53尊佛像。其中释迦牟尼和千手千眼观世音菩萨像高达7.3m，高大慈容，金身辉煌。大佛寺旧时还是洪江古商城十大会馆聚会议事的场所，而客住洪江的人和洪江本地人大多崇拜佛教，尊敬佛像，所以香火不断。如今大佛寺成了洪江区中心的佛教场所。

5. 古商城文化遗产价值

(1) 古商城建筑形式与特点

洪江古商城在建筑形式上与传统的民居村落建筑有不同之处，其建筑风格十分别致，是典型的明、清江南营造法式，又具有显著的沅湘特色，俗称"窨子屋"。窨子屋格式乃宫殿兼楼宇，规模大、气势雄，是传统民居建筑无法比的。一般为两进两层或两进三层，四周为青砖砌的封火墙，墙内堂屋、厢房均为穿斗式木质结构，中堂极为高敞，廊阶用十分平整的大青石板铺成。堂屋、厢房两侧的墙体多为双头马头山墙，整个建筑围墙较高，堂内一般有干天井和湿天井，一层为住家，二层为货物仓库，每进大门都用条块的青石板镶嵌而成，雕有精美的鱼龙花鸟图案、刻有书法诗词的石质大平缸，用以储水防火和养鱼观赏。洪江古民居（窨子屋）多为斗拱造型，飞檐翘角，雕龙画凤，其门楣、槛柱、照壁、窗格、家具均饰有龙游凤翔、云纹花样，极尽婉转、袅娜和飘逸之美，充分体现了我国古代建筑艺术的极致。

(2) 古商城商业氛围与特点（商号、店铺等）

洪江古商城得益于水运，兴于贸易，富在油号，是大西南物资集散地，商业贸易比较发达，商业氛围十分浓厚，被称为"湘西边陲的重要商埠"。洪江地处沅、巫两水交汇处，凭借水运交通的便利，古商城以集散吞吐物资为主，营造了浓厚的商业贸易氛围，将来自滇、黔、桂边区的物资皆聚集于洪江码头，而后外运长沙、常德、镇江、上海以及赣、粤、苏、浙各埠，再将这些地方的物资运集洪江；散销湘、黔、桂、滇、蜀五省各地区，成为大西南物资吞吐的枢纽，货币流通量高居湖南省第二位，仅次于省会长沙。清代末年，其商业贸易、物资集散主要以"油、木、特商（鸦片）"三业最为发达。

以"八大油号"为代表的洪江商人所创立的洪油品牌，早在清代中叶就已驰名海外，据《中国实业志》记载："鼎盛时期，同业有十六七家之多，运出桐油（实为洪油）达二十万担以上，值七百万银元……"清末的张积昌，号称百万（银两）之家，民国时期的油号徐荣昌也拥资百万银元，刘安庆油号资产达七十余万银元。抗日战争爆发后，洪油资金大都集中在徐荣昌、刘同庆、庆元丰、杨恒源、恒庆德、肖恒庆、新昌、永兴隆"八大油号"手中。木业运输，始自高山幽谷，远步阔湖大江，流程数千里。

历史上洪江是特商（鸦片）业的主要集散市场，也是鸦片贸易的中心地区，清咸丰五年（1855年），洪江设立"厘金局"，专事鸦片税的征收。随着油、木、鸦片等商品的大量交易，古商城以商贾云集、百工荟萃，带动了汇兑（钱庄）、百货、南杂、药材、造船、运输、手工和服务等各行各业的兴起，发展成万商云集、舟楫林立的繁华闹市。

(3) 古商城文物价值与特点

这座古商城总面积达 54 000m²，经商者 1500 人，形成"七冲八巷九条街"的格局，为当时西南之最。

洪江古商城规模之大、气势之雄、内涵之深、保存之好，具有唯一性、完整性、真实性，尤其是民居窨子屋（商行、作坊、店铺），它所承载的历史底蕴和文化内涵及其建筑规模、建筑工艺与皖南、江浙地区的民居古建筑相比毫不逊色。明清遗老、历代名流、文人骚客、各地军阀等风云人物在此留下了各自的足迹。整个古商城无疑就是一座集政治、军事、经济、宗教、文化史资大全的活性博物馆，为研究我国南方建筑艺术和商业、社会结构提供了实物资料，对研究我国明清两代、民国市井社会及资本主义萌芽历史，都具有极高的史料考证价值，被誉为"中国资本主义萌芽时期的活化石"。

四、实习思考与研讨——沉浸式旅游体验产品设计

(一) 沉浸理论概述

沉浸理论（flow theory）是积极心理学（positive psychology）发展的两种内在动机理论之一，是指人们在进行日常活动时，将所有注意力完全集中到情景中，甚至最高阶段达到一种"忘我"的境界，人们在全力以赴的过程中获得充实感和愉悦感的积极心理状态。作为一种积极的心理资本，沉浸对个体的行为、态度和绩效的正面影响得到广泛关注和承认，并逐渐应用拓展到信息系统、媒体传播、虚拟教育等领域的研究（Seligman and Csikszentmihalyi, 2000）。20世纪70年代，美国心理学家米哈伊·契克森米哈（Mihalyi Csikszentmihalyi, 1975）在他的博士论文中首先提出了沉浸体验的概念，他访谈了数百名艺术家、运动员、攀岩爱好者、作曲家等专业人士，受访者表示自己之所以能够集中精力反复进行同样的活动是因为他们在活动过程中均享受到一种极具兴奋感和充实感的情绪体验，尤其当这些活动进行得十分顺利时，这种积极的体验就像源源不断的"水流"，米哈伊·契克森米哈将这种积极体验命名为沉浸体验（有时也被译为"心流体验"）。沉浸理论被用来解释当人们在进行某

些特定活动时为何能过滤不相关的知觉，高度集中注意力完全投入情境当中，这种愉悦体验可以扩展到其他类似的"自成目标"的活动中（如阅读、作曲、运动等）。沉浸的主观状态通常伴随着积极的情绪体验，这种高峰体验使人情绪愉悦，是一种高水平的充实感和愉悦感。处于沉浸状态的参与者只关注正在进行的活动本身，完全沉浸并享受在活动过程中（Mihalyi Csikszentmihalyi，1975）。近年来，基于沉浸理论的视角研究旅游者的满意度、旅游者的相关记忆、旅游体验影响因素等研究内容已成为旅游学术界关注的热点。

（二）沉浸式旅游体验

沉浸式旅游体验是沉浸理论在旅游行业的实践应用，是指旅游者全面参与活动时所享受到的一种积极的情绪体验，在沉浸体验中，自我意识、行为、自我和环境作为整体生成了一种特殊的感觉，主要表现为注意力高度集中、感到时间飞逝、充满愉悦感等。沉浸式体验，是通过人们的五官形成"视觉、听觉、触觉、嗅觉、味觉"综合感知信息，进行全景式的视、触、听、嗅觉交互体验（有时在VR设备的"帮助"下），使游客有一种身临其境的感觉。沉浸式体验是一种伴随体验经济出现的新的旅游产品，以服务为舞台，以活动为道具，消费者作为主角，以满足旅游者体验需求为核心，创造出令旅游者难以忘怀的体验所进行的一系列旅游活动的总称。

各地兴起的仿古街区、影视城可以看作第一代沉浸式体验的旅游产品。通过古代场景和影视场景的打造，给予消费者穿越到古代和影视剧中的时空感。在打造古城、影视城的基础上，从单一的观光游览，又有一种升级版的沉浸式旅游体验，那就是具有一定参与度的旅游产品。如影视城里的角色扮演游戏、真人CS、都市农场的亲自劳作、手工作坊DIY陶艺及各种非遗产品的制作体验等，让游客全方位多感官角度参与到所搭建的旅游场景中来，增添了很多乐趣。

沉浸式旅游体验产品确实活化并增强了文化旅游产品的主题内涵、个性特色以及产品的形象性、生动性、体验性和互动性，极大地丰富了现代旅游文化产品，"旅游+文化+科技"，看起来极具想象空间和市场发展前景。但是，沉浸式旅游体验产品必须契合并强化旅游景区、旅游区的文化主题，不能为演艺而演艺，否则就会成为没有灵魂、没有特色的大众化产品，在哪座城市都可以有，也就不称其为文化旅游产品。

近年来，在旅游产业实践中，沉浸式展览、沉浸式戏剧、沉浸式博物馆屡见不鲜，旅游景区也纷纷提出打造沉浸式互动景区。旅游领域中的应用主要是利用VR、AR、AI等科技形成的沉浸式场景，如沉浸式游乐场、AR/VR主题乐园、全息主题餐厅等。从产业实践来看，沉浸式体验是文化、旅游与科技融合而成的一种新兴业态，也是文旅产业实践中极具科技性和发展潜力的新兴模式。洪江古商城在旅游产品设计时通过复原民国时期生活场景的手段，从听觉、视觉、触觉等方面使人沉浸在精心营造的商城生活情境中，为游客打造沉浸体验，成为沉浸式旅游体验的行业标杆。洪江古商城通过全域化沉浸式旅游体验产品设计，打破了单纯依靠沉浸式装置设备在特定空间内营造沉浸式场景的局限，把区域内的文旅要素资源进行系统化整合与激活，以情境沉浸手段作为点睛和提升，但更看重历史记忆和文化精神支撑下游客与环境深度互动所引发的角色代入感、关系代入感，以全景化、全覆盖来丰富原有文旅产品的体验内涵，着力建构不同场景之间的内在关联与记忆叠加效果，以此推动游客体验质量在更加广阔的空间和维度上得到提升。

(三)沉浸式旅游体验产品设计理论模型

与旅游产品设计有关的体验理论模型有 SOR(刺激 stimulus、有机 organism、反应 response)行为模式模型、MDA(机制 mechanics、动态 dynamics、美学 aesthetics)框架以及 RPG(角色扮演，role-playing game)理论等。这些理论被广泛应用于各种旅游体验设计当中。如海宁侠客小镇通过"观、拍、感"三个方面，在动态、机制和美学层次营造旅游体验产品，将游客对武侠的期待尽可能设计出各种活动。"观"是指侠文化展示，主要地点有观影中心、侠文化体验馆、金庸故居；"拍"是指参与侠文化传播，侠客小镇为此修建了影视基地、桃花岛主题公园等；"感"是指角色扮演旅游项目"侠客闯关互动体验游戏"，这种文化资源和游戏体验的结合可以使游客获得更加生动的体验。

沉浸式旅游产品需要在设计之初关注 IP 在不同场景落点上文化内蕴的一致性与统合性，恰当运用一些故事性叙事来连接场景体验，让游客的身体在场、记忆召回和情感唤醒能够形成更为连贯一致的效果，由此推动最终的产品转化。沉浸式体验产品是一种使旅游者全身心地投入场景化环境中以达到浑然忘我境界的一种旅游体验产品。沉浸式体验对场景的所有空间进行了充分的利用，多感官的沉浸式旅游体验即通过全景式的视、触、听、嗅觉多方面进行旅游交互体验。

(四)洪江古商城的沉浸式旅游产品设计方案

作为"一座集政治、军事、经济、宗教、文化史志大全的活性博物馆"，古商城具有极高的文物保护价值和旅游开发价值，是整个洪江旅游的核心。保护古城风貌，充分展示古城风貌，是开发洪江旅游的前提和核心。

古城风貌，主要是指古城的古建筑、古街巷、民俗等。古城的核心地区是沅江路以西、新民路以北的古商城大片地区。这一地段内古建筑景观的恢复对于展示古城风貌至关重要，应是古城保护中最重要的地段。古城的其他地段以前也曾有众多古建筑，特别是沅江边的码头群，现多已毁坏。可适当恢复一些古建筑，按街区对古城进行有计划的整体修复。

在注重保护的同时，还要慎重考虑古商城的合理利用。

洪江古商城的沉浸式旅游产品设计，可以通过开发一些有代表性的线路，并配以适当的解说设施，让游客对古商城有全面了解，了解商城的现在，更重要的是了解商城的过去。重点打造一批特色景点，适当恢复一批老会馆、老字号、老作坊、老店铺等具有代表性的建筑、工艺；维修、整顿好财神殿、太平宫、炎皇宫的戏台、神台和苏州馆、四川馆、常德馆等商业会馆；修建古商城标志(石碑石坊、石雕石兽)；复原一两条古街。让游客走在其中能领略其意境，犹如时光倒流。修建古商城博物馆，以文物、讲解、古城复原图的方式，再现当年的古商城，以更加直观的方式向游客展示古商城的风貌。

洪江作为中国近代资本主义发展的活化石，以及西南民族工商业发展的缩影，可以说，城内的每一块砖、每一片瓦，都有动人的故事，如果收集相关的故事，并以洪江古商城为背景，拍摄电影或电视剧，不但可以有很高的收益，更主要的是宣传了古商城。结合商城特色的建筑、街巷，开展一系列摄影展活动，既可以吸引摄影爱好者造访，又可以通过优秀照片的展示提高洪江的知名度。

"购"是旅游六大要素之一，结合古城文化特色，可以开发一些具有地方特色的旅游商品和文创产品。

第十六章　活态古城文化博物馆
——黔阳古城

一、实习目的

了解认知古城旅游的发展方式，建立文化遗产科学保护前提下资源有效利用的旅游业健康发展观；以凤凰古城、黔阳古城为例，分析社区参与、旅游市场形象感知等研究内容，掌握文旅融合发展对地方社会、文化影响的分析与研究方法。

二、实习要求

试将凤凰古城和黔阳古城作比较，思考不同旅游开发理念对古城社会、文化影响的差异性。在我国的城市化进程中，由于保护意识的缺位，在经济为先思维的指导下，原本结构整齐、充满人文气息的古城，被过度商业化利用，虽然带来了旅游业的繁荣，但对古城的整体保护，尤其是古城原本的生活气息的维护是不充分的。古城是一个有机的"活体"，除了其自身的政治、产业和经济功能外，还承担着居住其间的人的日常生活、交往习惯和公共秩序等社会文化和生活功能，而这些功能在古城的保护与利用过程中，均不能忽视。

分析论证黔阳古城在大湘西和湘黔旅游板块中的地位，设计一条特色鲜明、主题突出的以黔阳古城为核心的区域旅游线路。

三、实习地点与内容

(一)实习地点——黔阳古城

黔阳古城位于湖南省洪江市黔城镇，为省级历史文化名城，城区总面积 0.8km^2。和洪江古商城一样，它也是通过水运而繁荣的一座古城，是南方丝绸之路——湘黔古道的主要支线。洪江古城位于沅水与巫水交汇处，而黔阳古城则位于清水江、舞水河、沅水三水交汇之处。清水江是沅水第一大支流，黔城所在的三水汇流处，是沅水的真正源头。秦时属黔中郡，汉以来设县治。汉高祖五年(前202年)建镡成县，隶属武陵郡。东晋为舞阳县，梁置龙檦县，唐贞观八年(634年)改名龙标县，宋元丰三年(1080年)始置黔阳县。从此到1949年，一直是县治所在。历史上为湘楚苗地边陲重镇，素有"滇黔门户"之称，号称"楚南第一胜迹"。黔阳古城自西汉至今绵延2200年，比云南丽江大研古镇早1400年，比同在湘西境内的凤凰古城早900年，它是全国保存最完好的明清古城之一，也是中国难得留存下来的、最具原真风貌的古城之一。古城肌理完好，城市轮廓犹存，历史风貌依旧。街巷按三纵四横七街八巷灵活布局，现保存有大量的书院、会馆、宗祠、庙宇、民居等明清古建筑，是明清古城镇的典型代表(图16-1)。古城内青石板街巷纵横交错，明清建筑比比皆是，原有五座城门今尚存四门遗址。古街为传统商业区，自古客商云集，曾设钱庄、酒楼、客栈、茶楼、商铺等100多处，多采用前店后宅或下店上宅形式。城内有两处全国重点文物保护单位，分别为黔城古建筑群和芙蓉楼，其中，黔城古建筑群由古城墙、祠堂、庙宇、民居等组成，芙蓉楼为一座中国古典园林。

(二) 黔阳古城主要开放的旅游资源

芙蓉楼：位于北正街，占地 10 250m²，现为国家 AAA 级景区，国家级重点文物保护单位。因盛唐诗人王昌龄贬黔城作《芙蓉楼送辛渐》而闻名天下。唐天宝七年(748年)，王昌龄由江宁丞谪贬为龙标尉，即今洪江市黔城镇。他在这里为政七年，"以政以宽""爱民如子"，被当地百姓称为"仙尉"，至今当地仍流传着"遮道迄诗""佳句退兵"等关于他的大量故事传说。芙蓉楼始建于清嘉庆二十年(1815年)，为时任知县曾钰为纪念王昌龄而另辟现址复建，现为龙启瑞与其父于清道光十九年(1839年)重修。建有芙蓉楼主楼、耸翠楼、半月亭、龙标胜迹门、碑廊、三角亭等，建筑面积约 6000m²，为文人墨客吟诗作赋、宴宾送客之地。园内碑廊为我国南方地区少见的保存完好、内容丰富的古代书法、记事碑廊，现收藏有历代文人墨客书法和记事碑刻130余通，其中碑廊内镌刻有《王昌龄宦楚诗》15首，还有一通石碑上刻着一个大字，这个字就是从王昌龄的诗句"一片冰心在玉壶"中化用而来，如今已成为整个黔阳古城的文化标志(图16-2)。

钟鼓楼：宋熙宁四年(1071年)建于龙标山普明寺内；明正统十四年(1449年)毁于兵火，成化八年(1472年)重建，成化二十三年(1487年)铸钟于楼；清咸丰十一年(1861年)官府镇压太平军，设军火库于寺内，石达开攻城争夺龙标山炮台，寺毁而楼存。该楼占地 200m²，三层三重檐歇山顶，高14m，翼角起翘较高，檐下无斗栱。

古城墙：明正统年间靖远伯王骥始修，后历经多次修砌，现存民国以前各历史时期的约 3km，保存较好的以芙蓉楼、钟鼓楼两大地段和西门、下南门、上南门等段为主，其余皆为遗址。其中西门即中正门，为保存最完好的明代城墙的一部分，红砂石砌拱门，石材因风化侵蚀，已凹凸不平。城楼为重檐歇山顶，民国二十六年(1937年)曾修复，新中国成立后毁坏，现为2002年复建(张顺，易晗，罗婷，2015)。

图16-1 黔阳古城今日风貌

图16-2 黔阳古城芙蓉楼的"一片冰心在玉壶"碑刻

图16-3 黔阳古城街区

文庙：位于北正街南端，坐东朝西，东靠普明寺，南邻火神巷，西临北正街，北依育婴巷，占地1250m²。宋元丰时始建，熙宁时迁建普明寺，后迁建城西门外，清乾隆十二年（1747年）迁今所。现仅存泮池、泮桥（三孔状元桥）、周边围墙和两侧下马碑各一方。

南正街：街面全长330m，宽3~4m，总铺设面积17 600m²。中间用1m宽的青石板横铺，下设排污暗沟，旁道两侧以0.8m宽青石板纵铺，整条街设置过街砖券门两处。现沿街建筑共50余栋，是明清时期最繁荣的商埠之地。各独立院落均砌有高大的封火墙，多为清代砌筑。与南正街相互贯通的是完整的古城街巷体系，俗称"九街十八巷"，传统空间布局肌理清晰（图16-3）。

王家大屋：位于西正街，为四合院，共两进，第一进左、右为厢房，中间是厅堂；第二进为楼阁式建筑。大屋北、西、东三面建马头山墙。该建筑建于明嘉靖四十四年（1565年），占地730m²，建筑面积约480m²，为明代进士王有为故居。

江西会馆：建于清中期，占地1100m²，通面阔25m，高8m。门坊嵌青石板作花卉浮雕、人物泥塑，正门额雕刻"万寿宫"。立面后为戏台，歇山顶，顶棚装饰斗八藻井，做工精细。两侧看楼完整，地面嵌铺青石板。正殿东、西两侧分别为财神殿和观音殿。正殿面阔三间、进深三间，硬山顶。会馆两侧建有附属民居群。

宝山书院：位于普明寺北面，占地699m²，两进庭院式，两侧有高大封火墙，通面阔19m，通进深36.7m。院内青石铺地，有藏书楼、古柏、古樟，现存明嘉靖"宝山书院修建记"碑。

节孝祠：位于北正街育婴巷东侧，东北西南朝向，东依黔城完小校区，南邻旧时科举考棚，西对育婴巷，北与明伦堂毗邻，呈"工"字形平面布局，占地280m²，始建于清雍正元年（1723年），抬梁、穿斗混合结构。道光、光绪年间经多次修复。1939年9月至1945年8月，曾为湖南省黔阳县人民抗敌后援会会址。现为民间博物馆。

(三)黔阳古城的旅游发展特征

黔阳古城不如凤凰古城、丽江古城等地被开发得彻底,也正因为这种"门前冷落车马稀"的状态保留了其"滇黔门户"的原始风貌。古城俨然成为"活态博物馆",吸引了八方来客,原生态、活态保护成为黔阳古城最具代表性的旅游名片。

黔阳古城这座已经有 2200 多年历史的古城镇,尽管具有原生态的古城文化、生活方式等内容,却一直没有成为知名的古城旅游目的地,目前仅是湘黔旅游线的一个节点,每年近千万人次的游客通过洪江市沪昆高速公路前往凤凰古城、梵净山和镇远古城旅游,其中只有很少量的团队和自驾车会路过黔阳古城旅游,黔阳古城(洪江市)处于一个较尴尬的地位。早年洪江市曾与某上市公司进行战略合作开发黔阳古城旅游,也尝试走凤凰古城商业化运营之路,但由于战略合作不力使发展难继,战略伙伴实质性的投入较少,没有新增景点,已修缮好的万寿宫、文庙状元桥、钟鼓楼、中正门楼等景点也没有完全对外开放,特别是窨子屋等资源闲置损毁,没有得到有效保护与利用,黔阳古城多年来处于凤凰古城的阴影区,造成"灯下黑"现象,来湘西、黔东的古城旅游游客多集中于凤凰古城和镇远古城,导致真正吃住在洪江市的微乎其微,娱乐与购物更无从谈起,黔阳古城的旅游业还处于粗放式经营的初级阶段,古城对地方发展带动作用不显著。

(四)实习思考与研讨——黔阳古城的"活态"保护特征

黔阳作为一座古城,城市规模和文化秩序均相对稳定,古城布局、建筑风格、文脉传承等均保留得相对完整。多年来旅游业发展的相对滞后反而促成了古城的完整性、真实性保护。

黔阳古城是一座积淀了丰富的居住文化内涵,拥有百年历史的传统古镇,现存的住宅在经历了长期历史发展的过程中,依旧保存完好,且在就了大量适应湘黔区域经济、政治、文化的传统古宅。

黔阳古城的古建筑秉承因地制宜的原则,在湘黔闷热多雨的自然环境的影响下,居民楼内大多有天井和院子,屋顶多为悬山顶,形成了风格独特的"三坊一照壁"式合院。随着明清后期资本主义的萌芽,有些楼宅还具有了集商住于一体的综合功能。"三坊一照壁"式合院的大小因地域气候而变化,其组成合院的院落形式类似于屋檐形式,彼此间的屋檐是相连的。古城居民最基本的生活轨迹是"街—巷—庭院","街—巷—庭院"体现了古城整体的生活形态。

黔阳古城是以侗族为主的多民族聚居区,在五溪文化的长期影响下以及"街—巷—庭院"街道格局对生活作息的引导,造就了黔阳古城居民规律又节奏缓慢的古朴生活形态。这种清高人格、典雅文化及淡泊宁静的生活方式所形成的特殊人文景观,具有优秀民俗文化以及非物质文化特色。黔阳古城的居民对古城情有独钟,传承民族传统习俗,过着悠闲自得的生活;非常难得的是古城的居民均是原住民,外来人员较少,古城人的原生态生活方式保证了古城丰厚的历史文化积存。

参 考 文 献

北京师联教育科学研究所，2005. 芙蓉国里的民俗与旅游[M]. 北京：学苑音像出版社.
曹雯，2021. 文旅融合红了朱砂古镇[J]. 当代贵州(27)：67.
陈聪，王军，2021. 传统村落乡村旅游建设空间研究——以清水村为例[J]. 华中建筑，39(12)：102-106.
陈慧灵，徐建斌，杨文越，等，2021. 中国传统村落与贫困村的空间相关性及其影响因素[J]. 自然资源学报，36(12)：3156-3169.
陈康亮，刘长武，时松，等，2019. 矿山公园旅游资源开发概述[J]. 现代矿业，35(10)：9-11.
陈新新，李伯华，窦银娣，等，2021. 社区增权视角下文化遗产地治理路径优化研究——以惹巴拉村寨为例[J]. 热带地理(1)：1-13.
戴佳铃，李晓昭，陈家康，等，2021. 废弃矿山地下空间开发利用典型模式探究[J]. 地下空间与工程学报，17(1)：28-40.
韩锋，2020. 世界遗产武陵源风景名胜区[M]. 上海：同济大学出版社.
柯祯，刘敏，2019. 旅游解说研究进展与差异分析[J]. 旅游学刊，34(2)：120-136.
李畅，匡成铭，2020. 铜仁市土家族传统村落的保护研究——以沿河县官舟镇木梓岭为例[J]. 四川建材，46(1)：31-33.
李会琴，2016. 北戴河旅游实习教程[M]. 武汉：中国地质大学出版社.
李锦伟，高应达，2017. 明清时期武陵山区经济与社会发展史论[M]. 湘潭：湘潭大学出版社.
李卓，解雨萌，胡迎春，2018. 漂流旅游中游客互动研究[J]. 旅游纵览(下半月)(10)：64-65.
刘超祥，2019. 民族旅游村寨的人口移动与文化变迁：以湘西德夯村为例[M]. 北京：中央民族大学出版社.
刘艳芳，2013. 大湘西旅游文化带构建研究[M]. 北京：知识产权出版社.
陆九天，高娟，陈灿平，2021. 民族地区网红经济的生成逻辑、演化路径与经济社会影响研究[J]. 民族学刊，12(3)：52-57.
罗芬，钟永德，2008. 旅游解说规划中的几个关键问题思考[J]. 旅游学刊(9)：9-10.
罗芬，钟永德，吴忠宏，等，2008. 世界自然遗产地游客旅游解说需求之研究——以湖南武陵源风景名胜区为例[J]. 旅游学刊(8)：69-73.
罗兰，黄一如，2020. 自然遗产型景区及其周边农村居住环境研究——以武陵源为例[M]. 上海：同济大学出版社.
罗颖，2011. 世界遗产地旅游解说系统规划与构建研究——基于安阳殷墟的调查数据[J]. 地域研究与开发，30(4)：103-107.
欧阳星凯，2012. 标本洪江[M]. 北京：生活·读书·新知三联书店.
潘铎印. 完善传统村落保护制度体系[N]. 中国旅游报.
彭丹，2016. 旅游迷思研究：关于湘西凤凰古城的个案分析[M]. 北京：旅游教育出版社.
沈从文，2020. 湘西散记[M]. 南京：江苏凤凰文艺出版社.
石勇美，黎程骏，叶强，等，2019. 欠发达地区山地民族传统村落保护研究——以贵州省云舍村为例[J].

经济研究导刊(11)：68-71.

粟娟，2018. 张家界旅游产业发展民生效应研究[M]. 北京：经济科学出版社.

唐子清，石谦飞，2021. 一种活态的可持续村落遗产研究——以韩国城邑村为例[J]. 建筑与文化(11)：99-101.

王辉，张佳琛，刘小宇，等，2016. 美国国家公园的解说与教育服务研究——以西奥多·罗斯福国家公园为例[J]. 旅游学刊，31(5)：119-126.

王肇磊，2020. 清代以来湘黔鄂渝桂省际毗连区城市发展研究[M]. 北京：中国社会科学出版社.

王忠君，2010. 旅游管理专业实习教学质量评价体系构建[J]. 高教论坛(3)：101-104.

吴晓美，2021. 商镇兴衰：洪江的商业历史与地域社会建构[M]. 北京：社会科学文献出版社.

吴耀宇，2018. 新媒体在江苏入境旅游市场营销中的应用及趋势[J]. 旅游学刊，33(4)：3-5.

谢春山，钟华美，2019. 试论旅游活动中的场景化真实[J]. 旅游论坛，4(7)：63-68.

熊仁先，2016. 张家界民俗采英[M]. 西安：西北工业大学出版社.

熊晓辉，向东，2008. 湘西历史与文化[M]. 北京：民族出版社.

熊正贤，2019. 乡村振兴背景下特色小镇的空间重构与镇村联动——以贵州朱砂古镇和千户苗寨为例[J]. 中南民族大学学报(人文社会科学版)，39(2)：112-116.

闫俊，2021. 万山汞矿国家工业遗产的现状与发展思考[J]. 绿色科技，23(13)：189-191.

张大鹏，聂亚珍，王巧巧，等，2021. 旅游业促进资源枯竭型城市经济振兴了吗[J]. 资源与产业，23(6)：64-70.

张顺，易晗，罗婷，2015. 黔阳古城保护利用研究[J]. 民族论坛(10)：82-84.

张英，2004. 湘鄂渝黔边特色旅游区建设研究[M]. 北京：民族出版社.

赵飞，章家恩，陈丽丽，2014. 国外漂流旅游研究综述[J]. 生态科学，33(1)：188-195.

郑宗清，2016. 旅游与酒店管理专业实习指导[M]. 广州：广东高等教育出版社.

周婷，2015. 湘西土家族建筑演变的适应性机制[M]. 北京：清华大学出版社.

周学军，吕鸿江，2022. 游客涉入情境下网红旅游目的地形象与游客忠诚的关系研究[J]. 干旱区资源与环境，36(1)：192-200.

附 录

《旅游类专业学生景区实习规范》(LB/T 033—2014)

前 言

本标准按照 GB/T 1.1—2009 给出的规则起草。
本标准的附录是标准性附录。
本标准由中华人民共和国国家旅游局提出。
本标准由全国旅游标准化技术委员会(SAC/TC 210)归口。
本标准起草单位：浙江旅游职业学院、中国旅游协会旅游教育分会。
本标准主要起草人：王昆欣、刘莉莉、郎富平、金琳琳。

引 言

为了更好地推行工学结合人才培养模式改革，突出高等院校旅游类学生的实践能力培养，通过明确顶岗实习过程中校、企、生三方的职责、权利及要求，加强旅游类专业学生景区实习的教学管理，提升学生就业能力，为我国旅游业发展培养更多专业人才，特制定本标准。

旅游类专业学生景区实习规范

1. 范围

本标准确立了旅游类专业学生在景区实习过程中，学校、企业、学生三方共同管理的原则，并规定了主要实习岗位的工作要求。

本标准适用于高等院校旅游类专业学生在景区的服务管理、营销策划、景观设计等主要岗位，累计半年及以上的顶岗实习情况，景区其他岗位及相关旅游企业也可参照执行。

2. 规范性引用文件

下列文件对于本文件的应用是必不可少的。凡是注日期的引用文件，仅所注日期的版本适用于本文件。凡是不注日期的引用文件，其最新版本(包括所有的修改单)适用于本文件。

GB/T 17775—2003　旅游区(点)质量等级的划分与评定
GB/T 18971—2003　旅游规划通则
GB/T 18972—2003　旅游资源分类、调查与评价
GB/T 26355—2010　游乐园(场)服务质量
LB/T 011—2011　旅游景区游客中心设施与服务规范

3. 术语和定义

下列术语与定义适用于本文件

3.1 景区 tourism attraction

是以旅游及其相关活动为主要功能或主要功能之一的空间或地域。本标准中景区是指具有参观游览、休闲度假、康乐健身等功能，具备相应旅游服务设施并提供相应旅游服务的独立管理区。该管理区应有统一的经营管理机构和明确的地域范围。包括风景区、文博院馆、寺庙观堂、旅游度假区、自然保护区、主题公园、森林公园、地质公园、游乐园、动物园、植物园及工业、农业、经贸、科教、军事、体育、文化艺术等各类旅游景区。

3.2 旅游类专业学生 students major in tourism

高等院校旅游类专业在籍学生。

3.3 顶岗实习 internship

高等院校人才培养的一个教学环节，学生在校企联合指导下，通过到企业真实岗位的生产实践，培养专业技能。

3.4 实习生 intern

在景区进行顶岗实习的在校学生。

3.5 景区实习导师 tourism area interns guide

负责实习生日常管理，指导实习生完成具体岗位工作，帮助其提高业务水平与操作技能的景区员工。

3.6 校方指导教师 school supervising teacher

负责指导学生实习的学校教师。

4. 实习管理职责

4.1 学校职责

4.1.1 应制订学校整体实习计划，编制实习大纲，出台相关的实习管理文件及实习经费使用规定。

4.1.2 应统筹协调、监督指导各院系的实习管理工作，做好实习基地的建设和维护。

4.1.3 应批复院系上报的违纪实习生的处分决定，审批通过后统一发文。

4.1.4 应对院系及景区的实习管理工作进行综合评价。

4.1.5 应制定审核《学生实习计划》和《学生实习教学大纲》等教学指导文件，并与景区共同制定、组织实施《学生实习综合考核办法》。

4.1.6 应落实与景区定期沟通制度，建立紧密型合作机制。

4.1.7 应做好实习生实习前的宣传动员和培训工作，并组织景区与实习生完成双向选择。

4.1.8 应与景区签订《实习协议书》，明确各方的责任、权利和义务。

4.1.9 应选派校方指导教师，规范教师的工作任务。

4.1.10 应与景区共同对实习生进行实习成绩评定，做好学生实习相关资料归档整理工作，可对违纪学生进行教育并视情节给予相应处分。

4.1.11 校方指导教师应根据实习单位和实习生情况，科学合理制订实习指导计划。

4.1.12 校方指导教师应定期联系、走访景区，负责做好实习过程管理，配合景区实习导师共同对实习生进行实习指导和日常管理，填写《实习联系记录》(见附表 A)。

4.1.13 校方指导教师应指导学生完成《实习月记》(见附表 B)和《实习总结》(见附表 C),并及时批阅反馈。

4.2 景区职责

4.2.1 应与校方共同确定实习生的实习岗位、实习内容、实习目标等,并与学校、实习生签订《实习协议书》。

4.2.2 应组织实施实习生上岗培训、岗位技能培训、素质提升培训及各项考核,填写《实习培训记录》(见附表 D)。

4.2.3 应确保实习生的各项权利与安全保障,宜为实习生购买工伤保险、医疗保险、人生意外伤害险等,若发生学生人身意外事故,应与学校协商解决。

4.2.4 应定期与校方联系,反馈实习生的实习情况,并与校方共同完成实习生的实习成绩评定及评优推荐,填写《实习综合评价表》(见附表 E)。

4.2.5 应负责办理实习生入岗、离岗手续,结算实习生工资、奖金及实习管理费等。

4.2.6 协商安排实习生的住宿,解决餐费及往返交通补贴等问题。

4.2.7 宜统筹安排并给予实习生与所学专业相符或相近的两个及以上岗位的轮转实习机会。

4.2.8 宜选派专人担任实习生辅导员,为实习生解决生活上的困难,时刻关注实习生的心理动态。

4.2.9 应合理安排实习生的工作计划或工作量。

4.2.10 应安排有经验的员工担任景区实习导师,指导实习生开展工作。

4.2.11 应协调工作安排,鼓励实习生参加各项培训及实习生关爱活动。

4.2.12 景区实习导师应负责实习生的具体业务指导、日常管理及实习评价,关心实习生的思想、生活、工作状态,及时反馈相关情况。

5. 实习生要求

5.1 实习准备

5.1.1 应在校方指导教师的指导下,选择并确定实习单位、实习内容与实习目标,按要求签订《实习协议书》《保密协议》等。

5.1.2 应了解实习岗位的要求,做好心理和物质准备。

5.1.3 应按规定办理实习手续和离校手续。

5.2 实习期间

5.2.1 应严格遵守学校、企业、实习生签订的《实习协议书》。

5.2.2 应在到岗两天内报告校方指导教师,一周内告知作息时间安排,以便指导教师制订指导计划。

5.2.3 应定期与校方指导教师联系,汇报实习情况。

5.2.4 应遵守景区的管理规定,服从景区的安排,完成不同实习岗位的工作任务,尊重景区实习导师。

5.2.5 应按景区管理规定办理请、销假手续,及时报校方指导教师备案。

5.2.6 应协助完成《实习联系记录》《实习培训记录》的填写,按时完成《实习月记》的填写。

5.3 暂停或变更实习

5.3.1 无特殊原因原则上不允许中断实习，若客观原因需中断实习的，宜提前半个月向学校及景区提出书面申请，因病需提供实习所在地市县级以上医院证明。

5.3.2 暂停或变更实习申请应先获得校方批准，并与景区商议决定。

5.3.3 申请批准后，应至景区相关部门办理离岗手续，方可离开。

5.3.4 暂停实习期满，实习生应向学校提出恢复实习申请，待批准后重新办理实习手续。

5.3.5 变更实习的学生应与新实习景区签订《实习协议书》，补足实习时间，并及时提交学校备案。

5.4 实习结束

5.4.1 应按景区管理规定办理离岗手续。

5.4.2 应按学校规定时间返校报到。

5.4.3 应提交《实习月记》《实习总结》《实习培训记录》《实习综合评价表》等相关材料。

5.5 违纪劝退

5.5.1 在实习过程中，因违纪而被景区劝退并终止实习，实习生应在办理相关离岗手续后及时返校，并由校方按相关学生管理条例进行处理。

5.5.2 中途终止实习，景区可不提供相关实习认定证明，原则上要求实习生重新实习并获得景区实习成绩认定。特殊情况下，学校可根据相关实习情况进行学分评定。

6. 实习生应具备的基本素质

6.1 思想品质

6.1.1 拥护党的基本路线，树立正确的世界观、人生观、价值观。

6.1.2 社会责任感强，应具有良好的社会公德和职业道德。

6.1.3 敬业爱岗，具有现代服务意识。

6.1.4 具备健康的体魄和良好的心理素质，能适应旅游行业的工作强度。

6.1.5 具备较强的团队合作精神和人际沟通能力。

6.2 知识结构

6.2.1 应具有一定的文艺欣赏、沟通表达、应用文写作、历史文化和哲学等方面的知识。

6.2.2 应具有本专业必备的基础知识和基本理论。

6.2.3 应具备沟通协调、社交礼仪方面的知识。

6.3 业务能力

6.3.1 应具备一定外语、计算机应用能力与沟通交流的能力。

6.3.2 应具备景区咨询服务与讲解接待的能力。

6.3.3 应具备一定景区服务规范与经营管理的能力。

6.3.4 应了解旅游资源调查与评价、开发与规划的基本知识。

6.3.5 应了解市场调查、旅游策划与产品销售等方面的基本知识。

6.3.6 宜具备平面设计、景观设计等常用软件的应用能力。

6.3.7 宜具备一定分析景区旅游者消费心理的能力。
6.3.8 宜了解景区标准化、生态环境建设、旅游资源培育和遗产保护等相关知识。

7. 岗位实习要求

7.1 服务管理类岗位实习要求

7.1.1 岗位类型

7.1.1.1 景区可提供讲解服务、咨询服务、票务服务、检票服务、安全服务、保洁服务、商品销售等服务管理类实习岗位。

7.1.2 实习后应达到的基本能力

7.1.2.1 应具备规范化接待与服务的技能，能独立完成景区全程导游接待服务；掌握导游语言技巧，灵活运用导游讲解方法进行各类景点的讲解；能完成接待记录、接待小结等有关应用文。

7.1.2.2 应掌握电话咨询和当面咨询服务的工作流程和技巧，能熟练地向游客提供各类咨询服务；能识别游客遇到的问题和困难，并参与解决；能协助处理游客的投诉。

7.1.2.3 应具备基本的财务知识，具备一定辨识钱币真伪的技能；掌握订票服务、售票服务的基本流程及订、售票设施设备的操作，能独立完成票务统计工作。

7.1.2.4 应掌握景区有关门票的规定，能处理票务服务中的纠纷。能熟练操作闸口的设施设备，正确引导游客进入景区。

7.1.2.5 安全服务岗位应熟知景区常见的旅游安全事故，了解防范事故的基本方法；能辨识景区危险源，掌握提示游客安全的方法，能协助处理突发事件。

7.1.2.6 应熟练操作各种不同场地、质地、环境或设施的清洁、保洁工作。

7.1.2.7 应熟悉景区内各类商品知识，了解商品销售的基本策略和方法；通过游客消费心理分析，可正确引导游客的购买行为；能独立完成商品销售计账、统计及交接工作。

7.1.3 实习后宜达到的拓展能力

7.1.3.1 可接待不同性质、规模和类型的旅游团，对于游览过程中发生的问题能协助应对和处理。

7.1.3.2 可适时调动游客的参观游览活动兴趣、活跃气氛，能协助处理游客的特殊需求或突发事件。

7.1.3.3 应具备基本的财务数据分析能力，了解主要客源市场的概况；可协助处理相关设施设备的突发状况，并进行游客安抚。

7.1.3.4 应熟悉景区经营的基本情况，具有一定的文案整理、总结提炼的能力和office办公软件应用能力。

7.2 营销策划类实习岗位

7.2.1 岗位类型

7.2.1.1 景区可提供市场调查、市场促销、策划与推广等营销策划类实习岗位。

7.2.2 实习后应达到的基本能力

7.2.2.1 应掌握市场调查的基本方法，能进行市场调查方案设计，完成调查问卷的设计；能进行调查资料的整理、分析，并撰写市场调研报告。

7.2.2.2 应具备促销和推销的基本技能，掌握网络营销的基本方法；具备与旅行社等中间商进行营销沟通的基本能力。

7.2.2.3 应能设计景区形象诊断专题问卷,并初步对形象要素进行分析提炼;掌握景区宣传口号设计的基本方法,可利用软件设计景区 LOGO。

7.2.2.4 应能撰写小型活动策划文案及实施方案。

7.2.3 实习后宜达到的拓展能力

7.2.3.1 熟悉市场调查与分析的基本流程,具备一定的协调、控制能力,可推进市场调研。

7.2.3.2 可协助执行小型旅游活动的实施过程,参与监督与评价。

7.2.3.3 根据市场变化和景区发展,可提出景区新市场细分方案和目标市场的选择策略。

7.2.3.4 根据景区条件特点和发展阶段,可参与制订广告、公关、宣传等促销方案。

7.3 景观设计类实习岗位

7.3.1 岗位类型

7.3.1.1 景区可提供资源调查、园林绿化、环境设计、规划设计、创 A 与复核等景观设计类实习岗位。

7.3.2 实习后应达到的基本能力

7.3.2.1 应能识别旅游资源的类型,掌握旅游资源调查的基本程序;能正确填写旅游资源单体调查表、旅游资源调查区实际资料表,并对旅游资源进行科学评价。

7.3.2.2 应能识别常见的园林绿化植物,并根据景区景观与环境特征开展绿化维护等工作。

7.3.2.3 应根据景区举办不同类型活动的要求,设计出符合相应主题的场景。

7.3.2.4 应掌握基本设计软件的使用,能进行平面设计和初步景观效果设计。

7.3.2.5 应能根据《旅游景区质量等级的划分与评定》及实施细则对景区进行诊断。

7.3.3 实习后宜达到的拓展能力

7.3.3.1 可利用相关软件绘制旅游资源图谱。

7.3.3.2 可对文案进行排版设计。

7.3.3.3 可根据《旅游景区质量等级的划分与评定》及实施细则填写《旅游景区质量等级评定报告书》。

7.3.3.4 可根据《旅游景区质量等级的划分与评定》的《服务质量与环境质量评分细则》提出相应的整改措施。

7.3.3.5 可根据《旅游景区质量等级的划分与评定》的《景观质量评分细则》提出相应的保护措施。

7.3.3.6 可根据《旅游景区质量等级的划分与评定》的《游客意见评分细则》提出相应的整改措施。

8. 实习考核

8.1 考核职责

8.1.1 实行校企双方共同考核制度,景区实习评定占学生实习成绩的 70%,学校实习评定占学生实习成绩的 30%。

8.1.2 景区实习评定考核重点在于实习生工作态度、业务水平、职业能力。

8.1.3 学校实习评定考核重点在于实习生的组织纪律性和实习任务的完成情况。

8.2 评定方法

8.2.1 实习考核结果可折算为五档,即优秀(100~90分),良好(89~80分),中等(79~70分),及格(69~60分),不及格(60分以下),其中优秀比例宜控制在实习生总人数的20%左右,合格及以上者可获得相应学分。

8.2.2 实习生违反实习单位规定,屡教不改或情节严重者,景区可以与学校商议退回,实习成绩不合格;实习成绩不合格的学生,学校应重新安排实习,补足实习时间。

附表 A 实习联系记录

走访/指导教师姓名		院系/班级	
景区名称		部门/岗位	
实习生人数		景区接待人	
联系方式	□实地走访	□通讯联络	□其他
实习生反馈	签字: 年 月 日		
景区反馈	(盖章) 年 月 日		
教师评价	签字: 年 月 日		

注:此表由校方指导教师或走访教师填写。

附表 B　实习月记

姓　名		院系/班级	
景区名称		部门/岗位	
工作内容及 心得体会 （不得少于 1000 字）	实习生：		
校方指导教师 批阅意见	成绩：		

注：1. 此表由实习生每月填写一次；
　　2. 校方指导教师批阅并给出成绩。

附录 《旅游类专业学生景区实习规范》(LB/T 033—2014)

附表C 实习总结

学校名称		专业		年级班级		学号		姓名	
实习时间					校方指导教师				
景区名称					景区实习导师				
部门/岗位									
实习内容									
景区意见								(盖章) 年 月 日	
成绩评定	评语： 								
	实习总成绩(分)			景区评价(70%)			学校评价(30%)		
院系意见								(签章) 年 月 日	

注：实习总结不少于3000字。

附表 D 实习培训记录

景区名称		培训主题	
培训时间		培训地点	
培训师		培训岗位	
培训名单			
培训内容			
培训技术与方法			
培训效果			
培训资料	培训视频或资料索引：		
备 注			

注：1. 此表由实习生在每次培训后填写；

2. 培训效果评价由景区填写。

附录 《旅游类专业学生景区实习规范》（LB/T 033—2014）

附表 E 实习综合评价表

<table>
<tr><td colspan="2">姓　名</td><td></td><td colspan="2">院系/班级</td><td></td></tr>
<tr><td colspan="2">景区名称</td><td></td><td colspan="2">部门/岗位</td><td></td></tr>
<tr><td colspan="2">实习时间</td><td colspan="4">　　年　月　日至　　年　月　日</td></tr>
<tr><td rowspan="20">实习部门考核</td><td>序　号</td><td>评价内容</td><td colspan="2">分　值</td><td>得　分</td></tr>
<tr><td>1</td><td>职业道德与职业操守</td><td colspan="2">25分</td><td></td></tr>
<tr><td>2</td><td>专业技能与学习能力</td><td colspan="2">30分</td><td></td></tr>
<tr><td>3</td><td>人际关系与团队精神</td><td colspan="2">15分</td><td></td></tr>
<tr><td>4</td><td>工作质量与工作态度</td><td colspan="2">15分</td><td></td></tr>
<tr><td>5</td><td>劳动纪律与礼貌礼仪</td><td colspan="2">15分</td><td></td></tr>
<tr><td>6</td><td>总　分</td><td colspan="2">100分</td><td></td></tr>
<tr><td colspan="5">□优秀(100~90)　　□良好(89~80)　　□中等(79~70)
□合格(69~60)　　□不合格(60以下)</td></tr>
<tr><td colspan="5">

　　　　　　　　　　　　　　　　　　　　　　　实习部门(盖章)：
　　　　　　　　　　　　　　　　　　　　　　　　　年　月　日</td></tr>
</table>

注：1. 此表由实习导师逐项打分并给出成绩等，作为景区评价学生实习成绩的依据；
　　2. 景区实习部门签署意见。